U0140545

21世纪日本宋元史研究译丛

近藤一成 主编

元代士人与地方社会

[日]森田宪司 著

于磊 译

ZHEJIANG UNIVERSITY PRESS
浙江大学出版社
·杭州·

图书在版编目（CIP）数据

元代士人与地方社会 / (日) 森田宪司著；于磊译
. -- 杭州：浙江大学出版社，2024.5
ISBN 978-7-308-24770-2

Ⅰ.①元… Ⅱ.①森… ②于… Ⅲ.①知识分子—研
究—中国—元代 Ⅳ.①D691.71

中国国家版本馆CIP数据核字（2024）第064202号

GENDAI CHISHIKIGIN TO CHIIKI SHAKAI by Kenji Morita
Copyright © Kenji Morita, 2004
All rights reserved.
Original Japanese edition published by KYUKO-SHOIN, Co., Ltd.

Simplifled Chinese translation copyright © 201* by Zhejiang University Press, Co., Ltd.
This Simplifled Chinese edition published by arrangement with KYUKO-SHOIN, Co.,
Ltd., Tokyo, through Honnokizuna, Inc., Tokyo, and Shinwon Agency Co. Beijing
Representative Office, Beijing

浙江省版权局著作权合同登记图字：11—2024—060号

元代士人与地方社会

[日]森田宪司 著 于 磊 译

责任编辑 谢 焕
责任校对 朱卓娜
装帧设计 云水文化
出版发行 浙江大学出版社
（杭州天目山路148号 邮政编码：310007）
（网址：http://www.zjupress.com）
排 版 浙江大千时代文化传媒有限公司
印 刷 杭州钱江彩色印务有限公司
开 本 880mm×1230mm 1/32
印 张 9.125
字 数 201千
版 印 次 2024年5月第1版 2024年5月第1次印刷
书 号 ISBN 978-7-308-24770-2
定 价 78.00元

总　序

　　日本的宋代史研究的发展受到唐宋变革论的影响极大。其中，内藤湖南将唐代贵族政治向宋代君主独裁政治的转变定义为中国近世的开端，宫崎市定将内藤的定义运用至社会经济史领域，提出了唐宋变革论。特别是，宫崎在其关于各历史时期的个案研究论文的基础上，从自身的观点出发，完成了描述涵盖各个时代的中国通史的撰写宏业，而他的研究起始点就是他的本科毕业论文《南宋末的宰相贾似道》（《南宋末の宰相贾似道》）以及《鄂州之役前后》（《鄂州の役前後》）等有关宋元交替时期的研究。由此显示出，日本的宋元史研究在日本的中国史叙述中具有转折点的特殊意义。其后，宫崎在其著作集出版之际，曾就最初选择宋末元初为研究对象的缘由回忆说，"是因为对素朴民族（游牧）与文明社会（农耕）之间的对立感兴趣"。

　　唐宋变革论，后来与历史分期论产生共鸣，相互呼应，成为二战后在中国史研究中争论的主要课题之一。但是，这一研究潮流在经历若干阶段的发展之后，时至今日已经发生了极大的变化。20世纪50年代至60年代，围绕着宋代是中国近世的开端

（文化史观[1]与京都学派[2]），还是中世的开端（唯物史观与历研派[3]）这个问题，学者之间展开了激烈的论争，然而无论哪一种观点，都具有以一国史观点的发展史观[4]为基本，以唐宋为分期的共通性，这一阶段的代表性成果是 1970 年前后出版的多卷本《岩波讲座世界历史》第Ⅰ期中有关东亚世界的数卷。80 年代中期出现了"北宋、南宋交替期中国社会发生大变化"（韩明士《官绅与乡绅》）的观点，虽然引发了赞成、否定两方的争论，但是"宋元明转型论"等在究竟如何分期的问题上，并没有得出明确的结论。不久，在日本学界，历史分期问题逐渐不再成为研究的重点。2000 年前后出版的《岩波讲座世界历史》第Ⅱ期的编辑方针，反映了 80 年代以后的学界潮流，即脱离以王朝交替为单位的断代史性的叙述。

历史分期论争的兴盛与衰退，反映了中国史研究在时间轴上的视角转变；在空间轴上也存在着变化，那就是脱离以往的将中国史视为中国本土历史的叙述方法，而将中国史作为欧亚大陆东部国家史的一部分加以描述的观点。当然，日本的中国史研究，在 19 世纪引进德国实证主义文献研究之初，就一直重视中国与欧亚大陆草原游牧社会的交往，将其视为中国历史发展中的重要因素，并且通过以分布于沙漠中的绿洲都市国家为研究对象的丝绸之路研究等，较多地论述了其与中亚史的关联。但是，现今的将中国史作为欧亚大陆东部国家史的一部分叙述的尝试，不是基

---

[1] 这里所说的文化史观，相对于社会经济史的唯物史观而言，是将政治、文化及社会的状况作为分析重点的史观。
[2] 以京都大学为中心的研究者群体。
[3] 属于历史学研究会的研究者群体，以东京大学出身者居多。
[4] 以一个国家（nation state）为单位，从发展阶段的视角，认识其国历史的历史观。近年来，此概念作为相对于全球史等的历史观被使用。

于中国与草原地带或绿洲沙漠地带的交往史的视角，而是以亚洲的干燥游牧社会与亚洲的湿润农耕社会之间的斗争、交往、融合的观点，基于中国作为欧亚大陆东部国家之一的视角叙述中国史。从这一观点来看，大清帝国就成为最后的带有浓厚欧亚大陆中部国家元素的中国王朝。

与其他王朝相比，处于与辽、西夏、金、元等北方民族国家的极端紧张关系之中，甚至无法维持册封体制的宋朝，反而不得不更强烈地感受到中华意识，以强大的经济力为基础，构筑精湛的文化。此外，宋朝的海商活跃在东亚海域及东南亚各地，扩大了其影响范围，在大航海时代之前，就将中国与海洋世界连接了起来。可以说，宋代在中国史上占有了独特的地位。

在此次浙江大学出版社出版的"21世纪日本宋元史研究译丛"中，各位著者虽以自由的立场论及各自的课题研究，但这些研究成果也都是以上述日本宋元史研究潮流为背景的。期待各位的真挚的批评和指正。

近藤一成
2020 年 12 月于日本镰仓

前　言

　　本书各篇章是笔者在目前为止所发表的与元代士人社会研究相关的论文基础上进一步修订而成的。关于本书主要的问题关切与既有研究之间的关联，第一章"元代汉族士人研究诸课题"将有详述，此不赘言。下面笔者仅就本书的整体思路及其产生过程作简单概述。

　　日本的中国史学界中，元朝史研究某种程度上属于相对特殊的领域。一方面该时代留下了独特的且由不同语言记载的文献资料（甚至汉语史料本身也极为多样化），而蒙元政权在非汉民族诸政权中对待汉文明尤为"冷淡"的统治形象仍根深蒂固。同时，除却个别以宋元、元明的视角作通史性研究的领域之外，我们也应当承认，元朝史研究还给其他断代史研究者造成了"特殊"的印象：该时代是极专门的学者以特殊的方法所从事的研究领域（笔者自身即曾以宋代的视角作如是观察）。

　　笔者最初关注整个宋元时代的族谱编纂及其社会背景，以此开始阅读元人文集并收集相关史料，继而关注石刻上所刻写的家族谱系，逐渐了解到元朝的石刻文献资料。其后，更进一步认识到这些史料的数量之人与既往研究利用之不足的现状，最终为其魅力所俘获。而从关注石刻史料并逐步接触元史史料后竟然还发现，明清文献中也同样保留着相当数量的对元史研究大有裨益的史料。这也就意味着，元朝也是可以利用传统汉语（文言）史料加以研究的，并且对中国史研究者而言，也是极具魅力的时代。

20世纪70年代以后，中国台湾地区，而后中国大陆，文献资料的出版数量不断增加，笔者恰好躬逢其盛。地方志、石刻书籍，乃至四库珍本和大部头的丛书陆续出版面世，整个学术环境随之大变，元史研究的相关史料也更容易获取和利用了。说到底，历史研究的进展最终还是受制于现存史料状况的。相比从理论上论述某个时代，笔者更为关注史料本身所展现出的具体的历史事实。史料状况前所未有的变化，也为研究者从事新的学术研究提供了可能。

而石刻史料所展现出的正是各种具体的历史事实，这与笔者的研究取向实在是再合适不过了。以此，笔者通过研究石刻资料，对于宋代以后士大夫社会的关注，开始逐渐转到了既往普遍带有负面色彩的元代士人社会的研究。但是，相较于士大夫社会的研究，笔者往往又更加关注反映士大夫社会状况的史料本身，读者阅读本书各章节后，想必能够感受到笔者的这一研究倾向。不管是优长还是短板，这也算是笔者的研究特色和研究重点了。

依照惯例，笔者在此理当阐述对元代的整体认识，以及本书相关研究的学术史意义，但这些内容将在第一部分具体展开，接下来笔者仅就各章的研究思路作简单概述。

第一部分主要包括笔者针对元代士人研究所提出的问题意识，笔者对元朝社会的基本理解，以及关于石刻史料的基本状况。

　　第二部分围绕可以视为元朝汉族士人政策源头的丁酉年（1237）相关问题展开具体论述，收录了笔者关于元朝江南统治稳定时期的至元末年崇儒圣旨、"约会"制度，以及汉族士人相关的各项制度研究，另外还有向为前人研究所轻视的元代科举史料的研究等。不论何者，其主题之一即是石刻资料。

　　第三部分以地域社会与士人相互关联的视角，讨论了石刻资料所反映出的诸多面相。首先，笔者聚焦于碑文的撰述，关注他们"作文"的营生到底是如何与地域社会发生联系，并进一步具体展开的问题，以此，发现了李庭实和王应麟这两个地域和立场皆各不相同的实例。此外，石刻资料是理解地域社会极为便利的史料，作为其例证之一，笔者尝试通过石刻资料揭示出正史等资料中完全缺载的李璮时代山东地域社会的状况，以及其之后当地权势人物的命运。最后，该部分还收录了笔者关于士人群体所信仰的学问神抑或科举神"文昌帝君"如何从地方神祇演变为全国性信仰的相关研究。

目　录

第一部分

研究课题与现状

第一章

元代汉族士人研究诸课题

　　本章原为笔者 1990 年在《中国——社会与文化》（《中国—社会と文化》）第 5 号发表的题为《元代汉族士人研究诸课题》（《元代漢人知識人の課題二、三》）的研究动态论文。该文在当时的史料状况下，逐一提出了今后与元朝汉族士人研究相关的课题和应当关注的问题，某种程度上，这也是笔者给自己布置的作业。本书大部分章节的内容，正是在该文所提出的问题基础上具体展开的。同样，本书也可以说是笔者自己对所布置作业的作答或者中期报告。该文自发表至今，已过去了十几年，似乎也只有元朝史研究的学术史价值了，但作为本书相关研究的起点，仍依其原貌（人名的表记亦未统一）收录于全书之首。但是，作为原文附录的邹县孟子庙"丁酉年石刻"录文，将在本书第三章单独讨论（附录三），此处予以省略。此外，本章文末将增加若干"补记"的内容。

序言

本刊特辑 [1] 要求笔者撰文讨论"宋元时代的士人"问题。关于这个问题，近来森正夫和滨岛敦俊梳理了相关研究的状况，并进一步提示今后研究的展望。[2] 两者的论述并非仅针对宋元时代，更多是对唐宋变革以后传统中国统治阶层整体进行了通贯性梳理。关于宋代士大夫的研究状况，可以参见本刊 [3] 第一号所刊载小岛毅的研究成果。[4] 本章即在上述研究动态梳理的基础上，考察元代，亦即蒙古政权统治下汉族士人的相关问题。

宋代以后的中国通常被称作士大夫的时代。但是，到底何为士大夫呢？但凡对该时代及其社会稍有关注者想必都会认同：答案必定是千差万别的。而这一概念所指代的具体阶层在中国社会中到底又占了多大比重呢？其答案更是令人如坠云雾不知所以。爱宕松男在其概论性的书中认为，"乡试的应试者总数每次应高达十几万人之多"[5]，从而推测出宋代科举应试者及其后备军的大致数量。对此，读者或许会感到"这个数字应当差不多"，笔者其实也有同感。无论如何，这毕竟也不是严密地实证后得出的数字。即使暂且不管该数字是否准确，但提及士大夫、士人阶层这类概念，我们仍会意识到其具体所指：既有可能是朱熹、司马光、

[1]　译者注：即《中国—社会と文化》第 5 号 "中国的士人" 学术研讨会论文专栏。
[2]　森正夫《宋代以後の士大夫と地域社会》，《中国士大夫階級と地域社会との関係についての総合的研究》，1980 年度—1982 年度文部省科学研究费补助金综合研究（Ａ）研究成果报告书，研究代表者：谷川道雄，1983 年；滨岛敦俊《中国の郷紳》，《歴史研究の新しい波》，山川出版社，1989 年。
[3]　译者注：即《中国—社会と文化》。
[4]　小岛毅《宋朝士大夫の研究をめぐって》，《中国—社会と文化》第 1 号，1986 年。
[5]　爱宕松男《アジアの征服王朝》，河出书房新社，1969 年，第 242 页。

王安石这类杰出人物，同时还应包括可能是数以万计的相似的社
会阶层。就宋代而言，如川上恭司所论及的落第士大夫，[1]竺沙
雅章所关注的官场外的士人群体，[2]以及高桥芳郎以《清明集》
为主要史料探讨的地方士人，[3]等等，都是值得深入研究的问题。[4]
此外，由宋代至明清时代士大夫群体的变化，特别是地域社会与
士大夫相互关系中的变与不变问题，这在近年来的宋代士大夫研
究中，不经意间已成为共同的关注点。在上述研究潮流下，元代
士大夫群体研究的学术积累究竟如何呢？

　　接下来，本章在兼顾元朝史研究特殊性的同时，将重新审视
日本学界关于元代汉族士人社会的相关研究，反思当前的研究现
状和问题，并进一步提示今后的研究课题。但是，由于笔者的关
注重点在于史料本身及其利用与处理方面，所以与其他同类的文
章相比，本章中这部分内容的比重无疑会增加不少，恳请读者予
以谅解。此外，尚需说明的是，本刊特辑的主旨是力求对历史、
思想、文学等诸领域的研究进行综合全面的梳理，所以本章也可
能会涉及一些元朝史专业学者所熟知的事实。

　　13世纪初蒙古统一蒙古高原，1234年灭金，1279年灭亡南宋。
针对在华北地区严酷的战乱环境中遭受蒙古军蹂躏的旧金朝士人

[1] 川上恭司《科挙と宋代社会——その下第士人問題》，《待兼山論叢　史学》
21，1907年。
[2] 竺沙雅章《宋代の相法と相士》，《一〇世紀以降二〇世紀初頭に至る中国社会
の権力構造に関する総合的研究》，1985年；竺沙雅章《宋代の術士と士大夫》，《東
方学会創立四十周年記念東方学論集》，東方学会，1987年。
[3] 高桥芳郎《宋代の士人身分について》，《史林》69-3，1986年。
[4] 此外，关于宋代退休的官僚士大夫在地方上的活动，参见刘子健著、梅原郁译《劉
宰小論》，《東洋史研究》37-1，1978年。笔者对士大夫群体的一般性论述，参见拙稿《士
大夫と科挙》，《週刊朝日百科世界の歴史》47，1989年。

群体，牧野修二近来讨论了他们的命运转变及其悲惨的经历。[1]
蒙元政权统一中国后，在其统治下的汉民族，特别是士人群体的
地位如何，这是中国后世史家向来较为关注的问题。其中，以"九
儒十丐"、科举停废问题最为典型，相关研究往往强调蒙元政权
对汉民族传统文化的漠视，以及士人群体在其统治下所受到的不
公对待和悲惨境遇。亦如所周知，"九儒十丐"的说法出自反抗
蒙古统治立场者所书写的史料，而相关研究亦已指出，这类说法
可以理解为他们反抗蒙古统治的口号，或者他们"自嘲"的方式。
但即便如此，这种用语背后的历史真实性如何已不再重要，蒙元
政权统治下汉族士人受到冷遇的认识已成为刻板印象，并一直延
续了下来（当然，也有像钱大昕那般通过史料考据表达否定看法
的学者）。但事实上，汉族士大夫群体依然在这个时代得以延续，
虽然其生存和发展的方式与前后时代有所不同，但整体而言他们
还是受到了特殊的对待，这在一定程度上也是众所接受的认识。

　　蒙元政权统治下汉族士人的命运这一所谓"古典的"话题，
向来受到较多的关注，但是近年来真正对该问题进行研究的成果，
首先应是片山共夫和植松正的相关论文，[2] 继而是牧野修二围绕
元代的学校制度及其士人的地位问题展开的一系列研究，[3] 以及

---

[1]　牧野修二《金末元初における士人の転換》，《日野開三郎博士頌寿記念論集》，
中国书店，1987 年。
[2]　片山共夫：《元代の士人について》，《元明清における国家「支配」と民衆像
の再検討》，1984 年；同《元代の郷先生》，《モンゴル研究》15，1984 年；植松正：
《元代江南の地方官任用について》，《法制史研究》38，1989 年。
[3]　牧野修二：《元代の儒学教育－教育課程を中心にして》，《東洋史研究》
37-4，1979 年；牧野修二：《元代廟学書院の規模について》，《愛媛大学法文学部
論集　文学科編》12，1979 年；牧野修二：《元代生員の学校生活》，《愛媛大学法
文学部論集　文学科編》13，1980 年．

大岛立子关于儒户的相关研究。[1] 这些研究的共通之处在于：他们皆试图以制度史或社会史的视角重新探讨上述蒙元政权统治下汉族士人的刻板印象。

下文即基于上述研究，首先关注元代士大夫的地位问题，尤其是从制度史的视角进行的讨论，而后再探讨元朝史学界所关注的士大夫与地域社会关系的问题。片山共夫《元代的士人》（《元代の士人について》）一文，虽是研究讨论会的记录，但其中利用了大量史料，并指出了今后的研究方向，尤为值得重视。下文所述虽与片山氏的研究问题多有重复，但也有不少不甚一致的看法，笔者希望能够据此为相关问题提供新的理解和思路。

一、蒙元政权汉族士人政策的确立和"先圣之家"

首先，蒙元政权在逐步稳固华北统治的过程中是如何确立对汉族士人的政策的呢？蒙元政权占领中原汉地过程的相关问题，向来受到元史研究者的关注，甚至可以说，这一时期的研究更是元史研究的重心所在。大家在异口同声地谈论蒙古人蔑视农耕民族的同时，又肯定了窝阔台统治汉地的贡献，以及耶律楚材阻止中原汉地游牧化的功绩，乃至强调拖雷家族对都市居民、农耕民所持有的理解态度和忽必烈身边的汉族士人群体所发挥的历史作用，等等，这都是既往研究中常见的叙述模式。

上述研究中，仅就论文题目中与士人直接相关的研究来看，较早的为小林新三的《世祖与儒者》。[2] 文中所谓"儒者"是指

---

[1] 大岛立子：《中嶋敏先生古稀記念論集　下》，1981 年。
[2] 小林新三：《世祖と儒者—元朝成立の一側面として》，《史潮》47，1952 年。

忽必烈潜邸以来的幕僚群体，所以论文主旨也重在讨论上述相关政策出台过程中他们所发挥的作用，亦即副标题所谓"元朝建立的一个侧面"。但该文的问题意识并非一般意义上元朝的汉族士人政策，以及蒙元政权统治下的汉人社会问题。另外，八田真弓《元世祖与汉族士人群体》[1]一文也同样如此。所以，这些研究并非本章讨论的对象。再次申明，本章试图探讨的是宋代成为中国社会统治阶层（亦可将其称作领导者）的士大夫群体在蒙元政权统治下的命运问题。对此，上述片山共夫的研究与笔者所关注的问题最为接近。

如所周知，相较于其自身的存在，中国士人群体在理想中更希望通过关注民生，发挥其应有的才能，充分展现其可能近乎完美的状态。故而，入仕便成为他们不变的主题，上述关于忽必烈身边幕僚群体相关活动的研究，虽与本章所关注的问题并非全无关系，但笔者本章重点讨论的是，汉族士人整体上在更大范围内是如何进入统治阶层的。

那么，在此问题意识下，关于元初汉族士人境遇的研究，首先被屡屡提及的便是安部健夫的论文。[2]其中所讨论的"科举"，并非延祐年间重新举办的"科举"，而是所谓"戊戌选试"。安部健夫以此为出发点，主要论述了：（1）选试的实施经过以及中选者后来的情况，（2）"戊戌选试"后的选试情况，（3）当时华北地区学界的两大潮流等问题。毕竟是由授课讲义（遗稿）整理而成，该文在论点、实证方面多少有些窒碍之处，但对于元初汉族士人的研究，仍提出了诸多值得深入探究的课题。

---

[1] 八田真弓：《元の世祖と漢人知識人層》，《史窓》36，1979 年。
[2] 安部健夫：《元代知識人と科挙》，《史林》42-6，1959 年。

所谓"戊戌选试"是指，蒙古政权灭亡金朝不久，于太宗九年（1237）下令，次年在华北地区正式实施的任用汉族士人的选拔考试。据《元史》及《庙学典礼》（该史料将在后文详述）的记载，中选者被任命为地方官以实现蒙古政权对地方的统治。《元史》卷二《太宗本纪》记载本次考试的中选者有4030人。实际上如此数量的中选者最终有多少被任命为地方官员而进入官途也是令人生疑的，但至少在后世的"儒户"甄选中，此次"选试"的标准也成为重要的参照之一。安部健夫在文中初步提及了《元史》所载中选者的境遇问题，假设这4000余人的数字确为事实，但对于该次中选者大多数人的活动轨迹，安部先生此后却未及展开。所以"戊戌选试"的具体实施及其影响问题至今仍未有定论的主要原因也正在于以上基本事实的不明。并且，该选试仅实行了一次，而后并未再行。安部健夫接下来重点讨论了"戊戌选试"以后，继承金朝学风且重视科举的东平学派，与接受由南方传入的道学并对金朝重视诗赋传统的科举持反对态度的燕京学派相互之间的论争问题。但是，仅就文中所论，安部健夫对第二次"选试"未能实行的原因仅仅列举了几种可能，并未展开详细论述。

关于延祐"重开科举"的问题，容后文详述。然而只要南北士人仍以科举为志业，那么直至延祐年间科举重开为止，围绕重开科举的论争也将不断被提起。但是针对这一不断重复的科举重开的讨论，特别是争论背后的逻辑、提议重开者，乃至论争当时的政治背景等相关问题的研究却并未充分展开，这实在不可思议。

本节标题使用"蒙元政权汉族士人的政策"这一表述，是希望能够重点关注两大问题：其一，士人群体入仕的途径具体为何？其二，蒙元政权在制度设计上对待一般民众与士人群体是否

存在差别？如果存在的话，那么其具体内容为何？其逐步差别化
对待的过程又是怎样的？进而，旧金朝的士人和旧南宋的士人是
否又能够享有同样的地位？据《元史》《庙学典礼》等相关史料
的记载，我们可将金朝灭亡后蒙元政权对汉族士人政策的演变过
程大致作如下梳理（大岛立子亦曾对此进行过梳理）。首先我们
注意到《元史》丁酉年（1237）八月条"选试"的内容，[1] 这应
当是所谓"戊戌选试"的相关记载，另据《庙学典礼》所引圣旨，[2]
中选者予以免除差发（《元史》中未及免差发的内容）。而后，
《元史》卷一三四《月乃台传》又记载宪宗壬子（1252）以"业
儒者"别籍编户。再往后，检核《元史》本纪的相关记载，至元
五年（1268）蒙元政权加征此前所免租税，至元十三年（1276）
又发布了再次免除徭役的诏敕（华北地区，即儒户的甄别），直
至南宋归附以后。

　　讨论蒙元政权如何对待士人，特别是其政策逐步确立的过程，
我们必须关注却又未曾受到充分重视的问题即是，蒙元政权如何
对待孔子等圣人以及圣人后裔。在所谓"先圣之家"中，在有元
一代受到国家特殊尊崇优待的是孔子（衍圣公）、孟子（邹国公）、
颜回（兖国公）等先圣后裔。

　　下面来看衍圣公与元朝的关系。太宗五年（1233）蒙古军包
围金朝首都开封后，为金朝所封的第五十一代衍圣公孔元措就被
耶律楚材找到，并经蒙古大汗重新封褒、确认后，再由耶律楚材
经东平迎至曲阜。其间，东平严实对孔元措及其随从人员加以保
护，并不遗余力地维系曲阜孔庙的地位。对此，《民国曲阜县志》

---

[1]　《元史》卷二《太宗本纪》太宗九年八月条。——译者注
[2]　《庙学典礼》卷一《选试儒人免差》。——译者注

卷八所收《崇褒祖庙记》（1239 年立石）记载了开封围城以来的详细经过。孔元措竭力再建孔子庙、复兴孔门，甚至于孔地重新恢复了金朝的太常礼乐。仅就此来看，孔元措与当时蒙古政权政治上的关联性问题便已是颇具研究价值的课题。此外，关于孔氏本身，归迎自南宋的孔子后裔问题，以及围绕孔元措继任者的纷争问题（此时的调停者为姚枢）等诸多衍圣公家的相关问题，皆值得进一步深入研究。与士人群体相比，蒙古政权对待衍圣公家的政策与态度显得更为突出，并且这也是蒙古政权对待汉民族传统文化态度的重要象征之一。所以，我们理当对此进行更为详细深入的探究。[1]

　　那么，蒙元政权对待"先圣之家"的政策到底如何呢？对此，蔡美彪编著《元代白话碑集录》[2] 所收《曲阜文庙免差役赋税碑》（《集录》40。后文对《元代白话碑集录》及《道家金石略》的引用，必要时会分别标示所收录碑刻的序号）为我们提供了颇有价值的史料。关于该石刻，笔者亦撰有篇幅不长的论文专门进行了探讨，与该碑录文一并发表于《平成元年度三岛海云记念财团研究报告书》，此不详述，仅简单提示相关结论：（1）与蔡美彪标注该碑"在山东曲阜县"不同，该碑实际现存邹县孟子庙，其内容为免除兖国公与邹国公后裔的差发；（2）札付中所谓"丁

---

[1]　顺便提及，关于蒙元政权对孔子的尊崇，大德十一年（1307）元朝加封孔子为"大成至圣文宣王"。该事件值得重点关注。这绝不是因为这一时期所加封的称号至今仍在使用，而是如入矢义高所指出，当时的加封圣旨碑遍立于全国各地，并且至今各地仍有很多遗存（参见入矢义高：《蔡美彪氏编『元代白话碑集录』を読む》，《東方学報》京都，第 26 册，1956 年）。而这些圣旨碑一方面是从制度层面研究圣旨传达问题的贵重史料，同时，另据现存反映各地镌刻圣旨的"碑记"来看，虽然加封圣旨或许只是一种表面姿态，但也仍然可以让我们看到当时蒙元政权对待孔子以及儒教的基本态度。

[2]　蔡美彪编著：《元代白话碑集录》，科学出版社，1955 年。

酉年"，并非所蔡美彪比定的成宗大德元年（1297），而应是太宗九年（1237）。此即研究报告所论该碑文相关的基本观点。所以，大岛立子基于蔡美彪的观点，引用该碑来论证成宗朝也实行了同世祖时期一样的对待儒家士人的政策，这明显是不合适的。另外，与丁酉年札付合刻于该碑的延祐元年（1314）札付（《集录》68）内容是，孟子和颜子后裔别支希望丁酉年（1237）的规定也适用于他们这一支，而大岛立子却认为这是仁宗时期对丁酉年圣旨的再次颁布下发，很明显，这一看法也是不正确的。[1]

丁酉年，亦即太宗窝阔台九年，这一年份到底有何意义呢？此时金朝已于1234年灭亡，从蒙元政权对汉地的统治过程来看，前一年（1236）已实施了所谓丙申年的分封，同年八月又进行了"戊戌选试"。而《庙学典礼》所收文书也是以该丁酉年八月二十五日的"选试儒人免差"圣旨开篇的。由是观之，该碑刻的史料价值无疑凸显了出来。亦即，该碑刻是反映蒙元政权统治华北初期开始逐步实施的对汉人政策的贵重史料。

关于该碑刻的内容，不能仅据丁酉年札付认定单纯是对兖国公和邹国公后裔的差发蠲免，前述同刻于该碑的延祐元年（1314）札付中尚有明显的关于孟子和颜子后裔某一支也希望获得同样蠲免特权的内容。

此外我们还应当注意到该丁酉碑中孟、颜两家后裔请求蠲免的前提，即衍圣公后裔此前已经获得了蒙元政权的蠲免。关于衍圣公后裔蠲免相关的直接记载，可见于上引《崇褒祖庙记》所载乙酉岁（1225）所获蠲免的内容。在现存石刻史料中，这是笔者

---

[1]　大岛立子：《中嶋敏先生古稀記念論集　下》，1981年，第325页。

目前所见最早的。但是，该碑的时间为 1225 年，而孔元措逃离开封却在 1233 年，时间上明显对不上。由于《民国曲阜县志》所收该碑的录文多有缺字，所以也存在误读的可能性，虽然存在准确释读的困难，但或可推测，"乙""酉"两字中当有一字为误，实际有可能是乙未（1235）或丁酉（1237）的某一年份。[1] 并且，《崇褒祖庙记》在记载"乙酉岁"后便紧接着提到了"颜孟之裔亦如之"。[2]

此处，尤为值得注意的是，关于衮国公后裔和邹国公后裔的差发免除，丁酉碑记载作"仰依僧道一体蠲免差发去讫"。此即是，蒙元政权对待"先圣之家"的政策，是遵照僧侣、道士前例基础上形成的。丁酉碑的这一用语，在元代宗教类碑刻白话碑中极为常见，其中最为典型的格式为：起首以"和尚、也里可温、先生、答失蛮每"的形式列举赋予相应特权的宗教团体名，而后又多用"告天祝寿者"这类套话作为被赋予特权的理由。如所周知，蒙元政权对这类宗教团体的优免，从时间上看，道教所受优免远早于其他团体。现存与道教优免相关的石刻资料，最早可以追溯至癸未年（1223）三月的重阳万寿宫和潍州玉清宫的圣旨碑（《道家金石略》[3]024、025）。这明显早于丁酉年碑，确实可视作优免"衍圣之家"的前例。

上述碑刻所示优免政策，说到底是针对当时极为特殊的"先圣之家"的措施，而如果以此将蒙元政权对待儒家士人的政策简

---

[1]　该碑现存曲阜孔庙，笔者曾于 1989 年得以亲见，如果将来有机会，仍须实地确认此处字句的问题。
[2]　参见本书第三章附录一《大朝宗褒祖庙之记》。——译者注
[3]　陈垣编纂，陈智超、曾庆瑛校补《道家金石略》，文物出版社，1988 年，第 445、447 页。——译者注

单比附于大量圣旨碑中所见对各种宗教团体的优待措施，自然会受到质疑。例如，安部健夫在注意到延祐碑中"仰依僧道一体"[1] 这一表述的同时，又依据上引宗教圣旨碑所列举的相关团体中并未出现儒家这一事实，认为这实际上是将儒家与其他宗教团体相区别，以此讨论了丁酉年的差发蠲免问题。[2] 但是，类似的表述也见于其他记载，大岛立子一文[3] 所援用的《秋涧先生大全文集》卷九十一《定夺儒户差发》中，即引用了中统二年（1261）的圣旨节该："如今咱每的圣旨里，和尚、也里可温、先生、答失蛮体例里，汉儿人、河西秀才每不拣甚么差发休着。"[4] 该圣旨的蠲免对象就不再是"先圣之家"，而是一般的儒户了。不过多数相关的圣旨，确实如安部健夫所理解，这是没有问题的。此外，道教寺院圣旨碑的形态，一般被称作"执把圣旨"，往往是发给特定的宗派、寺院的，因此将"先圣之家"与这些宗派、寺院等而视之的理解也是成立的，笔者亦表示认可。[5]

关于蒙元政权的汉地政策中儒学和其他宗教团体地位上的差异性问题，仍有诸多值得深入展开的研究空间。其中，丁酉年碑是目前关于儒学优免规定中最早的记载，那么仅此一点，碑文中"仰依僧道一体"的表述便尤为值得重视。所幸，近来以陈垣所

---

[1] 参见本书第三章附录二《丁酉年邹国公家免差发札付石刻》。——译者注
[2] 安部健夫：《元代知識人と科挙》，《史林》42-6，1959 年。
[3] 大岛立子：《中嶋敏先生古稀記念論集　下》，1981 年，第 328 页。
[4] 此外，《庙学典礼》卷一《秀才免差发》亦载："已前的圣旨，如今也罢了者，咱每的圣旨里，和尚每、叶尔羌每、先生、达什爱每的体例里，汉儿、河西秀才每，不拣甚么差发徭役不教当者。"其表述亦完全相同。但是，笔者并不能确定其中所谓"如今也罢了者"的具体所指，以及这部分文书所系时间"羊儿年"的具体时间（顺及，中统二年为辛酉年），所以，笔者无法在正文中充分利用该史料，只好附记于此。
[5] 关于"执把圣旨"相关研究，参见爱宕松男：《元朝における佛寺道観の税糧優免について》，《塚本博士頌寿記念佛教学論集》，1961 年。

收集的资料为基础编纂而成的《道家金石略》[1]刊行出版，其中
关于元代道教相关的命令文书，尽管不少内容都较为类似，但确
实也让我们掌握了迄今为止更为丰富的事例。从这些命令文书的
内容上，以及作为法令的形式等各个方面，都让我们对未来的研
究充满了更多的期待。不管怎样，与丁酉年札付几乎同时，蒙元
政权下令实施"戊戌选士"，并发布了与之相应的儒人免役圣旨。
而关于"先圣之家"特别是衍圣公后裔在蒙元政权下所受优待问
题，亦如上文所论，既要看到以孔元措为核心的相关政策背后的
更多政治性要素，同时更要不断反思，"仰依僧道一体"的表述
仅仅是针对"先圣之家"的特殊性阐释吗？

二、儒户问题

讨论蒙元政权的汉族士人政策，首先面临的最重要问题便是
"儒户"制度。下面简单来看该项制度的内容。有元一代，除却
众所周知的蒙古、色目、汉人、南人等不同族群的身份制度之外，
还基于承担徭役和职业的不同编制了特殊的户籍，即"户计"制度。
儒户作为"诸色户计"之一，与道、僧以及灶户、鹰户同列，是
蒙元政权单独为汉族士人编设的户籍。如上所述，安部健夫亦讨
论了"戊戌选士"中选者被编入儒户的情况。关于"儒户"制度
这一可称之为有元一代对汉族士人政策基础的相关研究，牧野修
二《元代的儒学教育》通过分析士大夫因其家世儒业而被置于庙
学书院的管理之下，试图辨明儒人群体在生活、教育、出仕等方

---

[1]　陈垣编纂：《道家金石略》，文物出版社，1988 年。

面对庙学书院的依赖性问题。[1]继而牧野修二主要利用《庙学典礼》的资料，围绕元朝学校制度进行了一系列的实证研究，成果斐然。[2]然而，直接关注儒户制度本身的研究成果，当属萧启庆《元代的儒户》[3]和大岛立子《关于元代的儒户》[4]。《庙学典礼》收录了较多与儒户相关的详细资料（大岛立子未曾利用该资料），片山共夫则对此加以充分利用，并在牧野修二相关论述的基础上，研究了元代的士人问题。他指出，元朝对于"南宋以来的士大夫群体，几乎全部纳入了儒户中"，"元朝最终以儒户制度为基础对士人加以统治和管理"。[5]关于萧启庆和大岛立子的研究特点，笔者已在萧启庆《元代史新探》[6]的书评[7]中有所论及，在此虽然没有太多新的内容可以补充，但还是希望在片山共夫所讨论问题的基础上，再对相关问题重新谈一点看法。

首先来看元朝对江南士大夫的统治与儒户制度之间的关系。关于元朝征服南宋后在旧南宋统治范围内所实施的儒户编籍问题，前述诸研究以及片山共夫皆有所涉及。元朝在征服南宋后不久便开始了数轮户籍调查，直至至元二十七年（1290）才最终完成儒户的编籍。片山共夫据《庙学典礼》，一一列举了儒户认定

---

[1]　牧野修二：《元代の儒学教育—教育課程を中心にして》，《東洋史研究》37-4，1979年。

[2]　牧野修二：《元代廟学書院の規模について》，《愛媛大学法文学部論集　文学科編》12，1979年；同《元代生員の学校生活》，《愛媛大学法文学部論集　文学科編》13，1980年等。

[3]　萧启庆：《元代的儒户》，《东方文化》16-1、2，1978年。

[4]　大岛立子：《元代の儒戸について》，《中嶋敏先生古稀記念論集　下》，1981年。

[5]　片山共夫：《元代の士人について》，《元明清における国家「支配」と民衆像の再検討》，1984年。

[6]　萧启庆：《元代史新探》，新文丰出版公司，1983年。

[7]　森田宪司：《蕭啓慶『元代史新探』を読む—元代における士大夫の問題をめぐて》，《奈良史学》1，1983年。

的要件，认为由宋入元的士大夫几乎全被列籍儒户，元朝也以此几乎全盘掌控了江南士人群体。但事实果真如此吗？这在一定程度也同如何定义士人这一群体相关，但仅就儒户在全部士人中所占比例来看，亦如上引书评所论，通过具体分析《元统元年进士题名录》中进士及第者的户计情况，我们便可注意到儒户的比例绝不占压倒性的优势。再从各地区儒户占所在地区户数整体的比例看，其地区间的差距为0.11%至1.41%。如此大的差距本身就更加令人疑窦丛生。很明显，元朝的儒户认定过程是有问题的。另外，片山共夫所倚信的《庙学典礼》也频繁记载了儒户认定过程中所发生的各种不正当的行为，地方官员则以"无籍儒人""续收儒户"等表述具体指出了其中所存在的问题。那么，考虑到元朝像这般并不能完全掌握江南士人的情况，我们更有理由怀疑，其实儒户的编籍问题似乎并未像片山共夫所论最终得以轻易解决。

接下来再看元代的学校问题。作为元朝掌控儒户、优待士人的基本单位，代的学校如果确实发挥了积极的作用，那么这在中国历代的王朝中也可以说是别具一格了。笔者亦曾撰文论及，在讨论元代士人问题时，如果将元代的学校和学官等同于其他朝代，一概视作徒有形式的制度，当然也是不妥当的。[1]笔者亦曾受到牧野修二相关研究的启发，了解到《庙学典礼》的史料价值，并在相关研究中有意识地加以利用。笔者自身也时时反省，作为基本史料，《庙学典礼》的价值毋庸置疑，也正由于此，我们得以详细了解到元朝学校及其相关的各项制度，以及其所反映出的

[1]　森田宪司：《济南路教授李庭实をめぐって》，《中国士大夫阶级と地域社会との关系についての总合的研究》，1983年。

元代以学校为核心组织起来的士大夫群体的特征；但是，该史料说到底不过是与学校相关的资料集成，或者说是某种实用指南手册而已，所以其中理所当然只能显示出与学校相关的内容。如此综合考量，如牧野修二那般仅将其作为元代学校制度研究的史料来利用的话，当然没有问题，但是，如果偏离学校问题将其扩展至一般的士人研究时，仅仅因为其他史料不足征，而过度采信《庙学典礼》所描绘的世界，刻意强调学校的重要性，那么我们也不得不对此研究思路深表疑虑。

对于《庙学典礼》，我们仍需进一步深入研究。但要注意该史料的利用限度。《庙学典礼》现仅存辑录自《永乐大典》的《四库全书》本，其原本已佚。一旦对文本产生疑问，我们是很难核查的。该书与《元典章》一样，同为公牍文书的汇编。翻检该书所收录的公牍文书，我们可发现，卷首元朝较早时期的内容皆为全国性的一般性的法令文书，而元朝征服江南以后的相关文书，则偏重浙东地方官府的内容。据此而言，《庙学典礼》的地方文献特征较为明显。为避免引起误会，笔者再次重申，《庙学典礼》的史料价值不容否定，极富魅力，笔者今后也会加以充分利用。很早以前市村瓒次郎即已注意到该文献的价值，并指出研究利用的可能性。[1] 然而自此以后，该文献可以说几乎完全未能得到充分注意。再次发现该文献的史料价值并运用到学术研究中的学者即是牧野修二，其功莫大焉。[2] 但是，关于该文献本身及其所收录的公牍在何时并以何种方式汇纂而成等相关问题，目前仍缺乏

---

[1]　市村瓒次郎：《東洋史統》卷三，富山房，1944年，第194页。
[2]　此外，入矢义高在讨论《庙学典礼》所收录白话碑史料时应当也有所涉及。参见入矢义高：《蔡美彪氏編〈元代白話碑集録〉を読む》，《東方学報》京都，第26册，1956年。

具体的实证研究，所以我们在利用该史料时，仍必须慎之又慎。如何理解并进一步深化对上述问题的研究，仍是今后的研究课题，而目前必须首先推进的便是关于《庙学典礼》的相关研究。

其实，如果讨论元朝"以学校为中心来掌控江南士大夫"，或者转换视角以士人群体的立场来讨论元朝的统治问题时，《庙学典礼》又恰好可提供一个重要的话题。此即是"庙学公事"问题。元朝统治的一大特色便是"各从本俗"，对此，前人研究已多有论及，岩村忍和海老泽哲雄的研究便是其代表。[1] "各从本俗"统治方式的具体实践即是"约会制"，即所属不同族群者一旦发生纠纷等事件，由双方代表协商裁决处置。由于元朝统治下多元族群的存在，关于元朝"各从本俗"统治方式的研究，多聚焦于不同族群间的事件。实际上，这种情况也适用于所属不同户籍的当事人之间。据《庙学典礼》记载，儒户同其他宗教集团的纠纷即以"三教约会"的方式处理。[2] 但据笔者所知，目前关于元代学校与法律审判的关系，或者与元代学校相关的"约会制"研究仍暂付阙如（元代法律审判制度的相关研究亦未对该问题展开讨论）。另外"庙学公事"这一表述也是颇为值得关注的问题。至元三十一年（1294）圣旨即提及"凡庙学公事，诸人毋得沮扰"，[3] 此处"公事"一词便令笔者联想到法律审判问题，而"犯奸盗"以外的儒人"公事"当听从约会的规定也见于《庙学典礼》的记载。[4] 但另一方面，"庙学公事"似乎又不完全是指法律审判问题。

---

[1] 　岩村忍：《元典章刑部の研究—刑罰手続》，《東方学報》京都24，1954年；海老泽哲雄：《約会に関する覚書》，《元史刑法志の研究訳注》，1962年。
[2] 　《庙学典礼》卷四《三教约会》。此处值得注意的是，儒家是明确同佛教、道教同列的。
[3] 　《庙学典礼》卷四《崇奉孔祀教养儒生》。
[4] 　《庙学典礼》卷二《儒人免役及差设山长正录直学词讼约会》。

例如《清明集》记载宋代学校在籍士人因其所具有的身份而享有特殊的惩罚待遇，虽然这可从"刑不上大夫"的传统观念中予以解释，但这同元代的"庙学公事"有何相异之处？诸如此类问题，或可为元代士大夫或学校的研究提供另一种素材。

综上，既往研究通过考察元代户籍身份之一的儒户，以及总括儒户的庙学系统，讨论了元朝对士人群体的掌控与统治问题。但是，根据现存可以量化的史料来看，并非所有士人都是以这种形式被掌控和管理的。并且，在进一步探讨庙学之于士人的意义和作用时，又觉得这似乎也只能展现士人群体活动的一个侧面而已。以此来看，上文所及法律审判的相关问题便更具有深入研究的价值了。

三、科举问题

延祐二年（1315）科举重开。其后，有元一代共举行了16次科举取士，产生了1139名科举及第者。[1] 早期关于元代科举的研究多关注制度史进行一般性的探讨，以田中萃一郎、箭内亘、有高岩为代表，[2] 其后未再见到相关研究的突出成果。二战后，宫崎市定以独到的视角讨论了元代科举的意义。[3] 他认为，面对

---

[1] 宫崎市定：《元朝治下の蒙古的官職をめぐる蒙漢関係》，《東洋史研究》23-4，1965年；爱宕松男：《元の中国支配と漢民族社会》，《岩波講座世界歴史·中世三》，岩波书店，1969年。
[2] 田中萃一郎：《元の官吏登庸方について》，《史学雑誌》27-3，1915年；箭内亘：《元代社会の三階級》，《満鮮地理歴史研究報告》三，1916年；有高岩：《元代科挙考》，《史潮》2-2，1932年。
[3] 宫崎市定：《元朝治下の蒙古的官職をめぐる蒙漢関係》，《東洋史研究》23-4，1965年。

更多的汉人进入仕途，不断冲击着蒙古人固有的职位，元朝统治者不得不对此发动"反攻战术"，这便是元朝重开科举的历史意义。对此，植松正最近则另辟蹊径，从元朝进攻南宋时被就地任用而获保原有地位的江南地方官员任满换代之际官职是否能够世袭的问题出发，关注到元朝当时出现了人才不足的现象，从而需要更多的新生官僚，进而将此视作元朝科举重开的原因之一。[1]在双方的研究中，不论是方法还是观点，植松正的论文都更为值得关注。

　　首先，既往关于元代科举的研究多停留在一般性论述的层面，即便如宫崎市定般注意到蒙古人与汉人的比例问题，但对各科具体如何，仍缺乏具体的分析，特别是在讨论科举之于有元一代所发挥的作用时，笔者认为尤其要从对各科及第者的具体研究着手。关于元代的科举题名录，现仅存元统元年（1333）的，收录于《宋元科举三录》。萧启庆对《元统元年进士题名录》所收录的人名进行了详细的考证，是目前为止唯一的系统性研究成果。[2]植松正则利用王德毅等所纂《元人传记资料索引》[3]，分析了延祐二年（1315）科举重开后的首科及第者在元朝官场的情况，认为元代科举仍然为蒙元政权提供了人才，在现实中发挥了重要作用。

　　但是，《元人传记资料索引》并未充分利用石刻资料、地方志等文献，即便是其中主要利用的文集史料，也未能对相关人物加以全面检核，存在一定的疏漏（对此，梅原郁等编《辽金元人传记索引》[4]则更为便利）。此外，讨论元朝科举所发挥的实际

[1] 植松正：《元代江南の地方官任用について》，《法制史研究》38，1989 年。
[2] 萧启庆：《元统元年进士录校注》，《食货月刊》13-1、2、3、4，1983 年。
[3] 王德毅等编：《元人传记资料索引》，新文丰出版公司，1979—1982 年。
[4] 梅原郁、衣川强编：《辽金元人传记索引》，京都大学人文科学研究所，1972 年。

作用，我们不能仅关注某一次科举的具体情况，还要尝试对元代历次科举"登科录"进行重纂和复原的工作。与及第者总数过万的宋代相比，元代科举及第者总数充其量不过千余人，其中还包含了蒙古、色目人的数量，所以仅此而言，对于元代科举及第者整体上精确的复原工作也并非不可能。没有这样的工作，而仅仅一遍又一遍地发着"元代科举实际发挥的作用较低"这样的牢骚，那么真正的研究也是无法推进的。据笔者翻检石刻、地方志资料所载元代科举及第者相关材料的经验，实际上，地方志在相关记载的可信度方面是存在问题的（这多由方志纂修者并不熟悉元代的科举知识所致，例如明清方志中，关于延祐以前"进士"的记载并不鲜见）。

其次，植松正关于元代人才供应来源的研究，并不局限于进士及第者，他还注意到了乡试及第者的重要性。既往研究完全没有注意到元朝乡试的意义，这是植松正论文值得关注的第二点。实际上，元代科举相关的史料，除却上述《元统元年进士题名录》之外仍有不少。乡试一级的题名录，在石刻等资料中多有留存。随便翻检《石刻题跋索引》即可轻松获知。在新近开始刊行的《北京图书馆古籍珍本丛刊》第二十一卷（本章撰写时尚未正式刊行）介绍中，便预定收录《延祐甲寅科江西乡试录》、毛元庆撰《山东乡试题名录》、孙矞撰《山东乡试题名碑记》《至正十一年进士题名记》、孙矞撰《至正庚子国子监贡试题名记》《至正丙子国子监公试题名记》等清代钞本，这些文献应当是在这些石刻拓本等资料基础上编纂而成的。另据《元史》所载，乡试及第者每科全国定额仅 300 人，是会试及第者的 3 倍。以此将元代乡试置于宋与明清科举的对比中加以研究，无疑也是极为必要的。上述石刻并非仅刻有及第者的题名，甚至还详细记载了乡试的经过（例如，《乾隆历城县志》卷二十四所收至正十年（1350）和二十一年（1361）山东乡试题名碑），这无疑为今后元朝乡试研究的开展提供了可能。上述史料都让我们认识到了对于中央和地方的科举及第者的重构，乃至元代科举制度本身的研究的必要性。

如上所述，目前任何一般性论说皆一致认为，科举之于元朝的作用是比较小的。但是，汉族士人对科举的执念却又是现实存在的。如果无视这一点，我们也无法真正理解元代的科举。其实，在汉族士人群体看来，蒙古早期的"戊戌选试"，以及之后数次的儒户甄别的考试，应当都属于"科举"。前引宫崎市定的研究曾以元朝统治的立场来考察元代的科举问题，那么与此相应，我们同样有必要"以汉人的立场来观察元代的科举"。几乎所有的概括性著作中都会提及，汉族士人向来对科举抱有执念，故不断上奏请求重开科举，但是，这些上奏是在何时又是如何进行的，其理论依据又发生了怎样的变化等问题，在上述相关研究中皆缺乏具体深入的探讨。此外，所谓"吏人岁贡制"，以及与之相关的仕进途径，在当时汉族士人看来，应当也是科举的形式之一吧。实际上，汉人称呼此类儒人选拔相关的考试为"科举"的实例也是存在的。而论及江南士大夫渴求科举替代品时，每每举以杭州月泉吟社的征诗和品评排名活动作为例证，这也实在太过苍白无力了。

四、地域社会中士人的"地位"及其"连续性"问题

蒙古兴起之前，中国处于南宋与金朝的对立统治时期，也是

一个新的"南北朝"时代。在两个王朝超过一个世纪的统治下，各自的统治区域内已然形成了独具特色的文化和社会特征。这些特征在蒙元政权统治下如何被承袭了下来，并发生了怎样的变化？在此背景下，我们再尝试进一步发掘中国士人社会史中变与不变的要素又有哪些。这一研究思路，必将成为今后元代士人研究新的切入点之一。在宋代以后的中国社会中，他们才是真正占支配地位的阶层，同时，他们还是地域社会的指导者。所以，上述问题与直至明清时代的传统中国社会的性质问题亦密切相关。

仅就科举而言，金朝与南宋的侧重点各不相同，这无疑又影响了南北方学问的不同取向。安部健夫《元代士人与科举》（《元代知識人と科挙》）一文所讨论的旧金朝统治下华北地区"文章派"和"德行派"的问题，便正是如此。但是，对作为该问题前提的金朝社会、文化状况相关研究，目前为止仅有三上次男关于金朝国制研究的巨著，除此而外，几无进展。而与本章密切相关的金、元交替之际连续性的贯通研究，最近亦仅有高桥文治关于山东泰山学派的相关论文。[1] 而南宋社会研究的情况又如何呢？南宋的史料远多于金朝，相关研究亦得以全面展开。而关于宋元江南社会发展的连续性方面，相关史料的研究又如何呢？此前由高桥芳郎提供照片，继而又在中国出版校点本的《明版名公书判清明集》就展现出了南宋社会的多重面貌，当前各地的研究机构都在展开会读，期待今后相关研究成果的出现。

将南宋甚至上溯至北宋的江南社会与元代加以比较，进而讨论其间的连续性问题，这无疑又涉及了明清史研究的乡绅论问题。

---

[1]　高桥文治：《泰山学派の末裔達》，《東洋史研究》45-1，1986 年。

对于研究明清的史家围绕"乡绅论"所展开的各种讨论，笔者未必都能完全理解，但是可以确定的是，"士人与其所处地域社会的关系"这一问题，却是整个中国历史研究的共通课题。也正因如此，笔者对于自己亦曾参与过，而后由谷川道雄所编《中国士大夫阶层与地域社会关系的综合研究》（《中国士大夫阶级と地域社会との関係についての総合的研究》）（1983 年）中的观点才会产生强烈的共鸣。不论如何，目前将士人阶层视作地域社会指导者的研究方法已获得越来越多研究者的认可，而关于元代的相关研究仍需进一步深入展开。前述片山共夫的论文也显示出了对该问题的强烈关注，关于元代地域社会中士大夫的活动，片山共夫还发表了《元代の郷先生について》[1]一文，笔者亦进行了相关研究，[2]除此而外，几无进展。前引滨岛敦俊对相关研究动向的整理也反映了这一状况。[3]

　　关于元代士人的研究，本章介绍了片山共夫的两篇论文。二文带着对江南士人如何度过蒙古统治下的"冬天"这一问题的深深执念撰写而成，笔者亦对此表示理解，并且二文也确实提出了不少值得肯定的见解。片山共夫讨论了元代中下层士人群体的问题，并注意到史料中对"乡先生"的相关表述，其中一篇文章对该问题进行了专门的讨论，另一篇也多有涉及。笔者大致理解两篇论文的主旨，但对文中的论证过程和基于相关史料的实证部分却颇有疑问，故在此稍加赘言。作者列举了不少元代对"乡先生"高度评价的事例，但是碑传行状背后所传递出的诸如"虽为一介

[1]　片山共夫：《元代の郷先生について》，《モンゴル研究》15，1984 年。
[2]　森田宪司：《済南路教授李庭實をめぐって》，《中国士大夫阶级と地域社会との関係についての総合的研究》，1983 年。
[3]　滨岛敦俊：《中国の郷紳》，《歴史研究の新しい波》，山川出版社，1989 年。

地位卑微之塾师"之类的实际看法，以及主家写给家庭教师的感谢信中所透露出的"虽然您学问不高，但已颇为用心"之类的内心表达，应当也都是存在的吧。当然对于后者，作者自身似乎不愿接受。由于相关史料载于书信范文集[1]，作者便据此认为史料中对"乡先生"的较高评价反映出了当时"社会的普遍观念"。实际上，这种看似较高的评价不过是表面文章，书信撰写者内心的考虑应当并非如此，而这种"表里不一"才是当时"社会的普遍观念"。片山论文所引史料中，唯一较为中立的记载即是《至正直记》对于"村馆先生"德行不足且"不以儒者自任"的批评，而这又恰好佐证了笔者的看法。论文所引用的其他史料中，有些并不能支撑作者所论述的观点，有些却能够佐证笔者的看法，诸多问题，不一而足。笔者完全理解片山论文所秉持的主旨和方向，但是通篇读下来，至少对笔者而言，"乡先生"所旧有的"地位卑下的乡下私塾教师"形象仍难以得到改观。当然，深入解读这类史料背后的意涵，其实很不容易。鉴于笔者自己此前也曾犯过类似错误，所以在此不揣鄙陋，简单提出自己的看法。

　　关于地域社会中士人的活动，笔者曾以山东李庭实的实例证实了，从士人受地方的要求所撰写的各类公私文章出发考察士人与地域社会关系的尝试，不仅对李庭实这般下层士人群体是有效的，也完全有可能推广至更广泛的士人群体。[2]以此，笔者还将李庭实与同为山东人且是延祐科举重开后首科左榜状元张起岩加以比较，根植于地方与名重全国的士人，其间的显著差异亦属理

---

[1] 即《新编事文类聚启札天章》"馆客辞馆"条载："时人领袖乡先生之德望素尊，师说渊源，里后俊于范模多。幸三年为馆下客。"——译者注
[2] 森田宪司：《済南路教授李庭實をめぐって》，《中国士大夫階級と地域社会との関係についての総合的研究》，1983 年。

所当然。但值得注意的是，即便是名重全国的后者，也并非同地
方社会毫无关系。接下来，笔者再以两位有名的思想家为例进一
步阐述相关研究的可能性。他们是王应麟和吴澄。

　　首先来看王应麟。据《宋史·王应麟传》等传记资料所载，
南宋灭亡后，他便闭门专心著述，撰有《困学纪闻》等名著。王
应麟的文集原有百卷之多，但现存《四明文献集》（收录于《四
明丛书》）不过仅五卷而已，所收遗文数量也实在太少。但是，
检核石刻资料及地方志所留存王应麟的相关著述后我们发现，他
在元朝统治下所撰写的文章还是多有遗存的（其中多数收录于《四
明丛书》中的清代叶熊所辑《深宁先生文钞摭馀编》）。这些文
章中，不少都是王应麟为元代地方官府、学校所撰写的。如果他
与当地官员没有任何交往的话，这些文章就不会被撰写出来。对
照王应麟年谱可知，至元二十八年（1291）前后，陈祥作为肃政
廉访副使分治四明，王应麟开始同他接触，之后王应麟撰写了一
系列带有公共属性的碑文。[1] 撰写这些公共建筑物的碑文本身也
就说明，王应麟在元朝统治之下并非仅仅作为与世无涉的一介文
人隐士而生活于四明当地的。

　　稍微偏离本章主旨，进一步扩大论述范围后，我们又会发现，
伴随南宋末年政局的更替，王应麟自中央引退至四明地方后，他
作为四明地方士人群体领导者的身份并未发生变化，所以地方上
在树立带有公共性质的碑刻之时，相关碑文的撰写，实非王应麟
莫属。这也从侧面展现了王应麟在地方社会中的地位。他的这一

[1]　关于王应麟与陈祥的关系，可见于相关碑文中。张大昌所撰年谱中关于二者关系
的叙述，标注出自《清容居士集》所收陈祥神道碑。但是，《四部丛刊》本《清容居士集》
所收陈祥神道碑并未记载相关内容。

地位，而后为其受业弟子袁桷所承袭，这从袁桷《清容居士集》（该文集卷帙浩繁，收于《四部丛刊》初编）所收录的大量碑记中亦可得到明证。可以说，王应麟及其继任者袁桷，皆可称之为四明地方上学术文章的领袖，也正因此，即便在元朝统治之下，地方上公共事务相关的碑刻撰文，也必须由他们来承担。

再来看吴澄。他为程钜夫所推荐出仕元朝，官至翰林学士等显职，还曾参与《英宗实录》的纂修工作。《四库全书》所收录《吴文正公集》亦达百卷，其中，就文章主题大致可分为两类：一类同蒙元朝廷相关；另一类文章则与他的出生地江西抚州崇仁县密切相关，这类文章大多接受当地人的请求撰写而成。特别是应抚州周边之人的请求，吴澄为不少族谱撰写了序文。笔者亦曾对这些保留在他文集中的族谱序文做过专门研究。[1] 前文提及的袁桷可以被视作王应麟的继任者，那么对吴澄而言，其继任者应当就是虞集了。虞集现存文集主要有两种：其一为《道园学古录》（《四部丛刊》本），属于元至正元年（1341）建安刊本系统，其中以文章撰写的不同场合分为"应制录""归田稿""方外稿"三大类；其二为最近影印出版的《道园类稿》（《元人文集珍本丛刊》所收台湾图书馆所藏明初刊本），属于至正五年（1345）抚州路学刊本系统，其中仅以文章体裁进行分卷。《道园类稿》几乎未为学界所注意，目前只有最近的影印出版和后述《中国史籍解题辞典》中植松正的相关介绍。即便是元代这一相对较近的时代，其史料的文本本身仍存在较多问题，这其实也影响到我们对该时代性质的理解。但是，这一问题至今仍未引起研究者的足

---

[1]　森田宪司：《宋元時代における修譜》，《東洋史研究》37-4，1979 年。

够关注，不仅如此，甚至连元人文集的编集、出版这一关涉史料研究的根本问题至今也未有任何学者开展相关研究。

　　这些问题并不仅仅存在于此处所列举的吴澄、虞集等人的文集之中。我们需要分析更多文人文集的整体结构和篇目构成，来更加具体地一一加以解决，以此进一步深入探究士人在地方社会中所发挥的作用，以及通过追踪他们所撰写的碑文中的线索，以具象化的形式重构他们的活动空间，乃至地方社会的网络。

五、结语

　　最后，结合元代士人形象的确立过程，本章再对前人研究的重要成果之一——吉川幸次郎《元杂剧研究》[1] 所收诸论文，特别是《元杂剧的作者》[2] 一文做简单评析。吉川幸次郎通过分析元杂剧作者出身阶层后认为，金朝灭亡后，华北士大夫在蒙古政权统治下，其生活伦理亦随之变化，特别是受到科举废止等因素的影响，旧有传统遭到破坏，他们在旧传统下的生活方向也逐渐发生转变，以此催生出了历学、数学等新的学问，甚至进一步促使北传不久的朱子学开始流行起来。与之同步出现的，即是士大夫群体开始转向此前被视作文学范畴之外的杂剧剧本的创作。他还分析了金元交替之际士人阶层所遭受的"激烈的变动"即是这一变化背后的社会因素。由于蒙古政权重视实用的吏员，大量吏员开始进入士大夫社会，因此便出现了士吏混杂的状况。与此相对，江南社会的基本结构并未遭到太大的破坏，士大夫仍可以延

[1]　吉川幸次郎：《元杂剧研究》，岩波书店，1948 年。
[2]　吉川幸次郎：《元雜劇の作者》上、下，《東方学報》京都，13-3、4，1943 年。

续旧有的"作诗三昧"式的生活方式。而之所以能够如此，吉川幸次郎认为这是因为蒙元政权征服南宋时对待汉地的观念与征服华北时期相比已经发生了变化。

关于吉川幸次郎所提及的"士""吏"关系的混杂问题，牧野修二和片山共夫皆曾予以重点讨论，本章不再赘述。关于元代"吏"制的研究，除牧野修二所著《元代勾当官的系统性研究》（《元代勾當官の體系的研究》）[1]外，尚有较多的研究积累。但是，对于如何看待元代"吏"的问题，特别是如何超越单纯的制度层面而从士人所关注的"官"与"吏"的关系方面去把握其大致轮廓，笔者完全没有过深入的思考，故在此亦不再赘述。但是，该问题对于元代士人阶层的研究无疑是重要的关切点，虽然暂时无力解决，但仍希望能够唤起更多研究者的关注。

综上，本章着眼于史料问题概览了当前元代士大夫研究的现状。关于元代史料的问题，我们可以关注最近神田信夫、山根幸夫主编的《中国史籍解题辞典》[2]中所收元代相关条目。其中条目基本为植松正所撰写。仅就对元代汉文史籍的解题而言，据笔者所知，不仅该书所收史籍的数量，而且每一条目的内容质量都远超其他同类书籍。如果读者能够认真翻阅相关条目便会注意到，在前文所介绍的史料之外，尚未为学界所利用的元代"新史料"仍所在多有。且不论非汉语史料，仅就汉语史料而言，虽然元史研究向来重点关注对《庙学典礼》《元典章》等特殊且难读文体史料[3]的解读和利用，但如果将现存元人文集按照年代平均计算

---

[1]　牧野修二：《元代勾當官の體系的研究》，大明堂，1979年。
[2]　神田信夫、山根幸夫主编：《中国史籍解题辞典》，燎原书店，1989年。
[3]　即蒙文直译体。——译者注

的话，元代每年所平均到的文集数量其实是超过宋代的，同样，
如果再看石刻资料的状况，与宋代相比，元代史料的密集程度将
会更大。据此可知，元代现存史料的状况还是相当丰富的。但是
行文至此，读者想必也已经认识到，虽然本章对相关研究状况进
行了初步梳理，实际上真正提及的研究者数量尚不及十人。对比
本章开头提及的小岛毅关于宋代相关研究状况的介绍，元代的研
究队伍还是极为弱小的。元朝作为中国的王朝之一，其相关研究，
特别是关于宋代以后处于中国社会支配阶层的士大夫群体在元代
活动情况的研究方兴未艾，笔者在此由衷希望更多研究者能够加
入这个研究队伍之中，进一步推进相关问题的研究。

最后需特别指出，本章为平成元年（1989）三岛海云记念财
团资助的研究成果之一，同时与该财团渊源颇深的京都大学文学
部羽田纪念馆举办的数次研究会所展开的相关讨论，笔者从中亦
受益匪浅，在此谨致谢忱。

补记：

在此，再回过头简单谈及该论文写作时的情况。读者翻阅本
章页下所附参考文献亦可大致了解到，除了爱宕松男等战前即已
名重一时的学者，以及牧野修二、植松正、大岛立子等当时已卓
然成家的元史研究者之外，片山共夫、高桥文治等所谓新生代的
学者也已崭露头角，可谓正是在他们的引领下才有了今日元史研
究的兴盛。此外，在文中未曾涉及的蒙古帝国史研究方面，杉山
正明、松田孝一等学者的研究亦成就斐然。

就笔者自身而言，已逐渐从此前的宋史研究转移到了史料丰

富多彩且别具魅力的元史研究领域，并发表了数篇研究论文。也正是当时对该研究动向一文的撰写，才进一步使笔者认清了今后的研究课题，奠定了笔者此后十年的研究方向。

亦如本书各章所论，不论是史料基础、研究条件，还是学界的问题意识等各方面，现在都已发生了较大变化。所以近年来，在笔者以外专门对本章所论问题进行梳理的论文也逐渐增多。2002 年学术期刊《中国史学》第 12 辑刊载了樱井智美所撰《近年来日本的元史研究——以"文化政策"为中心》（《日本における最近の元代史研究—文化政策をめぐる研究を中心に》）[1] 一文。该文亦重点关注了元代士人问题，并全面梳理了笔者撰文后十数年间学界的研究动向，请读者一并参考之。

此外，关于本章所涉相关论题及其后的史料状况，笔者还于1997 年在羽田纪念馆演讲会上做了题为《元代汉族士人研究诸课题：以石刻资料和地方志来观察》（《元代漢人知識人研究の課题二、三　石刻資料と地方志から見て》）的报告。

---

[1]　中译版见樱井智美：《近年来日本的元史研究——以"文化政策"为中心》，《中国史研究动态》2004 年第 3 期。——译者注

第二章

笔者对元代社会的理解和石刻资料研究的现状

　　本章首先以士人研究的相关问题为中心阐述笔者关于元代社会与文化的基本思考，而后再述及本书所主要利用的石刻资料与元史研究的关系。[1]

一、关于元代社会

　　笔者主要从以下三个方面来观察元代社会。

　　第一，"与前代的连续性"。关于该问题，华北和江南，抑或旧金朝统治区与旧南宋统治区之间存在较大差别。元代江南社会可以说几乎完全承袭了之前的社会、文化的基本面貌，而华北社会则长期卷入征服战争的混乱之中，甚至在蒙元政权的对南宋战争中还被置于军事控制之下，两者之间的差异性是相当显著的。

---

[1]　下文关于元代社会的基本论述主要基于《世界歴史大系　中国三》（山川出版社，1997 年）中笔者所撰写的《元代の社会と文化》相关内容，以及《中華の伝統文化とモンゴル》（《月刊しにか》2001 年 11 月号）。

就江南社会而言，在很多方面是难以明确区分南宋与元朝的。而华北社会则要复杂得多，特别是在蒙元政权统治初期，因各地统治势力的不同，如严氏在其控制下的东平倾力于社会秩序的恢复，而处于战争最前线的河南则几近荒无人烟，各地域的面貌亦大不相同。

第二，所谓蒙古、色目、汉人、南人群体间严格的身份制差异与蒙古征服统治下汉民族的悲惨境遇，这种元史研究的既有模式是否真的合适？该问题与元代士大夫阶层和士人研究的关系尤为密切。

第三，与宋朝至清亡，乃至新中国成立前中国的传统社会体系相比，元代确实存在不少相异之处，这也是不可回避的事实。这些相异之处具体为何，又源自哪里，都是研究中的重要课题。但是，如果仅仅强调这些异质性，那同样也无法理解元代的社会与文化。

那么，我们到底该如何把握蒙元政权对中国社会的统治呢？对此，笔者希望借用"集团主义"这一概念来加以阐释。此即，对于不同的群体，蒙元政权首先选定其负责人，而后通过这些负责人依据他们各集团内的规则（本俗法）来实现统治和治理。笔者关于蒙古"集团主义"统治方式的认识，或许也有助于对蒙元时代其他相关问题的理解。[1]

就最受关注的汉民族而言，蒙元政权并非单纯简单地将其归入"汉人"（抑或汉人和南人）群体，而是根据他们所隶属户籍

---

[1]　关于"集团主义"概念，相关论述参见杉山正明《大モンゴルの世界》，角川书店，1992年，第276-280页。笔者亦曾于《世界歴史大系　中国三》（山川出版社，1997年）的《元代の社会と文化》部分有所涉及。

的集团来加以具体控制。普通的汉人农民往往以"民户"为州县系统所掌控，而亦如后文所述，士大夫则被纳入"儒户"集团。此外，元朝还以职业或所承担赋役的不同区分不同集团，如军户、匠户、鹰坊户、打捕户、灶户、站户、茶户等，他们分别由对应的都总管府管辖。还有各种宗教集团，如道教、佛教各宗派，以及也里可温（基督教聂斯脱利派）、答失蛮（穆斯林）等。甚至，即便是普通民户，由于蒙元政权所实施的数次分封，在华北地区黄金家族和功臣的封地内，他们又同投下领主之间保有着特定的关系。

　　以此来看，"集团主义"和传统的蒙古、色目、汉人、南人"四等人制"，是两种对蒙元政权统治方式的不同认识。"四等人制"是以金字塔式的结构来加以把握的；"集团主义"却并非如此，是以并列的集团方式来进行理解的。其间，我们要真正明确的是，所谓各族群间的"差别"在蒙元政权的具体实践中到底是如何表现的？一般认为，蒙元政权在各项制度中皆充分贯彻了蒙古至上主义，比如，各机构的长官原则上应为蒙古人，在蒙古人才不足时方补充以色目人，而汉人则是完全被排除在正式官僚系统之外的。原则上来讲，这应当并无不妥。但是笔者认为，我们应当充分注意蒙元政权从根本上认识各种问题的关键——"根脚"原则。所谓"根脚"，是指个人或集团与蒙古朝廷或大汗建立关系早晚以及维持关系深浅的词汇，蒙元政权根据其关系程度的不同来决定相应集团所受待遇的差别。所以，从族群上看，即便是汉民族内部，在蒙古进入汉地初期即已归附并建立卓著功勋的真定史氏等家族即被视作蒙古人，忽必烈关于史天泽从孙史耀职任问题所言"太尉（史耀）可同汉人耶，其孙非国人何？"[1]
便是明证。由此而言，在蒙古征服过程中，较早归附的回鹘等西
方诸族群比起汉民族受到较好的待遇，某种程度上也是理所当然
的。同样，色目人归附后也参与到蒙元政权之中，甚至有些人还
担任了军队的高级将领，但与之相比，更多的色目人则是在蒙古
西征过程中作为战俘被掳至蒙古高原和中原汉地的。据舩田善之
最新的出色研究，"色目人"这一称谓并不见于非汉语史料，而
所谓"四等人制"理论所依据的事实本身便同样存在问题，以此，
近年来不断涌现出了对此理论加以批判、反思的研究。[2]

　　当然，对于有着较高经济发展水平和深厚传统文化背景的汉
民族群体，蒙古人也并非没有警惕之心。蒙元政权之所以重用非
汉民族群体，尤其是回回人，或许也是出于平衡各族群间文化发
展水平的考量。并且，从各族群人口数量来看，蒙古、色目皆不
过百万人，而在旧金朝和旧南宋统治下的汉人，分别高达 1000
万人和 6000 万人，明显呈压倒性优势。这对于蒙古统治者而言，
也是极具威胁的。华北地区相当数量的人口被列为军户，他们承
担着补充兵员的义务，而江南地区的旧南宋军队被元朝编入"新
附军"，待慢慢老化而自然消亡，也并未被重新展开军户的认定。
同时，不论南北，元朝严禁私人藏有武器，然而元朝却又并未推
行与之相关的中国传统的地方治安制度——保甲制度。

　　此外，对于各集团间所产生的矛盾，元朝则以"约会"制度
适用其间。"约会"一词原本只是集会之意，而在元朝法律制度
中则是指，不同集团各自选派代表集会，协商相互间所产生的问

[1]　姚燧:《牧庵集》卷十六《荣禄大夫福建等处行中书省平章政事大司农史公神道碑》。
[2]　舩田善之:《元朝治下の色目人について》，《史学雑誌》108-9，1999 年。

题。元朝也正是以集团为单位，通过其代表或负责人来实现统治的。关于"约会"相关问题，本书将于第五章《约会的现场》(《約会の現場》) 进行具体讨论，此不赘述。

二、蒙元政权统治下的汉族士人

"蒙元政权统治下的汉族士人"问题与本书主旨密切相关，笔者在此简单阐述一下基本观点。

提及该问题，大家自然便会想到著名的"九儒十丐"一词。对此，笔者前文对此已有所论及，在此仅就相关史实作进一步讨论。

关于"九儒十丐"的出处，见载于谢枋得《送方伯载归三山序》[1]："我大元制典，人有十等：一官、二吏，先之者贵之也，贵之者谓益于国也。七匠、八娼、九儒、十丐，后之者贱之也，贱之者谓无益于国也。"以及郑思肖《心史·大义叙略》[2]，"鞑法，一官、二吏、三僧、四道、五医、六工、七猎、八民、九儒、十丐。"但是，就这两位作者而言，谢枋得（叠山）曾随南宋灭亡后以忠臣著称的文天祥一起举兵抗元，入元后被强迫召至大都仍不仕元朝，而后绝食而亡；而郑思肖则如其名，"思肖（肖即赵，指赵宋）"，拒不仕元，甚至夜寝亦不向北，又因"土地为蕃人所夺"，画兰花而无土。此外，《心史》本身又于明崇祯年间在苏州寺院古井出土的铁函中被发现，此时，明朝正苦于满洲

---

[1]　谢枋得：《叠山集》卷六《送方伯载归三山序》。
[2]　郑思肖：《心史》，《北京图书馆古籍珍本丛刊》第90册，书目文献出版社，1988年。

的侵扰，所以该书亦被认为是附会而成。[1] 无论如何，二人所论皆在强烈的民族意识影响下撰写而成，其中所带有的反抗蒙元的口号性质，或者某种程度上自嘲的意味，也是不能否定的。尽管二人所论或许反映了当时某种具有代表性的倾向，但是这到底在多大程度上反映了当时的历史事实呢？如果不对此深入探究便直接加以引用，那么其结论便颇为令人生疑。

要了解当时士人的实际情况，我们首先要从蒙古早期对华北的统治谈起。关于金朝灭亡后不久蒙古政权的士人政策问题，本书第三章在介绍与之密切相关的石刻资料的基础上进行了具体的讨论，在此仅述其要者。现实中，没有汉族士人的支持，蒙古统治者对汉地的统治也是不可能的，所以蒙古政权早期就注意吸纳他们进入统治机构。特别是忽必烈自即位前的潜邸时期开始，其身边即已逐渐形成了以汉族士人为主体的智囊集团。而后，元朝官制的基本架构也是由刘秉忠、许衡等汉族士人创设完成的。征服南宋以后，元朝还派遣程钜夫等人搜访"遗贤"，从江南士人中吸纳人才到政权内部。即便是派遣使者代祀岳渎等这类宗教活动中，忽必烈也会趁此搜访人才为元朝所用。对此，已有金文京的相关研究在前，[2] 以及笔者专门讨论元朝代祀问题的文章。[3]

当然，元朝本质上还是蒙古人居于统治地位的政权，亦如忽必烈时代阿合马等人以尚书省为中心活跃于政坛，元代回回人等非汉民族势力也参与到了元朝的统治核心。相比之下，元代的整体环境从最初就与传统汉民族政权大不相同，所以，仅将这

---

[1]　当然，桑原骘藏在所著《蒲寿庚の事蹟》一书中考证认为《心史》并非伪书。

[2]　金海南：《水户黄门「漫遊」考》，新人物往来社，1999年。

[3]　森田宪司：《元朝における代祀について》，《東方宗教》98，2001年。

些与蒙元政权保持密切关系的群体视作特殊的例外，而强调汉民族，特别是士人的不幸，笔者认为这也是不够妥当的。尤其是，在地方行政的具体运作过程中，他们同蒙古人、色目人之间的关系到底如何，目前几乎仍未有相关研究。此外，史料中出现的那些非汉民族人名，他们所有都是非汉民族吗？（亦即，难道没有汉民族因各种原因冒用非汉民族姓名的情况吗？）这也同样令人生疑。

再回到"九儒十丐"的问题。尽管该表述略显极端，但是蒙元政权是否真的以无视、冷遇的态度对待汉族文明呢？同时，汉族士人，特别是旧南宋统治下的士人群体是否真的如郑思肖所言，普遍不满于蒙元政权统治呢？这些情况在当时确实如此吗？当然，我们也必须承认，即便不如郑思肖那般直言不讳地摆明反元的态度，但当时不仕非汉民族的元朝政权，杜门专事学问和文学的士人（隐逸）也确实大有人在，比如人所共知的对《资治通鉴》进行音注的胡三省和《文献通考》的编者马端临等。

但是，不仕元朝就意味着无视甚至脱离元朝的统治吗？本书第七章讨论了《困学纪闻》《玉海》等书的著者王应麟等浙江庆元（宁波）士人群体的情况。笔者认为，南宋灭亡后，王应麟虽长期"杜门究学"，但他所撰写的碑文中，有相当数量是受到元朝地方官府所托撰写而成的。他虽是在野之人，但同元朝统治体系绝非毫无瓜葛。同样的事例在同一时期其他的公共建筑物中也可以见到。亦如村上哲见所指出的，出仕和不仕的群体立场虽不相同，却非对立关系，相互间仍保持着诗文的往来、唱和等各种应酬交往关系。[1] 江南士人社会虽经历王朝交替仍得以延续和发展。

另外，元代科举也是关注元朝统治下汉族士人不可忽视的重要问题。自宋朝立国算起，至此已三百余年，他们最为关心的莫过于科举，以及入仕后的为官地位了。而人们一向认为，有元一代科举几乎并未实施，其意义也并不重要。以此，这也成为论证蒙元政权统治下汉民族受到冷遇的最主要证据。关于该问题，本书第六章讨论科举相关资料时亦有所涉及，在此仅述其要者。

元仁宗皇庆二年（1313）元朝正式颁布"行科举诏"，延祐二年（1315）产生了首科进士 56 人。此后元代科举原则上三年一试，共举行了十六科。元朝规定每科科举登第人数为 100 人，但实际上几乎每科皆未能足数，所以有元一代科举登第者人数极为有限，十六科总计不过 1139 人（亦有史料作 1135 人）。这往往成为元朝"轻视科举"的重要证据被屡屡论及，同时又被冠以蒙元政权对汉文化的漠视、重视实用主义等理由，从而催生出元代是汉民族士人的冬天这一刻板印象。

关于汉族士人与蒙元政权的关系，以及他们活跃于官场的情况，本书无专文探讨，故在此稍作论述。与其他王朝相比，元朝的官僚制度确实有其特异之处。特别是官府中正官与首领官的区分，为元代特有的制度。所谓首领官，是指遍置于各级官府机构，协助官府长官处理文书以及监督胥吏的官员。[2] 其官名有经历、都事、主事、知事、提控案牍、典史等不同名目，但他们仍属于

---

[1] 村上哲见：《文人·士大夫·読書人》，《末名》8，1988 年，后收于《中国文人論》，汲古书院，1994 年。
[2] 大岛立子：《元朝の首領官》，《明代史研究》30，2002 年。

正官，地位高于胥吏。其具体工作在任何官府机构都大致相同，主要负责日常事务的处理，难以接触到实际政务。担任这些职务者多为各官府机构职任期满的胥吏人员，而士大夫阶层中由此入仕者也不在少数。

自宋代开始，胥吏阶层地位日渐凸显，但他们与正官的关系，在元代却相当模糊。对蒙元政权而言，能够从汉地获取多少物资是蒙元政权的第一要务，那么比起对古典政治传统的认知，元朝统治者显然更加看重实际行政事务的能力。这便是元代胥吏与正官关系界限不明的原因所在。此外，元代还有"吏人岁贡"制度，即以考试的形式选拔吏员。该选拔考试既考查计算和文书处理能力，还考问经书相关知识。由于选拔对象主要是登记在各地儒学的人员，那么应试者主要就是儒士。正因为此，元代的儒吏关系明显异于其他朝代。对士大夫而言，最为现实的问题首先是有官可做，由吏入仕也是当时的常见路径，以此入仕者也大有人在。如果初任首领官，那么满足条件者更是大有人在。虽说儒吏关系是理解元代士大夫阶层的重要切入点，但是他们自身到底是如何看待这种关系的，我们至今仍不清楚，所以简单将其他朝代的儒吏关系套用于元代的做法到底合适与否也同样是个问题。

元朝国家体制的统治核心，确实被蒙古人、非汉民族群体，以及在蒙古征服过程中较早归附的将领及其子孙所占据。而后随着科举的实施，翰林院制度的确立等政策的展开，能够进入朝廷中央的汉族士人数量不断增加，而这些人又多是以"采访遗逸"的形式通过个人的关系选拔擢升进来的。就此而言，元朝与宋以后诸王朝政权上层几乎以科举出身者所占据的情况还是大不相同的。

　　但是从汉民族士人赖以生存的社会基础来看，他们大多为地方上的权势阶层（多数为地主）。对他们来说，首要的是确保自己在地方社会中的地位，以及将来仍然能够维持这一地位所享有的特权。科举及第参决中央政务之道的"关闭"（或者变窄），这在某种程度上影响到了士人的价值实现，但是相较于此，儒户制度所带来的身份、地位的保障却更为现实，价值实现则似乎是那么遥不可及。即便在科举最为兴盛的宋朝和清朝，及第者所占所有科举参加者的比例也是相当低的，如果参考对象扩大至当时所有人口的话，其比例就更可想而知了。所以对于科举，除却心理问题、人生规划问题等对士人所产生的具体影响，我们更应该从士人社会的整体来重新加以认识。

　　自元朝军队渡江，直至南宋都城临安陷落，实现无血开城，这一过程的战争影响，比起"蒙古征服"给大家带来的刻板印象，其混乱程度似乎要小得多。南宋官员大多也保留原职和平过渡到了新政权。其后对蒙元政权的统治而言，确保稳定的财政收入是其首要任务，亦如元朝在税制方面继承了既有的"两税法"，我们也有理由认为，对于新政权而言，南宋时代既已形成的地域社会结构似乎也同样没有变更的必要。当然，因文化不同而引起的各种冲突也时有发生。但是随着新旧政权的交替，作为新政权统治阶层的乘势而入者与当地之间所产生的各种摩擦，即使没有非汉民族的统治出现也同样存在。

　　虽然如此，真正能够被纳入元朝统治阶层内部的士人数量，与前代相比还是相对有限的，而剩下那些人则不得不在他处寻求安身之所。委身于馆客先生、琴士等行当的士人研究，片山共夫

《元代的家塾》(《元代の家塾について》)[1]一文已有所论列，此不赘述。而元代最为鼎盛的杂剧以及小说类作品的创作应当也吸引了不少这些士人的参与。此外，作为南宋业已出现的现象，那些不事科举而以市民身份终其一生者也同样大有人在。向来，不仕朝廷而终其一生的士人，多被称为"处士"；而相较于那些远离世俗的隐居者，还有些人日常生活于都市，也同样不仕朝廷，他们则被称作"市隐"。元代也出现了对非汉民族统治抱有不合作态度而选择"市隐"之道的士人。

　　如果我们扩大视野，将元代士人问题放到蒙元政权对待中国传统文明的态度中重新加以审视又将如何呢？关于蒙元政权对汉地的统治问题，近年来，学界尝试转换视角从不同角度来加以重新探讨，其中之一即尤为强调蒙元政权对中国传统文化的尊重。诸如对孔子以及曲阜衍圣公家的加封、礼遇，乃至国家层面的祭祀等一系列尊崇孔子和儒学的行为，热心于历代帝王所惯常举行的五岳等山川的祭祀活动，等等。此外，现代北京城的原型元大都也是在《周礼》所载王都规制的基础上设计而成的。凡此种种皆显示出，与其他王朝相比，元朝对各种基于古典和传统的礼仪制度似乎倾注了更大的热情。与金朝灭亡后的华北地区一样，元朝在南宋灭亡后的江南地区也充分注意对中国传统价值观念的尊重。不论是对浙江衢州的孔氏南宗（金朝占据华北地区时南逃，后为南宋授予衍圣公之位的孔子后裔），还是对道教本宗的江西龙虎山天师道张天师，元朝很早就都将其召至大都觐见大汗，确保其相应的地位，并任命张天师总领江南道教。以此视角所展开

---

[1]　片山共夫：《元代の家塾について》，《九州大学東洋史論集》29，2001 年。

的相关研究，可参见参见宫纪子《大德十一年〈加封孔子制诰〉诸问题》（《大德十一年「加封孔子制誥」をめぐる諸問題》）[1] 及本书相关章节的研究。

最后要特别指出的是，元朝还注意到了在中国传统体制基础上逐步成长起来的新生事物。例如，12 世纪华北地区出现的全真教等新道教各宗派势力也在元朝的庇护下得以发展，当时接受儒家新学派朱子学思想而进入权力中枢者亦有之。此后他们便推动了将朱子学对儒家经典的解释纳入科举取士之中，获得了官方认可，以此开启了朱子学鼎盛发展之路。可以说，这些事例皆为元朝积极接纳中国近世社会文化新潮流的明证。

三、元代石刻资料的现状

以石刻资料为基础研究元朝社会是本书的重点之一。为此，接下来即就近年来石刻资料及其利用的现状稍加整理、论述。

将石刻资料用于历史研究往前可追溯至北宋时期的欧阳修和司马光，而真正使石刻资料发挥其史料价值直接影响今日学术研究的，当为清代学术的重要领域之一金石学的发展。中国台湾的新文丰出版公司出版的《石刻史料新编》（1977 年）、《石刻史料新编第二辑》（1979 年）、《石刻史料新编第三辑》（1986 年）收录了极为庞大的石刻著录资料，也让我们真实感受到清朝至民国时期学者们在该学术领域所倾注的大量精力。在近代日本东洋学历史发展过程中，也有不少前辈学者注意到石刻资料的史

---

[1] 宫纪子：《大德十一年「加封孔子制誥」をめぐる諸問題》，《中国—社会と文化》14，1999 年。

料价值，并利用相关石刻书目开展学术研究，并保留了大量的石刻拓本资料。对此，杉山正明已有相关介绍 [1]。

然而，十余年间，石刻资料及其利用环境已发生了较大的变化。

（一）中国境内石刻文献资料的不断刊行、出版。相关介绍可参见《唐代史研究》杂志第四号（2001 年）《墓志石刻特集》所载高桥继男《近五十年来出版的中国石刻关系图书目录（稿）》（《近五十年來出版の中国石刻関係図書目録（稿）》）。该目录介绍了大量的石刻文献资料，有助我们了解其整体状况。本章在此仅就与本书密切相关的元代石刻文献的资料状况加以简单概述。

首先是大部头资料集的出版状况。其代表即为上述《石刻史料新编》初辑至三辑，近年以不同时代对石刻资料进行整理的《历代石刻史料汇编》（北京图书馆出版社，2000 年）也已出版。有了这些资料集，大部分的石刻资料便可常置于研究者案头直接加以利用了。同时，随着各种地方志丛书的影印出版，作为专门石刻书籍之外的石刻资料来源最为集中的地方志文献也可以更为便捷地被利用起来了，其意义相当重大。此外，《景印文渊阁四库全书》《四库全书存目丛书》的影印出版也极大地便利了石刻资料等相关文献的利用，详见本书后论，此不赘述。《北京图书馆藏中国历代石刻拓本汇编》一百卷（北京图书馆金石组编，中州古籍出版社，1990 年）、《大理丛书金石编》全十卷（张树芳编，社会科学出版社，1993 年）等以石刻拓本影印为主的资料集也

---

[1] 杉山正明：《碑はたちあがり歴史は蘇る》，《世界の歴史》9《大モンゴルの時代》，中央公论社，1997 年。

不断出版发行，许多石刻拓本图版也更方便入手，有助于学术研究的深入开展。拓本的影印向来多从书法史的视角出发，以"名品"为主，而近年这些资料集所影印的拓本多延伸至近代，更为侧重资料的广泛搜集。又由于埋藏于地下的墓志不断出土，各种墓志资料集也逐渐得以编集出版。相关状况可以参见上文所提高桥继男所编目录。

其次，石刻资料录文集的出版也在不断增加。就元代石刻而言，在充分利用北京大学图书馆所藏拓本资料基础上编纂而成的《道家金石略》（文物出版社，1988 年；后收入《陈援庵先生全集》第四至八卷，新文丰出版公司，1993 年）并非仅仅是道教资料，同时对整个元朝史研究都有着重要的意义。骆承烈著《石头上的儒家文献》（齐鲁书社，2001 年）汇集了曲阜地区的石刻文献，也于近年出版。该书对元史研究价值极大。但是，亦如入矢义高评介《元代白话碑集录》时所尖锐指出的，[1] 石刻录文集所收录文及其标点的准确性，乃至碑名的命名、年代的比定，以及所提供资料的内容等方面，问题都不少。笔者亦曾专门整理过《道家金石略》《石头上的儒家文献》所存在的问题，撰文发表。[2] 其中，《石头上的儒家文献》与元朝统治下汉族士人研究密切相关，关于该资料的介绍及其存在的问题，以及关于该史料的资料整理的相关课题等，参见本章附录。

再次，具体地域的石刻资料集及其目录的出版也不断涌现。如北京地区的《北京图书馆藏北京石刻拓片目录》（徐自强主编，

---

[1]　入矢义高：《蔡美彪氏编〈元代白話碑集録〉を読む》，《東方学報》京都 26，1956 年。

[2]　拙稿《書評・陈垣编〈道家金石略〉》，《奈良史学》7，1989 年；《曲阜地域の元代石刻群をめぐって》，《奈良史学》19，2001 年。

书目文献出版社，1994 年），陕西省的《陕西石刻文献目录集存（陕西金石文献丛书）》（陕西省古籍整理办公室编，三秦出版社，1990 年）、《陕西金石文献汇集》（三秦出版社）[1]，后者同时收录了拓片影印和录文。山西省的《三晋石刻总目》（山西古籍出版社）同时汇集了现存和佚失的石刻资料信息，运城卷和长治卷目前日本已到货。在这些公开出版的资料集之外，各地文物管理委员会级别的官方机构应当也出版过所藏的石刻目录或资料集，但外部人员很难获取，难以把握其整体情况。此外，《全元文》《全辽金文》等文学总集也辑录了新出的石刻、录文集，以及地方志所收的石刻遗文等资料，作为石刻录文集而言，其价值也不容忽视。

　　另外，受到中国各地经济开发的影响，各类报刊关于新出石刻的介绍也逐渐增加。改革开放以来，我们在日本也能够不断获取中国各地的出土发掘信息，整体感觉其数量也是相当大的。对此，气贺泽保规持续进行的新出石刻文献目录整理工作无疑对学者而言大有裨益。

　　（二）石刻资料研究环境最大的变化其实是，由于中国改革开放政策所带来的中国国内旅游的自由化，我们能够接触石刻实物的机会，以及对各大图书馆所藏拓片等资料进行实地调查的机会都在大大增加。在此背景下，元代石刻研究的代表性成果便是中村淳、松川节两位学者关于少林寺蒙汉合璧圣旨碑的研究。[2]

---

[1]　据笔者所知，目前已刊行出版咸阳（1990）、安康（1991）、昭陵（1993）、高陵（1993）、楼观台道教碑石（1995）、重阳宫道教碑石（1998）、潼关（1999）、澄城（2000）八种。
[2]　中村淳、松川节：《新発現の蒙漢合璧少林寺聖旨碑》，《内陸アジア言語研究》8，1993 年。

当然，进行石刻调查之前，我们必须要事先把握石刻的现状（确认石刻的存佚和现存地点情况）。对此，笔者尝试对相关地区进行了文献资料调查，可供参考。[1]

石刻资料的状况，并不仅仅止于新出的资料。亦如前所述，二战前即有不少石刻拓本资料流入日本，收藏于各大图书馆。由于拓本作为实物的特殊性，一直未能得到充分的利用，利用石刻书籍所载录文仍是学术研究的主流。当然，石刻书籍中也存在像《金石苑》《江苏金石志》那般以忠实还原原碑形态为目标的录文方式，但大部分却仅仅是提供了相关录文而已。所以，不论是原碑（或者原碑的照片）还是拓片（或者拓片的影印），在当前学术研究中，对于这些"实物"的利用都已成为可能。重新探讨以前学术研究利用较多的石刻书籍的录文中所存在的问题，目前也已经成为现实。这是具有重要意义的。根据笔者以"原始"材料讨论元代石刻的经验，完全不需要校正或重新研究的录文可以说几乎是不存在的。近年来不断刊行出版的石刻资料集也同样如此，甚至是大有问题的。对此，参照本章附录关于《石头上的儒家文献》的讨论即可大致理解。

对学术研究而言，最为重要的是，通过确认原碑的形态来逐步解读石刻资料。其意义在于：其一，目前石刻书籍所收录文往往存在省略的部分，而通过核对原碑，我们便可充分利用起这部分被省略的内容。诸如立碑相关者的题名、各类谱系图等。特别是，有些碑阴部分所刻的内容，在石刻书籍中的录文中往往都被

---

[1]　拙稿《北京地区における元朝石刻の現況と文献》，科学研究費基盤研究 B "碑刻等史料の総合的分析によるモンゴル帝国・元朝の政治・経済システムの基礎的研究"（研究代表者松田孝一）報告書，2002 年。

省略掉了。此外，刻工的姓名被省略的情况也比较多。即便是处理得相对较好的《道家金石略》，也存在这类问题。具体可参见拙稿《书评：陈垣编〈道家金石略〉》（《書評・陳垣編：〈道家金石略〉》）。立碑者的题名、谱系图以及碑阴的内容等对于地域社会史、制度史研究的意义颇为重要，目前利用石刻所开展的相关研究往往并不重视这部分内容。其二，关于原碑的文字格式问题。不仅是原碑各行的字数，包括改行、抬头、空格等方面，能够完整再现原碑这些内容的石刻书籍并不多见。中国史研究中石刻史料受到重视的原因之一即是，中国现存公私文书的数量本就极少，而其中，碑刻中却保留了不少以公文书为主的原文书。所以，我们在利用石刻资料时，能够从拓本、碑刻图片中首次获取到的信息其实并不在少数。当然，在碑刻立石之时，文书的原始格式到底在多大程度上被有意识地保留了下来仍是值得注意的问题，对于两者的对比，本书第四章即以至元三十一年（1294）"崇奉儒学圣旨碑"为中心讨论了碑刻与其他文献资料所载公牍文书的异同问题。

附　录　关于骆承烈编《石头上的儒家文献——曲阜碑文录》

2001 年骆承烈编《石头上的儒家文献——曲阜碑文录》由齐鲁书社出版，收录了孔庙、孔林、颜庙等曲阜地区汉代至民国时期共 1125 通碑刻录文，在施以标点句读的同时，还标注了各碑刻的年代、尺寸、撰文者、书丹者、立碑者、所在地点、相关资料等基础信息。至少就曲阜地区现存元代石刻而言，几乎网罗殆尽。作为本章所论述石刻资料及其研究状况的典型案例，在此对《石头上的儒家文献》一书的意义和价值略加阐释。[1]

可以说，曲阜是中国传统思想文化的本宗孔子的圣地，该资料集即是曲阜地区现存石刻资料的集成之作。就与本章所述研究状况密切相关的蒙元政权的汉民族士人政策而言，该资料集的出现无疑有助于对相关问题进行更加深入的探讨。在漫长的历史长河中，虽然大部分石刻都已从世间消失，但留存至今的石刻数量仍然相当可观。而与特定地区特殊遗迹相关的现存石刻总数应该鲜有能够超过以孔庙、孔府为主的曲阜地区的。目前各地皆出现了不少所谓碑林，试图对碑刻进行保护。例如西安碑林便集中了周边各府县学等地的碑刻，但其中很多原本并不属于该地。与之相比，除却特殊时期所造成的破坏，就立碑的原地点而言，曲阜地区的石刻群能够完整保存至今，确实是值得大书特书的。据《石头上的儒家文献》，整个曲阜地区现存碑刻数量多达 5000 通。虽然其中包含了孔林的墓碑，但即便如此，其数量仍是极为惊

---

[1]　笔者亦以《石头上的儒家文献》所收录元代石刻资料为主，并参以其他文献所收碑记类资料（现在多数或已不存），制作了曲阜地区元代石刻文献目录。参见拙稿《曲阜地区の元代石刻群をめぐって》，《奈良史学》19，2001 年。关于具体石刻著录的相关问题，请予以参照。。

人的。

长期以来，对于曲阜以及衍圣公家等"圣贤之家"[1]的资料编纂一直持续不断，保留了历代诏敕、碑记等大量文献。但是，其中所收录的碑刻仅限于著名的，抑或具有代表性的，难以窥见其整体面貌。而《石头上的儒家文献》的特色之处即在于整体性。该书"编纂说明"的"甲"条列举了未著录的情况，那么反过来可以说，除此之外的石刻文献原则上是网罗殆尽的。虽然该书未明言是否全部网罗了元代相关碑刻，但据笔者核查，明代刘濬所编《孔颜孟三氏志》以外的阙里相关文献中的元代碑刻几乎都为《石头上的儒家文献》所收录。以此亦可断定，现存元代碑刻应当也是搜罗殆尽的。所以，该书最显著的特色便是搜罗石刻的全面性。如前文所述，传统石刻书籍收录相关石刻的标准是受到当时价值观念影响的，而时至今日，却不必再局限于仅收录所谓"有用的"石刻了。前文提到的山西、陕西等具体地域的石刻资料集我们也都希望尽可能网罗全面，而这一做法的背后也反映出太多的石刻已然佚失不存的事实。

该书的另一特色是，对于那些前代文献已经著录的石刻，该书并未直接移录转载，而是尽量一律依据原碑重新录文（《编纂说明》丙一）。亦如前文所述，传统文献移录的石刻录文，往往仅限于正文部分（有时仅限于主要部分），如此一来，其史料价值便大打折扣。依据原碑录文的编纂方式，无疑也提高了该书利用价值。但是翻阅该书录文可以发现，除了碑阴部分的省略之外，录文中并未著录的立石日期、立碑者名姓等信息却又明确出现在

---

[1]　关于"圣贤之家"的称谓问题，参见本书第三章第二节。

后面的碑刻说明之中，而有些碑文的移录也非完整移录，似乎还省略了一些内容。此外，《编纂说明》虽有录文中不照录抬头、改行等特殊格式（《编纂说明》乙三），但在有些石刻中又有所体现，体例并不统一。

由于该书并未提供相应的拓影，对于具体石刻的录文以及句读标点问题，如果根据推测来加以修正的话，反而更生混乱，故本章在此不再展开，但该书也确实有不少地方需要进一步修正。就本书第三章所附文本《大朝崇襃祖庙之记》言之，笔者有机会得到该碑的拓片，并将以此作成的录文[1]与该书的录文对比后发现，该书有些地方的录文还是值得商榷的。此外，该书对于具有元朝特色的非文言文体的处理也是存在问题的。当然，这些问题也并非仅见于《石头上的儒家文献》。

如此看来，即便是新近刊行的录文集所提供的录文，其中一些最基本的信息依然存在不少问题，这更加提醒我们参照拓片和原碑的必要性。由此再反观前文所论及石刻研究环境改变的问题，当前能够接触到拓片、原石可能性的增加对于石刻研究的意义是何等之大。[2]

---

[1] 参见本书第三章附录一。

[2] 据前引高桥继男《近五十年来出版の中国石刻関係図书目録（稿）》和相关书店的广告，香港某出版社正计划出版《曲阜碑刻全集》，将曲阜5000余通的石刻全部影印刊行。如果该计划能够真正实现，那么直接利用拓影进行研究便成为可能。但在撰写本书时，笔者尚未见到。即便真的能够直接利用相关拓影，但就笔者经验言之，既有录文的存在与否，对于具体碑文研究的开展而言，其效率也是大不一样的。所以就此而言，本书所提出的诸多问题仍有一定的参考价值。

第二部分

元朝的士人政策　制度和资料

第三章
蒙古统治初期士人政策的形成

序言

13 世纪 30 年代，蒙古灭金后正式开始了对华北地区的统治。本章即以石刻资料为中心论述这一时期蒙古政权对汉族士人的政策。

本书第一章"元代汉族士人研究诸课题"提及，丁酉年（太宗九年，1237）"圣贤之家"（第一章作"先圣之家"）的蠲免和儒人选试（亦即"戊戌选试"）可以被视作蒙古政权对汉族士人的政策的发端。其中，关于"戊戌选试"，安部健夫[1]等学者已多有专论，为后文相关论述的进一步展开，在此仅简述其大致经过。

蒙古进入华北后，战乱频仍，金朝统治下的士大夫群体也遭受了极度的混乱和苦痛。对蒙古军而言，战场中俘获的人口便理

---

[1] 安部健夫：《元代知識人と科舉》，《史林》42-6，1959 年，后收入《元代史の研究》，創文社，1972 年。

所当然地成为其私有财产，所以，大量士大夫也就成了蒙古人的奴婢（驱儒）。对于包括这些人在内的士人，进行文言和经典相关内容的考试后，一旦合格通过，其儒士身份即获得保证，使之得以免除徭役。此即1237年（丁酉）至1238年（戊戌）间实施的所谓"戊戌选士"。蒙古政权在统治华北初期，希望通过选试甄选出合适的士人，委付他们基层社会治理的任务。据《元史》所载，该次选试合格者达4000余人，[1] 但是实际上最终认定的人数是多少，具体又是如何任用的，这些都不清楚。此外，关于儒士的甄选问题，此后至元八年（1271）和至元十三年（1276），元朝在华北地区为再次进行"儒户"的认定，又举行了两次考试，也有人将此视作元朝科举的一部分。

至于戊戌选试，学界向来多着眼于前引《元史》"太宗本纪"和"耶律楚材传"的记载，强调中选者被任命为地方官，但中选者的相关碑传资料在记载"戊戌选试"的内容后，多以"中者复其家终身"这类表述接续之。据此可知，对当时士人而言，相比于地方官的任用，他们更为在意所享有的蠲免特权。刘因《处士寇君墓表》[2] 载："天下既定，中书令耶律楚材奏疏，遣使分诸道设科选士，中者复其家终身，择疏通者补郡县详议。"蠲免是面向所有中选者的，而录用为官的则仅是其中一部分人而已。

关于"戊戌选试"对儒人的优免政策问题，亦见于《庙学典礼》卷一"选试儒人免差"条所收丁酉年圣旨，以及"秀才免差

---

[1]　《元史》卷二《太宗纪》：（九年）秋八月，命术虎乃、刘中试诸路儒士，中选者除本贯议事官，得四千三十人。
　　《元史》卷一四六《耶律楚材传》：丁酉，……乃命宣德州宣课使刘中随郡考试，以经义、词赋、论分三科，儒人被俘为奴者，亦令就试，其主匿弗遣者死，得士凡四千三十人，免为奴者四之一。
[2]　刘因：《静修先生文集》卷十七《处士寇君墓表》。

发"条所收羊儿年圣旨对儒人蠲免的相关规定，牧野修二曾据此讨论了蠲免的具体内容，[1] 可资参考。

经过甄选后的士大夫群体，在此后汉地户计制度逐步完善后，被登记为"儒户"，隶属所在地的庙学，接受日常的经书讲义，参与孔子祭祀典礼，同时等待任命。关于儒户，可以将其视作"具备驾驭文言撰写公文的能力，储备官、吏的职业集团"，因此与其他职业集团处于同等地位。通过认识元代儒户的这一定位，我们便可理解他们获得免役特权的真正原因。南宋灭亡，江南地区纳入元朝统治后，以南宋时期科举中第者为主的士大夫群体亦被登记作儒户，享有同等待遇。当然，江南地区儒户的认定也是较为混乱的。黄清连、大岛立子等学者对元代儒户进行了较多研究，[2] 在既有的相关研究 [3] 之外，本书第四章也将围绕"至元三十一年崇奉儒学圣旨碑"的讨论涉及该问题。

接下来我们稍微拓宽视野进一步追问：金朝、南宋灭亡后，前朝的士人群体是如何被纳入新体制之中的呢？对此，本书以衍圣公家为个案，通过石刻资料具体探讨他们所受优待的经过。

二、蒙古政权对圣贤之家的优待及其相关史料

中国历史上，极少有家族能够长期保持尊贵地位而长盛不衰，

---

[1] 牧野修二《元代の税役用語差發について（下）》，《愛媛大学法文学部論集》文学科編 29，1995 年。
[2] 黄清连：《元代户计制度研究》，台湾大学文史丛刊 45，1977 年；大岛立子：《元代の儒戸について》，《中嶋敏先生古稀記念論集　下》，1981 年。
[3] 拙稿《元代前半期の碑刻に見える科挙制度用語（上）》，《奈良大学紀要》11，1982 年，《蕭啓慶著『元代史新探』を読む　元代における士大夫の問題をめぐって》，《奈良史学》1，1983 年。

其中的例外即是孔子（衍圣公家）、孟子（邹国公家），以及孔子弟子颜回（兖国公家）、曾参（宗圣公家）等孔门后裔诸族，长期以来受到了历代王朝的尊崇。所以，在金、元相继的非汉民族政权统治下，曲阜孔庙和孔子后裔衍圣公家，以及其他孔门圣贤后裔子孙的延续和发展，绝非仅仅关乎地方历史或者名门大家命运的问题，更是关系到这两个非汉民族王朝对待汉民族传统文化及其旗手士大夫阶层态度的重要问题，意义重大。本章在此将这些家族称之为"圣贤之家"，并以此探讨蒙古统治初期对"圣贤之家"蠲免的过程及其相关史料记载的问题。关于这一时期的衍圣公家，陈高华已进行了精湛的研究，[1] 论述了衍圣公家在金元两朝的转变及其与蒙元政权的关系。

近年来，关于"圣贤之家"研究的资料条件已有了极大的改善。如第二章所介绍的《石头上的儒家文献》，为我们提供了大量曲阜地区的石刻录文，其中有不少此前并未见到的新录文。此外，亦如第二章所提及，《四库全书存目丛书》等近年来刊行的各种丛书，也收录了很多与"圣贤之家"、阙里相关的文献资料。此即：

> 《孔颜孟三氏志》，（明）刘濬撰，《北京图书馆古籍珍本丛刊》所收成化十八年（1482）张泰刻本
>
> 《阙里志》，（明）陈镐撰、孔弘幹续，《北京图书馆古籍珍本丛刊》所收嘉靖三十一年（1552）孔承业刻本
>
> 《阙里广志》，（清）宋际、宋庆长撰，《四库全书存

---

[1]　陈高华《金元二代之衍圣公》，《文史》27，1986 年，后收入《元史研究论稿》，中华书局，1991 年。

目丛书》所收清康熙十三年（1674）刊本

　　《阙里志》，（清）孔胤植重修，《四库全书存目丛书》
《孔子文化大全》所收雍正年间增修本

　　《阙里文献考》，（清）孔继汾撰，《中国文化丛书》
所收乾隆二十七年（1762）刊本

　　此外，这些丛书还收录了与"圣贤之家"相关的《三迁志》
《陋巷志》《宗圣志》《东野志》等文献。除《孔颜孟三氏志》
外，相关文献在日本国内各藏书机构皆可阅览其影印本，极为便
利，亦必将促进今后相关研究的开展。其中，关于元代石刻的部
分，笔者已有专文论及，[1]并与《石头上的儒家文献》所收石刻
进行对比，制作成了一览表格，可资参照。

　　关于丁酉年（1237）蒙古政权对"圣贤之家"的蠲免，《大
朝崇褒祖庙之记》（下文略称《崇褒祖庙记》）、《丁酉年邹国
公家免差发札付石刻》等石刻资料对解决该问题颇有价值。对此，
萧启庆曾利用石刻资料进行研究，[2]其观点与笔者亦多有重合之
处。本章即在此基础上，围绕《崇褒祖庙记》及其形成过程对相
关问题予以重新总结、探讨。

　　首先来看《崇褒祖庙记》。该碑刻现位于曲阜孔子庙大成门
东侧，于己亥年，即1239年为第五十一代衍圣公孔元措所立，
记叙了衍圣公家在东平严氏的保护下得以复兴的经讨。《山左金
石志》虽有著录，但无录文（卷二十一），《重修曲阜县志》［民
国二十三年（1934）］卷八和《石头上的儒家文献》著有录文，

---

[1]　拙稿《曲阜地域の元代石刻群をめぐって》，《奈良史学》19，2001 年。
[2]　萧启庆：《大蒙古国时代衍圣公复爵考实》，《大陆杂志》85-6，1992 年。

但皆有误录之处，如蠲免衍圣公家的具体年代误作"乙酉"等，故作为史料利用时需要特别注意。《石头上的儒家文献》虽称依据原碑重新录文，但该年代问题依然承袭了《重修曲阜县志》的错误。[1]并且，还将该碑刻的年代错误地比定为金大定十九年（1179 年）。[2]萧启庆似乎未能利用到《重修曲阜县志》以外的文本，但关于年代问题，他认为不合于"历史的环境"，从文本内容上判定为丁酉年（1237），确实颇具见识。笔者曾于日本国内某收藏家手中得获一览该碑刻拓片，能够做出更为准确的录文，这也成为问题讨论的基础。校订后的录文见本章附录一。[3]另外，据碑末所记"上元日东原李世弼记"可知碑文撰者为李世弼。关于李世弼其人，据高桥文治《泰山学派的后学们》[4]一文的相关论考，他是东平人，金兴定二年（1218）科举与其子李昶同科中举，颇为知名，晚年教授于东平。[5]

三、丁酉年相关的四则史料

关于蒙古政权于丁酉年对"圣贤之家"蠲免的材料，有如下四种。

①《崇褒祖庙记》（现存曲阜孔子庙）

---

[1] 笔者根据所见拓本，可以清晰识别出"丁"字，而非"乙"。

[2] 顺便提及，《重修曲阜县志》将该碑归入了元代部分。

[3] 录文原载拙稿《「大朝崇褒祖廟之記」再考—丁酉年における「聖人の家」への優免》，《奈良史学》12，1994 年。

原书附录中除录文外，还有便于日本读者释读的日文训读部分（即原书附录资料二），中译版予以删除。——译者注

[4] 高桥文治：《泰山学派の末裔達》，《東洋史研究》45-1，1986 年。

[5] 《元史》卷一六〇《李昶传》。

　　②《丁酉年邹国公家免差发札付石刻》（现存邹县孟子庙，下文略称《丁酉年石刻》）

　　③《孔氏祖庭广记》卷五"历代崇重"所收命令文书（《四部丛刊续编》本）

　　④《大蒙古国燕京大庆寿寺西堂海云大禅师碑》（现存北京法源寺，下文略称《海云碑》）

　　其中，材料①前文已经介绍过，在此简单介绍下材料②的情况。

　　②《丁酉年石刻》拓片图片见所附图版 1，现存于邹县孟子庙通往启圣门道路沿途的碑刻群内。该碑刻分上下两截，上截即为丁酉年札付，下截为延祐元年（1314）元朝发给孟家和颜家其他支脉的蠲免札付。两件札付同刻于一碑，下截末行为至顺二年（1331）十月孟惟恭的立石记文 [1]。以此看来，该碑是在丁酉年（1237）的近百年后立石的，但上石时到底在多大程度上如实反映了当初文书的原貌仍令人存疑。对于该石刻，蔡美彪编著《元代白话碑集录》时以"曲阜文庙免差役赋税碑"为题予以著录，但将其所在地标注为"曲阜孔子庙现存"，入矢义高已在书评中指出其讹误，[2] 笔者亦在邹县孟子庙实地调查中亲见该碑刻。亦如前文所及，《元代白话碑集录》将丁酉年比定为 1297 年，但

---

[1]　记文作：至顺二年十月吉日家长惟恭立石。关于孔惟恭其人，（明）史鹗撰《三迁志》卷六《宗系》有小传。
[2]　入矢义高：《蔡美彪氏编『元代白話碑集録』を読む》，《東方学報》京都 26，1956 年。

图版 1　丁酉年邹国公家免差发札付石刻
（京都大学人文科学研究所所藏拓片）

从内容上看，应当为 60 年前的 1237 年，详见笔者相关研究。[1]
笔者在 1989 年实地调查所拍摄该碑刻图片的基础上将命令文书
重新录文，见本章附录二。而《石头上的儒家文献》也著录了该
碑刻录文，却是由《元代白话碑辑录》转载而来的。

③《孔氏祖庭广记》可以算作本章主人公第五十一代衍圣公
孔元措所编曲阜孔庙的志书，据序文所载"正大四年岁次丁亥十
月望日讫记"可知，成书于金末正大四年（1227）。关于该书的
再刊问题，详见后述。卷五收录了"免除差发"的圣旨，但该命
令文书并未附日期。

最后是④《大蒙古国燕京大庆寿寺西堂海云大禅师碑》，这
是为当时华北佛教界领袖人物临济宗僧人海云禅师印简所立的碑
石，如后文所述，他也是丁酉年（1237）蠲免政策的关键人物。
碑文撰者王万庆为"燕京编修所次二官"，《元史》卷二《太宗
纪》有太宗八年（1236）六月对王万庆的任命记载。[2]关于该碑
的立石时间，陈垣据碑末所载"乙卯年九月望日"比定为宪宗五
年（1255）。[3]碑文占据石刻两面，全文长达 5000 余字。陈垣《谈

---

[1] 拙稿《元代漢人知識人研究の課題二、三》《中国―社会と文化》5，1990 年；《石刻資料による元代漢人社会の研究　その一次史料としての在鄒県孟子廟丁酉年石刻をめぐって（つづき）》，《平成元年度三島海雲記念財団研究報告書》，1990 年。
蔡美彪编著：《元代白话碑集录（修订版）》（中国社会科学出版社，2017 年，第 112-113 页）已改正。——译者注

[2] 关于王万庆为王庭筠之子等相关考证，参见后文所引陈垣《谈北京双塔寺海云碑》一文。

[3] 苏天钧比定为六十年后的延祐二年（1315 年）。参见苏天钧：《燕京双塔庆寿寺与海云和尚》，《北京文物与考古》1983 年第 1 期。但根据碑文称蒙哥为"蒙哥皇帝"，忽必烈为"护必烈大王"来看，陈垣所比定的 1255 年更为合理。

北京双塔寺海云碑》一文 [1] 亦介绍了该碑刻，其中提及，该碑原
位于北京城内西长安街双塔寺内，新中国成立后因扩建长安街，
该碑刻随寺院一并撤建，其后应被移至北海公园的天王殿内，现
在则被立于西城区法源寺内，可以随意观览。

不少书籍都著录、介绍了该碑，但鲜有全文移录者。目前所
知仅有叶恭绰《遐庵谈艺录》的移录，和苏天钧《燕京双塔庆寿
寺与海云和尚》一文刊载的侯堮所复原的录文。[2] 后者录文字数
较多，是与其他文献对校后的录文，但不清楚与原拓片接近程度
有多大。很遗憾现存该碑文字已漫漶难辨，即便与本文直接相关
的部分也有很多难以辨读。但是，释念常《佛祖历代通载》[3] 卷
二十一关于海云逝去部分的相关记载，可以视作该碑文的精简和
概要。我们亦可据此了解该碑文的大概内容。

四、丁酉年前的衍圣公家

在根据以上史料正式讨论蒙古政权丁酉年（1237）对"圣贤
之家"的蠲免政策前，我们还有必要了解下丁酉年前衍圣公家的
情况。关于这一时期衍圣公家的研究，前述陈高华已有相关论考，

[1] 该文原载《人民日报》1961 年 4 月 23 日。而后收录于《艺林丛录第二》（香港
商务印书馆，1962 年）、《陈垣先生近廿年史学论集》（存萃学社编，1971 年）、《陈
垣学术论文集第二集》（中华书局，1982 年）等。其中，《陈垣先生近廿年史学论集》
还一并收录了叶恭绰《遐庵谈艺录》的录文。关于该碑以及其他墓志等海云相关的石
刻文献，参见拙稿《北京地区における元朝石刻の现况と文献》，科学研究费基盘研
究 B "碑刻等史料の综合的分析によるモンゴル帝国・元朝の政治・经济システムの
基础的研究"（研究代表者松田孝一）报告书，2002 年。
[2] 据录文前序，侯堮是在该碑被移动后录求的。
[3] 释念常：《佛祖历代通载》，《北京图书馆古籍珍本丛刊》第 77 册影印元至正七
年（1347）刊本；《大正新修大藏经》卷四十九《史传部一》。

笔者自身亦曾面向一般读者撰写过相关文章，[1] 在此仅作简单概述。

1127 年宋室南迁，当时第四十八代衍圣公孔端友亦逃往南方，寓居江南的衢州。该孔氏南宗系统，自孔端友开始直至南宋灭亡时第五十三代孔洙共六代，皆受南宋朝廷所封，承袭衍圣公。与此同时，金朝统治下的北宗系统，孔端友弟孔端操之子孔璠亦受封为衍圣公，并继承曲阜孔庙祭祀，此后孔璠子孙亦皆承袭。北宗系统的第五十一代衍圣公，即为丁酉年（1237）蠲免的主人公孔元措。

关于孔元措的史料有：他自己所编纂的《孔氏祖庭广记》卷一"世此"中与其相关的部分，[2]《金史》卷一〇五《孔拯传》、《孔颜孟三氏志》卷三所收党怀英所撰《金故赠正奉大夫袭封衍圣公孔公墓表》（孔摠墓表）、《孔颜孟三氏志》卷二《宣圣孔氏志事类》所收孔元措的内容。本章便据此简述其前半生的情况。

孔元措生于 1182 年，其父为第五十代衍圣公孔摠。明昌元年（1190）其父死后，孔元措尚在幼年即承袭了第五十一代衍圣公的地位，继而承安二年（1197）受命承袭其父曲阜县令的职位。而衍圣公兼任曲阜县令便始于孔摠被金朝任命该职的大定年间。但是，随着蒙古的进攻，华北地区便陷入了金元交替的混乱时期，他当然也不得已卷入其中。1214 年 5 月为摆脱蒙古军进攻中都的压力，金宣宗迁都开封（贞祐南迁）。同年七月，孔元措诣行在开封，被授予东平府判官。那么，孔元措为何不得不离

---

[1]　拙稿《孔子の子孫に見る知識人支配の実態　元朝治世下の衍聖公》，《歴史群像二六　ジンギス・カン》学研，1991 年。

[2]　但《四部丛刊》本该部分为补钞的内容。

开曲阜而前往开封呢？据《孔氏祖庭广记》卷九《旧庙宅》载：
"贞祐二年正月二十四日，兵灾及本庙，殿堂廊庑，灰烬什五。"
以及同书所收孔元措序文亦载："阙里家庙，半为灰烬。"这是
因为当年正月曲阜也遭受兵灾而被迫离开。再据李谦大德十一年
（1307）所撰《阙里宅庙落成后碑》[1]载"贞祐一燬，久而未复"
可知，经此兵害后，曲阜孔庙较长时期皆未能恢复。此外，金室
南迁后，位于当时南流黄河以北的曲阜也直接面临着蒙古军队的
威胁，这应当也是孔元措离开曲阜的原因之一。最终，由于母亲
的去世，以及蒙古进攻所带来的黄河以北地区的战乱，他未能回
到曲阜。因此而滞留开封的孔元措，后被改授太常寺职位，至金
朝末年已官至太常卿。不久之后，1233 年，开封陷落。《崇褒
祖庙记》的叙事便由此开始。而在衍圣公孔元措缺位的曲阜，孔
氏一族则由孔元用统率。

五、《崇褒祖庙记》所载蠲免的经过及其相关问题

接下来看《崇褒祖庙记》中约占三分之二篇幅的蠲免经过。
下文将该记文分成若干部分，围绕史料的解读进行逐一考察。碑
文录文见本章附录一。

> 戊戌岁正月哉生明袭封谓仆曰，兵戈而来，复还绳里，
> 拜瞻庙貌，粪除林域，皆祖先德泽之所致。请叙其本末，镵
> 之石，以谕来者。仆恭忝布韦久余，尝□无补于圣教，今老

---

[1]　《孔颜孟三氏志》卷四；《石头上的儒家文献》，第 251 页。

矣。岂以不能文而遂辞。谨记其事，而敬述之曰：

戊戌年为 1238 年，"哉生明"为三日，袭封当然是指袭封衍圣公孔元措。如下段所述，因蒙古进攻，华北陷于混乱，他离开曲阜前往金朝行在汴京。当他再次返回曲阜时已是汴京落入蒙古政权之手的 1233 年以后了，大约在 1237 年，详见后述。此外据碑末所载"上元日东原李世弼"可知，"仆"即是碑文撰者李世弼。关于李世弼的情况，详见前文所述。

> 宣圣五十一代孙袭封衍圣公曰元措。以太常卿寓于汴，岁癸巳，当京城之变，被领中书省耶律公奏禀，檄迁于博，再迁于郓。其衣食所须，舍馆之安，皆行台严相资给之。亲族三百指，坐享温饱，咸其所赐也。以至岁时之祭祀，宾客之往来，闾里之庆吊，穷乏之瞻济，莫不仰庇而取足焉。

孔元措在金朝灭亡前夕官至太常卿，《孔氏祖庭广记》卷一《世次》有详细记载。癸巳年（1233）"京城之变"，亦即蒙古军攻陷汴京之际，孔元措事先在"领中书省耶律公"（《孔氏祖庭广记》卷五《历代崇重》作"丞相领省耶律楚才"）的帮助下，逃出了汴京。此事在当时颇为著名，《金史·哀宗本纪》、《元史》卷四六《耶律楚材传》、《国朝文类》卷五七所收宋子贞撰《中书令耶律公神道碑》等史料中皆有记载。博州，即东昌，而郓州即严实的本据地东平，他是金末元初华北地区"汉人世侯"的代表人物，其势力范围主要在山东西部，此后，他也是孔元措坚定的支持者和庇护者。这一时期东平的学术文化，参见前引安部健夫和高桥文治的相关研究。《孔氏祖庭广记》记载严实作"宣差东平路万户严实"。关于严实礼遇孔氏的相关内容详见后述。此处值得注意的是，孔元措在由博州再到东平的过程中，似乎数年间并未回到曲阜。对此，亦详见后述。

> 行台恐其专善，而欲归美于上。乃闻之中书，遂令孔氏阖门勿算赋。虽看林庙户亦然。吾相贤明可谓知所本矣。

如前所述，"中书"即为耶律楚材。对于孔氏全体的赋税免除，最终由"山相"决断得以实现。关于"山相"等相关讨论，详见后述。"林"即孔家在曲阜的历代墓地"孔林"，为对孔林进行日常管理，还设有"庙户"。《孔氏祖庭广记》卷八"给洒扫庙户"条详载其沿革。

> 既而，都运张公告公曰：瑜申禀上司，专以本路历日所售白金，修饰圣庙，中书又虑不足，并以益□历金增焉。其事已附断事官山丞相麻，君当亲诣焉。

"都运张公"，《孔氏祖庭广记》作"课税所长官张瑜"，在耶律楚材于太宗二年（1230）设立十路征收课税所时，张瑜为东平路长官，见《元史·太宗纪》相关记载。[1]除该条外，《元史》再未见到张瑜相关记载，但据萧启庆所指出，《国朝名臣事略》卷一《太师鲁国忠武王（木华黎）》所引"东平王世家"载，"（太

---

[1]　《元史》卷二《太宗纪》载：（太宗二年）冬十一月，始置十路征收课税使。以（中略）张瑜、王锐使东平。

祖十四年，1219）狼川张瑜为右司郎中"。[1]

关于拨付历日银并用以修复因战乱受损的曲阜孔庙的记载，并见于《孔氏祖庭广记》卷五《历代崇重》所收命令文书："仰（孔元措）仍提领修完祖庙。（中略）诸路历日银一半修宣圣庙，益都、东平两路尽数分付袭封孔元措，修完曲阜本庙。"以历日银维护曲阜孔子庙的做法，以后也一直沿用。据王恽《秋涧先生大全文集》卷八十五《用历日银修祖庭孔庙事状》，与太宗时期一样，世祖时期也提议使用东平、益都两路的历日银进行曲阜孔庙的修缮、管理；再据宋濂《元故袭封衍圣公国子祭酒孔公神道碑》[2]载，顺帝后至元年间仍请求以山东历日钱一半充孔庙的修缮之费。

关于断事官山丞相，详见后述。

　　公闻之，忻然遽率子弟，具骁乘不远千里，直抵燕京，邂逅竹林堂头简老长春宫大师萧公。皆丞相之师友，喜而相许优佑之。萧诘朝先往，道经河，冰未坚，祝曰，此行非致私，以宣圣故。遂策马而前。余者以冰坼不继。简虽不亲行，继以侍者往。皆为之先容，而言于山相曰，宣圣治世之□如天地日月莫能形容，今其孙以林庙故亲来。赞成其事不亦善乎。丞相敬而从之。

孔元措在燕京"邂逅"的二人，详见下节所论。《孔氏祖庭

---

[1]　《蒙鞑备录》载："国王之前有左右司二郎中。使人到，则二人通译其言语，乃金人旧太守，女真人也。"萧启庆引据王国维《蒙鞑备录笺证》认为，张瑜为木华黎任通译。参见萧启庆《大蒙古国时代衍圣公复爵考实》。
[2]　宋濂：《元故袭封衍圣公国子祭酒孔公神道碑》，载《石头上的儒家文献》，第365页；《宋文宪集》卷十八；《孔颜孟三氏志》卷三。

广记》未载"竹林堂头简老"，而"长春宫大师萧公"作"古燕
义士萧元素"。据《孔氏祖庭广记》卷五《历代崇重》所收文书"与
朝廷断事官丞相耶律田山为师友"可知，"丞相"即指耶律田山。

> 丁酉岁，仲冬二十有六日，公自燕而适固安之西，□谒
> 山相帐下。由二师先言，故信宿而就其事。宣圣之后，悉蠲
> 租赋，而颜孟之裔亦如之。袭封之职，祭祀土田并令仍旧。
> 朝廷优恤德至渥也。然权舆于行台严公，维持于中书耶律公，
> 成于丞相山公。事历三相，而复旧观。

"丁酉岁，仲冬二十有六日"这一日期记载与②《丁酉年石刻》
的命令文书时间相同。山相所在的固安，在北京以南约50公里处。

下面来看"山相"的情况。如前所及，《孔氏祖庭广记》记
作"朝廷断事官丞相耶律田山"。而萧启庆根据《四部丛刊》本
《孔氏祖庭广记》中"田"字缺失了左边一竖，认为是"耶律尹
山"。但不论何者，除却碑文所载他"朝廷断事官丞相"的身份
外，其他具体信息史载阙如。

此外，未见于《崇褒祖庙记》而载于《丁酉年石刻》和《孔
氏祖庭广记》的另一重要信息，即后两则文献所收命令文书开头
"扎鲁火赤也可那演胡都虎、斡鲁不，众扎鲁火赤那演言语"也
值得重视。亦如《元代白话碑集录》所注，"扎鲁火赤也可那演"
译作汉语为"断事官大官人"，"胡都虎"和"斡鲁不"皆为人名。

其中，胡都虎，其他史料亦作"忽都虎""胡土虎""忽都
护"等，太宗六年（1234）任"中州断事官"，是这一时期蒙古
政权统治华北地区，特别是1235年乙未编籍的核心人物。所以，

在对"圣贤之家"的蠲免问题上，他可以说也是极为相关的人物。[1]
而另一人斡鲁不，据萧启庆研究，《元史·宪宗纪》载宪宗元年
所任命的牙剌瓦赤等燕京等处行尚书省事人员名单中有斡鲁不，
或为同一人，但其他史料记载阙如。[2]

再者，亦如后文所引《海云碑》载："大官人闻是言，乃从
其请，使复袭其爵，以继其祀事焉。"其中，又出现了其他相关
者"大官人"。《海云碑》前后文多有脱落，对此，《佛祖历代
通载》卷二十一相关记载（见下节所引）可补其阙。由是可知，
"是言""其请"皆指代海云。亦即，在海云的襄助之下，孔元
措最终得以袭爵。将此再与《崇褒祖庙记》中海云遣侍者前往说
服"山丞相"的记载合而观之，似乎可以作如是推测："大官人"
即"山丞相"，也即耶律田山，但是，"海云碑"紧接此话题之
前记载了一则轶事：有司打算在汉人肩膀施以印章而辨识之，此
举为海云所制止。其间，海云即极力劝阻"忽都护大官人"。如
此一来，如果《海云碑》所载促成孔元措袭爵的"大官人"与此
处"忽都护大官人"为同一人的话，那么实难想象胡都虎会借用
契丹人的耶律姓氏。所以综合考虑，促成孔元措袭爵的"大官人"
当另有其人。

最终，在孔元措"邂逅"山相后，蒙元政权对孔元措，以及
包括颜孟子孙在内的"圣贤之家"后裔进行了租赋的蠲免，并按
照惯例认可了孔元措的袭封之职以及用作祭祀的田土等。此外，
此时对颜孟子孙同样予以蠲免的命令文书，当即②《丁酉年石刻》。

---

[1]　《元史》卷二《太宗纪》载：（六年）秋七月，以胡土虎那颜为中州断事官。
《元史》卷一四六《耶律楚材传》载：（丙申）秋七月，忽都虎以民籍至。
[2]　《元史》卷三《宪宗纪》载：（元年六月）以牙剌瓦赤、不只儿、斡鲁不、觇答儿等，
充燕京等处行尚书省事，赛典赤、匿昝马丁佐之。

据其所载"亚圣之后，仰依僧道一体蠲免差发去讫"可知，确实蠲免如此。

但是，《崇褒祖庙记》前半部分已明言耶律楚材"遂令孔氏阖门勿算赋。虽看林庙户亦然"。这与后面山相的命令之间到底是何关系，此处姑且存疑。

六、"竹林堂头简老"和"长春宫大师萧公"

关于"简老"，萧启庆依据程钜夫《雪楼集》卷六《海云简和尚塔碑》关于海云任竹林寺住职的记载，此外他又名作印简，以此推定"简老"即海云。虽然该塔铭没有重新讨论的必要，但亦如萧启庆所引，《海云碑》中却具体记载了海云与孔元措的交往关系，并明确提及他"住持竹林禅寺"，所以值得详细讨论。如前所述，该碑录文现有《遐庵谈艺录》和苏天钧论文的移录，可见其全文。笔者亦曾于北京法源寺实地调查亲见该碑，基于原碑所能识读的文字，并参照叶恭绰、侯堮的录文予以补正，将相关内容引述如下（其中，*表示缺字，[]表示苏天钧论文所补的部分。根据原碑的识读而改正既有录文的文字则不再特别标示）。

> 初孔圣之后袭封衍圣公元措，自汴渡河，复曲阜庙林之祀。至燕以承***师时言，（缺）[乃]*之曰，夫儒者之道，上[唐]舜禹汤文武周公，圣人之道行，君[臣]父子位定。故人伦明于上，小民亲于下。孔子生于周宋世，经战国遍历诸侯，而[主]*，终不能止。乃自卫反鲁，尊王黜霸，删定诗书，正[礼]乐*春秋。（缺）得居人上之尊，臣下士民

各守其［职业］，而不［敢］僭乱之者，天下共*之。盖孔子天圣圣人，善稽古典，以大中至正之道、三纲五常之理、性命祸［福］之原、君臣父子夫妇之道、治国齐家平天下、正心［诚］意之本。自［孔子至此袭封，凡五十一代］。有国者皆使之袭承祀事，未之或缺。大官人闻是言，乃从其请，使复袭其爵以继其祀事焉。师复以相传孔子之道颜子孟子，仅其孙俱存，［及］习周礼之业为儒者，亦皆获蠲免其差役之赋，使之服勤其教。为*********凡与当世王侯论治民之道，必以儒教为［先，其］不偏泥如此。

如前所述，现存该碑状况较差，所引部分亦缺落严重。所幸相关内容亦载于《佛祖历代通载》（《北京图书馆古籍珍本丛刊》本）卷二十一，可资参照如下：

初孔圣之后袭封衍圣公元措者渡河，复曲阜庙林之祀。时公持东平严公书谒师，师以袭封事为言于大官人。师为其言曰，孔子善稽古典，以大中至正之道，三纲五常之礼，性命祸福之原，君臣父子夫妇之道，治国齐家平天下、正心诚意之本。自孔子至此袭封衍圣公，凡五十一代。凡有国者使之袭承祀事，未尝有缺。大官闻是言，乃大敬信。于是从师所启，命复袭其爵以继其祀事。师复以颜孟相传孔子之道，令其子孙不绝，及习周礼儒业者为言，亦皆获免其差役之赋，使之服勤其教为国家之用。

以此对比残存碑文的相关记载，《佛祖历代通载》所述虽有所节略，但内容几乎完全一致，原碑难以识读之处亦可据此补全。

据《海云碑》记载，海云说服了"大官人"对孔元措等儒人实施蠲免的政策。当然，将一切皆归功于海云向"大官人"的献策，甚至对"习周礼儒业者"的差役免除也因海云一人的上下活动才得以实现，这种过度褒扬手法也是墓碑中所惯用的。

关于海云，岩井大慧对其生涯以及与元朝宗室的关系等进行了详细的研究，[1] 近来，亦有冉云华的研究可资参考。[2] 据此可知，海云生于金泰和七年（1207），逝于元宪宗七年（1257），临济宗僧人，备受元太宗窝阔台尊崇，并于宪宗元年（1251）连同道教的李真常分别被任命为掌领佛教、道教事务。可以说，他是元太宗至宪宗时期佛教界的代表人物。

接下来看长春宫大师萧公。《孔氏祖庭广记》记作"燕京义士萧元素"。长春宫是大致位于现在白云观以西的道观，原来被称作天长观或太极观，备受成吉思汗尊崇的全真教主丘处机曾居住于此，丁亥年（1227）为成吉思汗赐名曰"大长春宫"。[3] 据此可知，长春宫为全真教在燕京的宫观之一，萧公也应当与全真教有关，并且既称之为"大师"，那么萧公的地位也非等闲。遗憾的是，全真教相关的文献中，诸如《道家金石略》所收全真教宗系相关碑刻中，皆未见其人。

另一可能是，萧公与太一教有关。萧姓为太一教创教者的姓

[1]　岩井大慧：《元初における帝室と禅僧との関係について》，《東洋学報》11-4、12-1，1921 年、1922 年，后收于《日支佛教史論攷》，东洋文库，1957 年。
[2]　冉云华：《元初临济僧人——海云的禅法和思想》，《华冈佛教学报》5，1981 年。
[3]　姚燧：《长春宫碑铭》（《国朝文类》卷二十二）载："惟是太祖格天之年，丁亥夏五，诏因其号，易所居太极为大长春宫。"

氏，后任教主不论其俗姓为何，皆以萧为姓，[1] 并且长春宫的前身天长观位于金中都，亦与太一教密切相关 [2]。但是，关于太一教的资料本就不多，至少《道家金石略》所收太一教资料中亦未见"萧公"的相关记载。总之，不论是《崇褒祖庙记》所载"长春宫大师"的称呼还是《孔氏祖庭广记》所记"元素"的名字，就"萧公"的宗教派别而言，他属于道教相关人士应是没有问题的。

综上，孔元措以及"圣贤之家"能够终获蠲免，与佛教的海云、道教的萧元素等人的努力也是分不开的。下面本章在分析圣旨相关文本基础上，重新探讨丁酉年（1237）蠲免与其他宗教间的关系。

关于元朝对"圣贤之家"乃至对儒人的蠲免等的相关研究，向来多从当时的三教思想，甚至成吉思汗大札撒对于宗教人士的待遇等方面展开讨论。亦即，元朝将儒教等同于佛教、道教，视之为宗教团体之一，把对其他宗教团体的优待也同样给予了儒教，这种理解占据多数。特别是，本章所讨论的丁酉年"圣贤之家"的蠲免问题，由于圣旨文书中明言"仰依僧道一体蠲免差发去讫"，更容易让人理解为元朝是将儒人与佛、道视作同一地位，并而言之。再据"耶律楚材神道碑"，根据他的提议，元朝于该年（丁酉年），亦选试僧、道，淘汰不通经文的僧侣和道士。[3] 这里也明确言及"汰三教"，对各团体所实施的政策又带有一定的关联性。

---

[1]　以《道家金石略》所收太一教教主的墓碑、行状为例，第二代韩道熙墓碑篆额题作"太一二代度师赠嗣教重明真人萧公墓碑铭"。
[2]　王若虚：《清虚大师侯公墓碣》载："明昌初，以高德应诏，入住中都天长观。"而《太一三代度师萧公墓表》载第三代王志冲亦曾居住于天长观。
[3]　宋子贞：《中书令耶律公神道碑》（《国朝文类》卷五十七）载：丁酉，汰三教。僧道试经，通者给牒受戒，许居寺观，儒人中选者则复其家。公初言僧道中避役者多，合行选试。至是始行之。

　　但是，笔者认为，"仰依僧道一体蠲免差发去讫"这一表述应当被理解为，依据僧侣、道士的做法，同样免除其差发。亦即，元朝只是在蠲免的具体做法上参照了前例，以对佛、道的优免为例予以具体处理。而该碑下截所刻的延祐元年（1314）命令文的表述便是"依僧道例"，很明显当时人将该语句理解为"效仿僧、道之例"，这也可佐证笔者的解释。[1]

　　关于此处元朝所据的僧、道蠲免的先例，应当就是现存于重阳万寿宫和潍州玉清宫的最早的道教碑刻——癸未年（1223）成吉思汗圣旨碑。其中记载了免除丘神仙及其弟子（即全真教道观和道士）的差发赋税等内容，比丁酉年碑刻早了 14 年。[2]

　　亦如本书第五章所论，在"约会"等审判场合，元朝是明确将儒佛道三教视作对等对立的关系，将儒教与佛、道同等看待的。但是，在本章所讨论的丁酉年（1237）蠲免中，就圣旨的文本表述来看，很难看出元朝将儒与佛、道视作同等地位的意味。并且很明显，本次蠲免又与同年颁布的关于选试儒人问题的圣旨密切关联，不能孤立地理解。而在选试儒人的问题上，笔者认为这更不能同蒙古政权给予宗教人士的特权待遇问题混为一谈了。那么如此一来，我们应当如何理解孔元措及"圣贤之家"所受蠲免碑刻中各宗教人士的名姓亦同出其中呢？笔者认为这是孔元措欲利用他们当时与蒙古政权的关系以顺利袭任衍圣公。基于如此考量，本章将于下节对该问题展开具体讨论。

---

[1]　相关碑文载：孟子子孙合该税石，于丁酉年间奉圣旨，依僧道例特各家该地税免了。
[2]　该 1223 年圣旨为《道家金石录》《元代白话碑集录》等多种文献多收录。

七、"袭封衍圣公主奉先圣祀事"——立碑的经过

《孔氏祖庭广记》卷五"历代崇重"所收"大蒙古朝"文书载："文字到日，仰孔元措依旧袭封衍圣公主奉先圣祀事。"[1]亦即，丁酉年，孔元措受封自金朝的衍圣公地位也同样正式得到了蒙元政权的承认。很多史料皆记载了孔元措丁酉袭封之事，《崇褒祖庙记》在孔元措会见山丞相后记载道："袭封之职，祭祀土田并令仍旧。"这可理解为丁酉年的袭封。《海云碑》也记载了大官人听从海云的书信劝请，"使复袭其爵以继其祀事焉"。可以说，整个元代似乎都认为曲阜孔元措的袭封也就等同于丁酉年这次事件。后至元五年（1339）立石、欧阳玄撰文的《大元敕修曲阜宣圣庙碑》便首先载道："太宗皇帝平金初年，岁在丁酉，首诏孔元措袭封衍圣公。"而后概述了"大蒙古朝"文书优免孔颜孟三家的内容。

但如所周知，《元史》卷二《太宗纪》却记载道：太宗五年（1233）六月"诏以孔子五十一世孙元（楷）〔措〕袭封衍圣公"。我们该如何理解两者所记年代的不同呢？

为此，我们必须重回到1214年贞祐南迁，蒙古军进攻曲阜的时间节点上来。其实，陈高华前引论文已讨论过这个问题，并对相关史料进行了分析，本章在此从《崇褒祖庙记》的角度再稍作论述。

孔元措离开曲阜，前往行在汴京后，家长暂缺的曲阜便由孔

---

[1] 通常，"袭封""主奉"多视为动词处理，但根据《崇褒祖庙记》文末所载"五十一代孙袭封衍圣公主奉祀事元措立石"来看，全部理解为孔元措头衔的一部分应该更为合理。

元用一族代领。据孔元用之孙孔治神道碑载："时天兵压境，公（元用）以林庙为重，乃率孔族暨庶姓以降。其大帅太师国王承制封拜，以公夫子嫡派授承德郎袭封衍圣公，世袭曲阜县令。以公有文武才，复拜其子之全袭封衍圣公仍令其邑。"[1] 再据下引史料称孔元措"金已前袭封公"，以及严实的居中调停等记载可知，此时孔元用就衍圣公之位也实有其事。木华黎逝于太祖十八年（1223），那么孔元用的袭封等事应当发生在此之前。孔元用不久即将县令之位让于其子孔之全，自己则参加了丁亥年（1227）围攻益都的战争，并战殁其地。[2] 从排行看，孔元用与孔元措虽同为第五十一代，但他们往上追溯至第四十七世时方为近支，而后便已分门别系，血缘关系较远。[3]

而与此同时，在汴京沦陷前为耶律楚材搭救出的孔元措在当年（1233）六月又重新为蒙古朝廷封袭衍圣公之位，那么如此一来，当时便出现了两位衍圣公。孔元措再次回到曲阜后，无疑就会出现曲阜地位相争的问题。二人的衍圣公问题，最终是在严实的调停下解决的。据孔治神道碑载：

　　　　金已前袭封公元措来归，同谒武惠严侯。公因让曰，以

---

[1]　《孔颜孟三氏志》卷三所收蔡文渊《故中议大夫袭封衍圣公孔公神道碑》。另，《阙里志》（嘉靖本）卷二《世家志》亦载：元用字俊卿，元孝弟。初贞祐二年袭封元措从宣宗从汴，拟元用摄祀事。及宋克平山东，宝庆元年授权袭封衍圣公仙源令。（中略）元朝太师国王木华里统诸道兵至，承制拜袭封衍圣公世袭曲阜令，给降衍圣公印。乙酉年太师征益都，以元用偕行。（下略）

[2]　参见蔡文渊《故中议大夫袭封衍圣公孔公神道碑》。关于孔元用战殁的时间，《孔颜孟三氏志》卷二《宣圣孔氏志事类》载：乙酉年太师征益都，以元用偕行，丁亥年四月初五日殁于城下。

[3]　孔元措为第四十六世孔若蒙之后，孔元用同为四十六世孔若愚之后，若蒙、若愚之父为孔宗愿。

贤以长责在吾叔。以公爵逊之。元措乃曰，子父子保全林庙，当世其邑，武惠允之，仍居邑宰二十余年。

此即，在东平实际的统治者严实的调停下，衍圣公由孔元措承袭，曲阜县令则委于孔之全。该问题解决的具体时间，孔治神道碑未载。但《崇褒祖庙记》载，战乱以后首次返回曲阜的孔元措，于戊戌年（1238）正月哉生明（三日）提议立碑"叙其本末"。据此可知，严实调停的时间应在此前一年，亦即，本章所讨论的丁酉年（1237）。

《崇褒祖庙记》关于孔元用、孔之全父子未及一言。所以，该碑的树立不仅仅是宣示孔元措及"圣贤之家"所享有的蠲免特权，更有上述背景影响的考量。自汴京逃出的孔元措虽然不久即重新受蒙古朝廷封袭衍圣公之位，但曲阜当地同时还有一位受木华黎任命的衍圣公。所以，他在严实的调停下，并以燕京相关宗教人士为强援，连同其他的优免措施，一并得到了蒙古政权的重新确认。这应当就是丁酉年（1237）的圣旨文书。由此再重新审视《崇褒祖庙记》所载："其衣食所须，舍馆之安，皆行台严相资给之。亲族三百指，坐享温饱，咸其所赐也。以至岁时之祭祀，宾客之往来，闾里之庆吊，穷乏之瞻济，莫不仰庇而取足焉。"其中以较大篇幅强调了严实对孔元措及其孔氏一族的保护和优待，也是完全可以理解的。对于在严实护助下重获衍圣公位的孔元措而言，这种盛赞之辞也同样是理所应当的。

原本 1233 年逃出汴京的孔元措为何不直接回曲阜而是滞留在了东平呢？现在看来这一方面当然同严实有关，但同曲阜孔之全的存在肯定也不无关系。《孔氏祖庭广记》还在一系列的事件中记载了孔元措整顿乐人的情况，此事并见于《元史》卷六十八《礼乐二·制乐始末》："太宗十年十一月，宣圣五十一代孙衍圣公元措来朝。（中略）于是降旨，令各处管民官，如有亡金知礼乐旧人，可并其家属徙赴东平，令元措领之，于本路税课所给其食。"[1] 据此亦可知，孔元措此时尚在东平。此外，关于《崇褒祖庙记》的监造者"五十世孙权袭封衍圣公主奉祀事㧑"，目前无法确知其人的具体情况，但是从"权袭封衍圣公主奉祀事"的头衔来看，他很可能是孔元措派往曲阜的代理人。

最后来看收录孔元措丁酉年受封文书的《孔氏祖庭广记》增补开版的情况。《四部丛刊》所收影印本卷末附有壬寅年（1242，脱列哥那皇后称制元年）的刊记（原文见附录四）："大蒙古国领中书省耶律楚材奏准皇帝圣旨，于南京特取袭封孔元措，令赴阙里奉祀。来时，不能挈负祖庭记印板，今谨增补校正，重开以广其传。壬寅年五月望日。（下略）"其中记载了《孔氏祖庭广记》增补改订的经过。此处有两点值得关注：其一，孔元措自南京亦即汴京逃脱后，似乎马上就返回了曲阜阙里，这与本章所论亦颇有关联；其二，更为重要的是，《孔氏祖庭广记》"重开"时，特别在其中的改订部分增补了丁酉年（1237）圣旨的内容。亦如前述《崇褒祖庙记》的立碑举措，这也同样宣示着衍圣公孔元措的复归，具有象征意义。实际上，虽说是"增补校正"，但笔者翻检现存版本中正大四年（1227）以后的相关记载，仅增加了卷一《世次》部分孔元措的相关内容（现存版本中这部分内容为补钞），以及卷五的内容。如此来看，该"增补校正"（《四

---

[1]　考虑到丁酉年碑刻亦作"十一月"，很可能《元史》此处所载有一年的误差。

部丛刊》本中有不自然的空白页，也有可能删除了金朝相关的部分内容）的目的性更是不言而喻。也正因如此，该书在引用圣旨后，列举了襄助孔元措的相关人名，最后以"儒教由此复兴"作结。

综上所论，在丁酉年蠲免的相关史料中，孔元用、孔之全父子的名字完全不见记载。随着衍圣公家主孔元措的东山再起，由其所留存的这些石刻、书籍文献中，孔元用父子便也没有留名的必要了。就石刻的性质而言，其内容在上石、立石之时即已固定下来，而孔元措的事例也恰好反映出了石刻资料的"同时代性"。但是，颇具讽刺的是，孔元措生前无子嗣，虽以其弟元纮之孙孔浈承袭其位，但很快即被剥夺。终世祖忽必烈之治世，衍圣公位长期空缺，直至元贞元年（1295）成宗铁穆耳即位，才正式以孔之全之子孔治承袭，而后衍圣公位也转移至孔氏这一支。通过这一支首次由蒙古大汗正式封袭的衍圣公孔治的神道碑所保存下来的祖父元用、父亲之全的相关记载，我们才能首次得知其背后的曲折之处。而同样也正因为经历曲折后袭封的孔治神道碑的存在，其父祖的事迹也才不得不被留存了下来。

附录一　《大朝崇褒祖庙之记》录文

大朝崇褒祖庙之记

戊戌岁正月哉生明袭封谓仆曰兵戈而来复还绳里拜瞻　庙貌
粪除林域皆　祖先德泽之所致请叙其本末镵之石以谕来者仆恭忝
布韦

久余尝＊无补于　圣教今老矣岂以不能文而遂辞谨记其事而
敬述之曰　宣圣五十一代孙袭封衍圣公曰元措以太常卿寓于汴岁
癸

巳当京城之变　被领中书省耶律公奏禀檄迁于博再迁于郓其
衣食所须舍馆之安皆　行台严相资给之亲族三百指坐享温饱咸其
所

赐也以至岁时之祭祀宾客之往来间里之庆吊穷乏之瞻济莫不
仰　庇而取足焉　行台恐其专善而欲归美于

上乃闻之　中书遂令孔氏阖门勿算赋虽看　林庙户亦然吾相
贤明可谓知所本矣既而　都运张公告公曰瑜申禀

上司专以本路历日所售白金修饰　圣庙　中书又虑不足并以
益＊历金增**焉**其事已附断事官　山丞相麻君当亲诣焉公闻之忻然
遽

率子弟具**骖**乘不远千里直抵燕京邂逅竹林　堂头简老长春宫
大师萧公皆　丞相之师友喜而相许优佑之　萧诘朝先往道经河

冰未坚祝曰此行非致私以　宣圣故遂策马而前余者以冰坼不
继　简**囯**不**亲**行**继**以侍者往皆为之先容而言于　山相　曰　宣
圣治

世之＊如天地日月莫能形容今其孙以　林庙故亲来赞成其事

不亦善乎　丞相敬而从之丁酉岁仲冬二十有六日公自燕而适固安
之西

　　*谒山相帐下由　二师先言故信宿而就其事　宣圣之后悉蠲
租赋而　颜孟之裔亦如之袭封之职祭祀土田并令仍旧

　　朝廷优恤　德至渥也然权舆于　行台严公维持于　中书耶律
公成于　丞相山公事历　三相而复旧观虽曰天下人不因自非

　　*流光远何以臻此噫昔　吾夫子抱尧舜禹汤文武之道而无尧
舜禹汤文武之位秉尧舜禹汤文武之德而无尧舜禹汤文武之时乃删
诗定书

　　执礼正乐系周易作春秋六艺析中为致治之成法俾二帝三王
之道日新而*穷以福后世者　夫子之力也凡圣君贤臣循吏孝子修
身齐家治

　　国平天下之道举在于此由之则昌忽之则亡顺之则治逆之则乱
道固不变也　夫子道之宰也何莫由斯道也日新而无穷孔子子孙宜
与之

　　而无穷百王知道之可尊所以尊　夫子也万古知　夫子之可尊
所以尊道也　夫子之道如天地之覆载日月之照临无得而言焉其见
于

　　诸子载于史籍志于传记者特太山之一尘沧海之一滴适所以赘
也无得而言焉姑述其事之本末者以此上元日东原李世弼记

　　岁次己亥春八十有三日五十一代孙袭封衍圣公主奉　祀事元
　　　　　　　　　　　　　　　　　　　　　　　　　　措立石

　　　　　　　　五十世孙权袭封衍圣公主奉　祀事㧬监造

　　　　　　　　五十世孙挚书丹并篆额　李信刻

○与县志识读不同的字

□拓片中不可识读的字

＊县志中亦不能识读的字

？据拓片识读后存疑的字

另，录文中有些字体因印刷之故，与原碑相异。

附录二　《丁酉年邹国公家免差发札付石刻》录文

皇帝圣旨里

扎鲁火赤也可那演胡都虎斡鲁不众扎鲁火赤

那演言语今准袭封衍圣公孔措申曲阜县见有

宣圣祖庙其　亚圣子孙历代并免差发目今

兖国公后见有子孙八家邹国公后见有子孙二

家事除已行下东平府照会是

亚圣之后仰依僧道一体蠲差发去讫并不得

夹带他族仰各家子孙准上照会施行奉到如此

　　右札付

　　亚圣兖国公邹国公之后子孙准此

札付兖国公邹国公子孙事

　　　　　　　　　　丁酉年十一月　二十六日

附录三　《孔氏祖庭广记》所载命令文书

扎鲁火赤也可那演胡都虎、斡鲁不、众扎鲁火赤那演言语。据袭封衍圣公孔元措来申，宣圣子孙历代并免赋役。见有一十五家，历

代旧有地土六百顷，免赋役供给祭祀。有看林庙户旧设百户，见有十户，不构洒扫等事。如文字到日，仰孔元措依旧袭封衍圣公主

奉先圣祀事，仍提领修完祖庙。据孔氏子孙一十五家、亚圣颜子后八家、邹国公后二家、庙户依旧百户，计一百二十五户奉上丝线

颜色税硕军役大小差发，并行蠲免。上项户计尽行豁除，不属州县所管。诸路历日银一半修宣圣庙，益都东平两路尽数分付袭封孔

元措，修完曲阜本庙。宣差东平路万户严实、课税所长官张瑜申禀朝省，丞相领省耶律楚才重道出于特意，古燕义士萧元素，与朝

廷断事官丞相耶律田山为师友，独萧公亲诣以为先容，具道其所以然，儒教由此复兴。

附录四 《孔氏祖庭广记》刊记

大蒙古国领中书省耶律楚材奏准皇帝圣旨，于南京特取袭封孔元措，令赴阙里奉祀。来时，不能挈负祖庭广记印板，今谨增补校正，

重开以广其传。壬寅年五月望日。门生曹国王恕重校 门生冀州伊莘重校

第四章

石刻与编纂资料

——以至元三十一年七月"崇奉儒学圣旨碑"为例

序言

至元三十一年（1294）四月，元世祖忽必烈去世，其孙成宗铁穆耳即位。七月，元成宗即位不久便颁布了如下诏书：

> 上天眷命，皇帝圣旨。谕中外百司官吏人等。孔子之道垂宪万世，有国家者所当崇奉。曲阜林庙、上都、大都、诸路府州县邑应设庙学书院，照依世祖皇帝圣旨，禁约诸官员使臣军马，毋得干内安下，或聚集理问词讼、亵渎饮宴、工役造作、收贮官物。其赡学地土产业及贡士庄，诸人毋得侵夺，所出钱粮，以供春秋二丁朔望祭祀，及师生廪膳，贫寒老病之士为众所尊敬者，月支米粮，优恤养赡。庙宇损坏随即修完。作养后进严加训诲，讲习道艺，务要成材。若德行文学超出时辈者，有司保举，肃政廉访司体覆相同，以备选

用。本路总管府、提举儒学、肃政廉访司，宣明教化，勉励
学校。凡庙学公事，诸人毋得沮扰。据合行儒人事理，照依
已降圣旨施行。彼或恃此非理妄行，国有常宪，宁不知惧。
宜令准此。至元三十一年七月　　日。

　　至元三十一年"崇奉儒学圣旨碑"现存于多处，上引文本出
自《北京图书馆藏中国历代石刻拓本汇编》所收录图版[1]，该图
版依据清晰度较高的绍兴府学石刻拓片复制而成（见图版 2），
其圣旨文本内容皆可清晰识读。[2]

　　该圣旨的内容，可以分成四部分：
　　①对庙学的保护，特别是禁止官员、使臣、军马的扰乱；
　　②关于庙学田产的规定；
　　③关于庙学人才培养的任务；
　　④申令各地官府对庙学的保护。
　　整体而言，该圣旨是在宣示并重申以上事项承袭了历任大汗
以及忽必烈的政策，并无变化。
　　在元代石刻研究，特别是在圣旨碑的相关研究中，针对个别
碑铭的专门研究成果已有较多积累，但多以元代白话碑，以及与
蒙古文合璧类的碑刻为研究对象。所关注的问题点，相较于圣旨
所具有的历史意义及其相关背景，更侧重于蒙文或汉文碑刻的语
言本身。本章重点讨论的至元三十一年（1294）七月颁布的尊崇

[1]　《北京图书馆藏中国历代石刻拓本汇编》第 48 册，中州古籍出版社，1990 年，
第 136 页。
[2]　绍兴府学圣旨碑的拓片照片亦收于《八思巴字与元代汉语（资料汇编）》图版
28。该书并未注明该图版源自何处的碑刻，但将该图版与《北京图书馆藏中国历代石
刻拓本汇编》所收图版对比后可以判定，两者应出自同一碑刻。此外，石刻著录书籍中，
《两浙金石志》卷十四、《越中金石志》卷七皆收录了该碑录文。

图版 2　绍兴府学至元三十一年崇奉儒学圣旨碑
（《北京图书馆藏中国历代石刻拓本汇编》第 48 册）

儒学圣旨则纯粹是以汉文文言写成的。就其内容而言，与向来多所关注的特定寺院、道观的圣旨文书（主要是特许状）不同，该圣旨所展现的只是尊崇庙学的一般性原则。那么我们便可单纯将其理解为大汗的"言语"吗？进而，在与儒人相关的各类公牍文书中，其起始部分往往与下文所及其他同类型的圣旨（这些圣旨已然属于前任大汗忽必烈所颁发的内容，其效力理应逐渐降低）齐刷刷并列一起，这难道没有任何意义吗？

本章即通过对比元代各种史料所收录的该圣旨的文本，在分析相关史料性质差异的同时，来深入考察该圣旨颁发时期汉民族士人的相关问题。为行文之便，下文略称该圣旨作"至元三十一年圣旨"。

（一）成宗的即位与"至元三十一年圣旨"的颁布

关于"至元三十一年圣旨"，《元史》卷十八《成宗一》至元三十一年七月壬戌条载，"诏中外崇奉孔子"，《元史》卷七十六《祭祀五》"郡县宣圣庙"条则概述为："成宗即位，诏，曲阜林庙、上都、大都诸路府州县邑庙学书院，赡学土地及贡士庄，以供春秋二丁朔望祭祀，修完庙宇。自是天下郡邑庙学无不完葺，释奠悉如旧仪。"

有元一代，帝位·汗位更替之际，对前朝所赋予的种种特权，继任者往往重新颁发圣旨予以认定，只有如此，相应特权在新任统治者治下才算被正式认可。也正因如此，佛教寺院和道教道观才将历代皇帝所颁发的圣旨文书一并刻于同一块石碑，甚至在碑文中列举历代大汗之名，并强调所受到的庇护，这种带有宣告性质的石刻资料有不少都留存至今。"至元三十一年圣旨"中"照依世祖皇帝圣旨""照依已降圣旨施行"这类在开头和结尾处反复提及承袭前代的表述也是如此。

其实，成宗在该年四月的即位诏书中也有一条提及对庙学的尊崇。即："学校之设，本以作成人才。仰各处教官、正官，钦依先皇帝已降圣旨，主领敦劝，严加训诲，务要成材，以备擢用。仰中书省，议行贡举之法。其无学田去处，量拨荒闲田土，给赡生徒。所司常与存恤。"[1]七月，便又专门针对庙学颁发了该圣旨。相互对照后可知，两则诏书为同一主旨，也有不少相似的表述。虽然新任大汗在即位诏书中已表明在尊崇儒学的问题上继续承袭前代，但三个月后，却又重新颁布了同样主旨的圣旨。

（二）收录"至元三十一年圣旨"的史料

收录至元三十一年（1294）七月这通圣旨的史料，除了元代法律文书资料的代表《元典章》（卷三十一《礼部四》"崇奉儒教事理"条）和《通制条格》（卷五《学令》）之外，亦收载于元代士人政策的基本文书资料《庙学典礼》（卷四《崇奉孔祀教养儒生》条）。

元代关于儒学、儒人相关的圣旨颁发后，各地庙学勒之于石的情况不少。最典型的就是大德十一年（1307）加封孔子"大成至圣文宣王"封号时的圣旨碑刻，著录元代碑刻数量最多的吴式芬《攗古录》卷十八、十九中，收录了各地庙学的该圣旨碑刻多达 84 通。[2]

与之相比，本章所关注的至元三十一年七月的圣旨被勒之于

---

[1]　《元典章》卷二《圣政一》"兴学校"。另见《庙学典礼》卷四《正官教官训诲人材议贡举拨学田》条，但个别文字略有不同。关于成宗登宝位诏，详见植松正：《元代條畫考　五》，《香川大学教育学部研究报告第一部》49，1980 年。

[2]　关于大德孔子加号碑的相关研究，参见宫纪子：《大德十一年「加封孔子制誥」をめぐる諸問題》，《中国—社会と文化》14，1999 年。

石的数量虽要少很多，但各地仍有不少留存。罗常培、蔡美彪编
《八思巴字与元代汉语（资料汇编）》不仅收录了绍兴府学、松
江府学、东平府学三地石刻的拓本图版，还收载了曲阜孔子庙所
立的仅以八思巴字撰文的碑刻图版。其中，绍兴府学碑刻的拓片
图版亦收录于《北京图书馆藏中国历代石刻拓本汇编》，上引圣
旨原文即据此录文。其实，关于该圣旨的石刻资料还不止于此。
亦如后文一览所示，《江苏金石志》等各种石刻书籍也都移录、
著录了该圣旨，特别是《攈古录》卷十七便著录了 8 通碑刻。此
外，《大德昌国州图志》卷二《学校》亦曾加以引用。顺便提及，
如后文表格所示，《元典章》和《庙学典礼》所收主旨相同的文
书多达 13 通，而其中又同时并见于石刻者，仅有至元二十五年
（1288）儒人免役的圣旨碑。

　　但问题是，这些各种文献所收录的"至元三十一年圣旨"，
我们在仔细对比其形式、字句之后发现，竟然都不尽相同。

二、元朝法制文书资料所收录的差异

　　本节首先对《元典章》《通制条格》《庙学典礼》三种文献
所收至元三十一年七月圣旨的文字上的异同进行比对。笔者此处
以本章开头所使用的绍兴府学石刻拓本录文作为比对异同的文字
底本，其中所涉及的改行、抬头等，皆从该拓本。就常识言之，
石刻拓本一般是最为接近圣旨原件的，但实际上，如下文对比不
同碑刻时所发现的，各种碑刻所刻圣旨也未必都完全相同。另外，
本章所使用的相关文献的影印本分别是：《元典章》（下简称
"元"），故宫博物院所藏元刊本；《通制条格》（下简称"通"），

上天眷命

皇帝圣旨谕中外百司官吏人等孔子之道垂宪万

世有国家者所当崇奉曲阜林庙上都大都

诸路州县邑应设庙学书院照依 ————"应设"，元、通皆无

世祖皇帝圣旨禁约诸官员使臣军马毋得于内安下

或聚集理问词讼亵渎饮宴工役造作准收贮

官物其赡学地土产业及庄土庄诸人毋得 ————"官物"，元、通作"管物等"；"诸"，元、通作"庄田外"

侵夺所出钱粮以供养秋二丁朔望祭祀祝及 ————"以"，元无

师生廪餼奠老荷之士为众敬者月

支米粮优恤赡庙宇损坏即修完作德行养 ————"养赡"，元作"赡养"

后进严加训诲讲习道艺务要成材若德行

文学超出时辈有司保举肃政廉访司体 ————"超"，元作"高"；"保举"，庙作"举保"

覆相同以备选用本路总管府提举儒学肃 ————"选"，通作"擢"

政廉访司宣明教化勉励学校凡庙学公事

诸人毋得沮挠侵挟此非理便安行儒人事理照常宪宁不知畏 ————"扰"，元、通作"坏"

圣旨施行倘或侵挟此非理便安行儒人事理照常宪宁不知畏

宜令准此 ————"宜令准此"，庙作"钦此"

至元三十一年七月　日 [1]

圣旨起首语的不同，参见 *

* 关于圣旨日期，各文献皆于起首。

庙：至元三十一年七月日皇帝圣旨

元：至元三十一年七月日皇帝圣旨

通：至元三十一年七月日钦奉圣旨

[1] 诸又巳之字排列于下，不论是原书还是所据刻片，皆为竖排，中译的为正文版式之便，改为横排。——译者注

内阁大库明钞本；《庙学典礼》（下简称"庙"），文渊阁《四库全书》本。

　　比对之后发现，最为显著的特征是，碑刻与《庙学典礼》所收文本较为接近。两者的相异之处主要在于文末的"宜令准此"，《庙学典礼》作"钦此"。这是与文书样式最为直接相关的重要差异，本章将在下节与其他石刻一并具体讨论。除此之外，还有一处就是"保举"二字在《庙学典礼》中颠倒成"举保"，这应当是《永乐大典》或《四库全书》在转抄时所产生的错误。

　　相比之下，《元典章》与碑刻之间的字句差异最大，《通制条格》则次之。根据上述比对亦可知，与碑刻相比，《元典章》和《通制条格》在字句上有几处一致的差异（如，第四行皆无"应设"；第七行"贡士庄诸人"皆作"贡士庄田外人"等）。如下节所述，各地石刻在形式上虽未必完全一致，但是在字句上却都与绍兴府学的圣旨内容相同（亦同于《庙学典礼》）。

　　为进一步说明石刻资料和文献资料记载的差异，我们再以同样的方法处理另一通圣旨。亦即为《元典章》《庙学典礼》所收载，同时又存在碑刻的至元二十五年（1288）十一月圣旨（本章所据亦为绍兴府学碑刻拓影，载于《北京图书馆藏中国历代石刻拓本汇编》[1]）。此外无锡庙学亦曾存有该圣旨碑刻（下简称"无锡"），蔡美彪编《元代白话碑集录》收录了该碑录文，但录文本身也存在些许问题，在此姑且以资校对。[2]此外，该圣旨亦为《大

---

[1]　《北京图书馆藏中国历代石刻拓本汇编》第48册，第110页。罗常培、蔡美彪编《八思巴字与元代汉语（资料汇编）》亦收入该碑拓影，但转载自 Bonaparte, Documents de l'époque Mongole des XIIIe et XIVe siècles, 1895. 另外，与"至元三十一年圣旨"相同，《两浙金石志》卷十四、、《越中金石记》卷七也著录了相关录文。

[2]　《元代白话碑集录》未注明该碑文的出处，是否依据原拓不得而知。

长生天气力里

大福荫护助里

皇帝圣旨据尚书省奏江淮等处秀才乞免杂泛差

役事准奏今后在籍秀才做买卖纳商税种

田纳地税其余一切杂泛差役并行蠲免所

在官司常切存恤禁仿人等毋得于

庙学安下非理搔扰准此

至元二十五年十一月[1]

（至元二十六年正月十九日到开读讫［无锡］）

该两行文字仅存于石刻

"乞"，无锡、庙皆无

"地"，元作"租"

"常"，无锡作"当"；"切"，元作"加"；"仿""人等"，无锡无。

"准"，元作"钦"

---

[1] 该圣旨文字排列方式，不论是原书还是所据拓片，皆为竖排。中译版为正文版式之便，改为横排。——译者注

德昌国州图志》卷二《学校》所引用。

　　该碑内容较短，较之至元三十一年七月圣旨，字句相异之处相对较少。绍兴碑刻与《庙学典礼》的不同仅有一处，即《庙学典礼》中"乞"脱落。而相对而言，《元典章》与碑刻之间却有多处文字上的差异（笔者未能亲见无锡碑刻拓片进行确认，不在此讨论其差异问题）。

　　亦如所知，《元典章》文字上存在不少问题，相关校订工作也在逐次展开。本章所比较的这两则圣旨，虽然《元典章》与《庙学典礼》以及石刻等资料存在文字上的差异，但从内容上看，这些文字的替换、颠倒、脱落等问题似乎并没有太大影响。但是，我们是否就可因此认为这仅仅是《元典章》出版之际因技术问题所致呢？下文拟对此稍加探讨。

　　如上所述，既保存于石刻之上，同时又为相关文献资料所收载的圣旨，仅有以上二例。但《庙学典礼》和《元典章》所收载的主旨相同的文书却有 13 通之多（包含上述两通圣旨）。现将此 13 通文书作成一览表如下。下文的讨论即在这些文书的对比中展开。

　　两书所收文书中，差异最大的是一览表中的 M，即元贞元年（1295）中书省给江西行省的咨文。《庙学典礼》虽以"该"的形式呈现，却详细反映了文书往来的具体内容。即，对于景星书院山长盛应春已在任四十个月一事，行省咨中书省，而后围绕该问题，吏部、翰林国史院之间文书往来协商后建议，应当任命他为江南某路的教授。最终，中书省收到吏部呈文后，发出了该咨文。但《元典章》仅收录了中书省收到吏部的答复后所发出的咨文内容，其中亦仅记载对于任期考满的学正、山长处置的一般规

《庙学典礼》与《元典章》所收主旨相同的文书一览

		卷次	文书
A	庙	卷一	先圣庙岁时致祭禁约骚扰安下（中统二年六月圣旨）
	元	卷三十一·礼四	禁治拨扰文庙（并见《通》卷二十七）
B	庙	卷一	官吏诣庙学烧香讲书（至元六年四月圣旨）
	元	卷三十一·礼四	朔望讲经史例（《通》卷五）
C	庙	卷一	释奠服色（至元十年二月二十九日中书吏礼部符）
	元	卷二十九·礼二	秀才祭丁当备唐巾襴带
D	庙	卷一	岁贡儒吏（至元十九年九月御史台咨）
	元	卷十二·吏六	随路岁贡儒吏
E	庙	卷二	江南学田与种养（至元二十三年二月二十一日圣旨）
	元	卷三十一·礼四	钟养学校田地
F	庙	卷二	儒职升转保举后进例（至元二十四年二月中书省咨）
	元	卷九·吏三	保选儒学官员
G	庙	卷二	学校事宜儒户免差赡学粮子（至元二十四年二月十五日圣旨）
	元	卷三十一·礼四	立儒学提举司

H	庙	卷二	江南儒户免横枝儿差发（至元二十五年十月十八日圣旨）
	元	卷三十一·礼四	横枝儿休差发
I	庙	卷二	江淮等处秀才免差役庙学禁搔扰（至元二十五年十一月圣旨）
	元	卷三十一·礼四	秀才免差役
J	庙	卷四	三教约会（至元三十［二十三］年正月九日圣旨）
	元	卷五十三·刑十五	儒道僧官约会（仅前半部分）
K	庙	卷四	正官教官训海人材贡举拨学田（至元三十一年四月十四日登宝位赦诏）
	元	卷二·圣政一	兴学校
L	庙	卷四	崇奉孔祀教养儒生（《通》卷五）
	元	卷三十一·礼四	崇奉儒事教理
M	庙	卷四	山长充教授廉访司体覆（元贞元年三月中书省咨）
	元	卷九·吏三	学官考满体覆

※通：即《通制条格》

定，完全不见盛应春之名。对比《庙学典礼》所收录的内容，可以说《元典章》极大地偏离了原文书。当然，该例属于较为极端的特殊事例，但即便是字句上的不同，《元典章》的问题也比较突出。例如一览表的 F 项，《庙学典礼》卷二《儒职升转保举后进例》所收中书省给行中书省的咨文中记载"平阳、益都、太原等路，各辖州府一十余处"，而在《元典章》卷九《吏部三》"保选儒学官员"条则径直省略作"各处"。由此二例可知，《元典章》编纂之际，对于原文书中多余的词句以及相关内容进行了特别的处理。

以上两例，皆是各级官府间的文书往来，那么最具权威性的皇帝圣旨又是如何呢？上文所及现仍存有石刻的两例圣旨中，《庙学典礼》和《元典章》皆在个别文字上有所不同；那么其他圣旨中，暂且不论《庙学典礼》和《元典章》所载文书传递过程的不同之处，而仅在字句上也同样存在一定的差异。如将所有圣旨一一比对，实属繁琐，在此姑且避繁就简，仅以一览表的 H 项较短的圣旨为例进行比较、分析。下文所引以《庙学典礼》为本，校之以《元典章》，并标示其不同。

至元二十五年十月十八日，察察尔集赛第一日（《元》作"至元二十五年十一月行尚书省准尚书省咨该"），奏过事内一件，江南（《元》无此二字）秀才，做买卖呵与商税（《元》有"者"字），种田呵（《元》无"呵"字）与地税者，除外（《元》作"其余"）横枝儿不拣甚么（《元》有"杂泛"二字）差发，休与者。么道，执把着的圣旨索有，俺商量的，执把着的圣旨，他每根底与呵，怎生么道奏呵（划

线部分内容，《元》作"圣旨"），那般者，么道圣旨了也
（《元》无此四字）。钦此。（原注：尚书省十一月咨江淮
等处行尚书省）

由此可知，两书所收录的圣旨中也存在字句上的差异。这也
进一步证实，《元典章》是经过进一步的编纂后才最终成书的。
对此，只要注意到《元典章》在该圣旨中对尚书省的上奏及其皇
帝裁决部分的省略即可一目了然。

综上可知：首先，我们必须要注意分析各种文献成书过程中
所涉及的相关问题；其次，"圣旨"即为"皇帝言语"，最初本
应以蒙古语发出，而将其译成汉语，却是在各地分别完成的，即
便是按照某种工具书籍机械地进行翻译，也总会存在字句上的差
异。这便是上述问题的背景所在。[1] 但亦如下节所论，本章所讨
论的至元三十一年七月圣旨，仅就目前所见，单纯以将其勒之于
石为目的的石刻中，不论是在华北还是江南，完全未见到上文在
文献资料的对比中所发现的字句异同问题 [2]（亦如后述，兖国公
家的情况稍有不同），至少仅就该圣旨而言，应该是先在中央翻
译完成后统一传达到各地的，也就是说，该圣旨最初就存在正式
的汉文文本。但是，收录该圣旨的文献书籍，却并未以一字不易
的态度照录该圣旨原文。

---

[1] 关于圣旨在当地的汉语翻译等相关研究，参见杉山正明：《元代蒙汉合璧命令文
の研究（一）》，《外国学研究》21，1990 年。
[2] 仅有的差异不过就是绍兴碑第十二行的"體"字有时作"軆"字。

三、石刻上的"至元三十一年圣旨"

（一）"至元三十一年圣旨"碑刻的比较

1. 碑刻的形式

本节将对刻有至元三十一年七月圣旨的数通石刻进行对比，考察其相异之处。如前所论，中国现存文书史料的数量本就极少，这样一来，石刻资料作为"准文书"的史料价值便凸显出来。之所以能够视之为"准文书"资料，一方面是因为相关内容在勒之于石那一刻便被固定了下来，其后很难再被改变；另外的原因便是将文书镌之石刻的情况又殊为不少，本章所讨论的至元三十一年七月圣旨即是如此。但随之而来的问题是，石刻与原文书之间到底是什么关系呢？换言之，石刻到底是在多大程度上严格按照原文书而上石的？这是不得不考虑的问题。既往研究在利用石刻资料时，往往忽视碑刻原石、拓本、石刻书籍等不同石刻来源间的巨大差异，而仅仅满足于石刻文本中相关语句的引用。当然，碑刻原石和拓片一般也确实不容易直接获取，现实中便不得不主要利用石刻书籍中的著录文献了。即便有此不得已的一面，但这对于有些问题的解决却又未必是行得通的。接下来笔者在讨论至元三十一年七月圣旨的同时，亦对该问题进行深入反思，而该圣旨当时即被镌刻于各地，有幸保留至今的该圣旨石刻也为数不少。

目前所知"至元三十一年圣旨"的碑刻，除却此前引用过的绍兴府学圣旨碑外，其他如下（如果其他资料存在移录、著录的信息，那么《攈古录》的著录信息便予以省略）：

苏州府学（江苏，《江苏金石志》卷十九移录）*

松江府学（江苏，《八思巴字与元代汉语（资料汇编）》载拓影，《江苏金石志》卷十九著录）*

无锡县学（江苏，《江苏金石志》卷十九著录）

溧水县学（江苏，《江苏金石志》卷十九著录，与即位诏书合刻）

昆山县学（江苏，《昆山见存石刻录》卷二移录）*

曲阜孔庙（山东，《八思巴字与元代汉语（资料汇编）》载拓影，《山左金石志》卷二二著录）*

东平府学（山东，《八思巴字与元代汉语（资料汇编）》载拓影）*

山西某县（《山右石刻丛编》卷二七移录，与即位诏书合刻）*

定州（河北，《攈古录》卷十七著录）

曲阳县（河北，《攈古录》卷十七著录）

太和县（云南，《攈古录》卷十七著录）

连同绍兴碑一起，现确知该圣旨碑有 12 通，其中，绍兴碑及带有 * 标志的 6 通，共计 7 通石刻目前是可以识读镌刻其上的圣旨的，虽然收录的形式并不一致。[1] 此外，通过拓本图版可了解到其具体面貌的有 3 通，将其与碑刻形状较为明确的《江苏金石志》所收苏州府学的圣旨碑相比较可知，[2] 虽说各地所镌刻的

---

[1]　《昆山见存石刻录》排印较为模糊，很难看出文书的形式。此外，《江苏金石志》卷二十所收扬州府学的《论内外尊奉孔子诏碑》［皇庆元年（1312）二月］因"文同前，不录"，亦不能知晓其圣旨原文，但从金石志所附题名来看，其上所刻为"至元三十一年圣旨"碑的可能性较大。但是，由于该碑时间在大德加封以后，仍不能完全确定。

[2]　《江苏金石志》明确标示了碑刻的换行情况，并且对于题额也尽可能贴近原碑进行了描画，据此我们完全可以想象得出该碑的实际样态。

是同一道圣旨，但最终碑刻的形制却并不相同。

　　前文屡次引用的绍兴府学碑刻上截圣旨为八思巴字撰写，而下截则为汉字书写。已有前人研究指出，[1] 其中八思巴字圣旨，亦如大德十一年（1307）孔子加封碑一样，并非真正的蒙古文圣旨，而不过是以八思巴字拼写的汉字音而已。就汉文圣旨言之，上文为对校之便已对此绍兴府学碑刻进行了重新移录，据此可知，该圣旨碑共 18 行，每行 20 字，"皇帝""世祖皇帝""圣旨"三组词皆三字抬头，只有第五行未能严格遵守每行的固定字数，多出了一字。接下来，松江府学圣旨碑也是上截为八思巴字，而中截是汉文圣旨，下截所刻却是松江知府张之翰撰写的碑记。[2] 其汉文圣旨共 21 行，每行 19 字，在绍兴府学碑刻相同的地方，该碑明显以四字抬头。此外，据《江苏金石志》，苏州府学圣旨碑上截刻汉文圣旨，下截则刻平江路儒学学官的题名，共 13 行，每行 32 字，也是四字抬头。再据《江苏金石志》所载，无锡县学碑似乎仅刻有圣旨，共 1 行，每行 33 字。

　　关于东平府学圣旨碑，由于文书形式等方面存在若干问题，后文再另行讨论。那么现在对比上述四通碑刻：首先上面镌刻了什么？又有何不同？仅就碑刻的汉文圣旨来看，虽然圣旨的字句表述方面确实都是相同的，但圣旨的镌刻方式却并不一致。亦即，上述所提到的圣旨碑中，没有一通石刻的每行字数排列是相同的。根据这些碑刻每行字数安排的不同，我们或可认为：现实中，各地学校也都未必是按照颁发来的圣旨原样不变地将其镌之

---

[1]　如《八思巴字与元代汉语（资料汇编）》，第 17 页。
[2]　《八思巴字与元代汉语（资料汇编）》所载拓片照片中，撰者姓名处不够清晰，现据《江苏金石志》确认、补充。

于石的。并且，据《江苏金石志》，苏州府学碑刻在日期的位置还刻有"宝"字，这应当是原文书中加盖的某种印玺。在其他的碑刻拓本中，皆未见到印玺的存在。但不论是下引的东平府中书省榜谕，还是曲阜孔庙碑的碑阴，乃至《庙学典礼》所载传达至福建的圣旨中，皆有"御宝圣旨"字样，这些碑刻圣旨中确实是有印玺的。由此也不得不让我意识到，石刻与原文书之间其实还是有一定差距的。

另外，还有字数、行数的不同，单纯将其归之于石头的尺寸所产生的问题，或许也讲得通。但是，如果至元三十一年圣旨碑刻，现在仅存一种，那么我们很可能就会认为这通碑刻就是原样复刻了原圣旨文书。这种情况，其实并不仅仅存在于"至元三十一年圣旨"。与该圣旨性质相似的便是大德十一年（1307）孔子加封碑，仅为《北京图书馆藏中国历代石刻拓本汇编》所收录的该碑拓影就有 5 种可见，其中也有行数、字数，甚至抬头处并不一致的。这样一来，原文书本来的面貌就变得愈发模糊了。对此，我们一般多将其视作石刻史料的魅力之一，但是该例也同时告诉我们，其中很可能也存在着某种陷阱。

2."钦此"和"准此"

接下来我们再来讨论另一个现存拓本的实例——东平府学碑刻。该碑与我们此前所探讨的三例在文书的内容上也有所相同。据碑刻起首第一行作"皇帝圣旨里中书省钦奉[皇帝圣旨]"可知，该圣旨是通过由中书省加以传达的形式出现的。该碑最后作：

　　除已/颁降/御宝/圣旨，本学钦收安奉外，都省今出

> 榜省谕，钦依施行，合行榜示者，／右榜省谕诸人通知。[1]

此处附记了东平府学接受中书省的谕文并将圣旨予以榜示的经过。此外，碑刻末行日期的位置还镌刻了印章的印记，这都说明该碑是依照府学榜示原样进行刻石的。应该可以说，该碑如实反映了一则文书其原初的形式。另外，就该碑而言，圣旨原文是以"钦此"作结的。亦即，经由中书省传达的圣旨本来面貌，被原样地保留在了这通石刻之上。

当然，至元三十一年七月圣旨的主旨是普遍性地对儒学加以尊崇，而传达的对象则是全体庙学。那么在此情况下，这类圣旨又是如何分别传达到遍设于各地的庙学的呢？

关于该圣旨具体传达的史料，除却上引东平府学圣旨碑外，尚有以下两则。

其一，曲阜孔庙的该圣旨碑碑阴部分。[2]

> 至元三十一年八月，征事郎监察御史张澄及燕只不花，传奉到／御宝／圣旨。九月降到／省榜。元贞二年六月，奉直大夫兖州知州兼管本州诸军奥鲁兼本州劝农事赵锐摹写并题额，五十三世孙中议大夫袭封衍圣公／敬命刻石。（以下省略关于立石相关者的记载）

此即，至元三十一年（1294）八月，朝廷派遣使者征事郎监察御史张澄和燕只不花来到曲阜，将此圣旨传达给衍圣公，九月

---

[1] 斜线为改行标记，下同。
[2] 关于该碑阴文字，各类石刻书籍皆未移录，本章所据为日本某收藏家所藏资料。

省榜亦至。由此可以认为，这则史料反映的情况与东平路相似，同样要求将该圣旨予以榜示。而接下来至元贞二年（1296）六月，该圣旨碑经由兖州知州赵锐之手，通过第五十三代衍圣公孔治命令其一族，最终得以成功立石。据此可知，对于可谓是儒学"大总管"衍圣公和孔家所居住的曲阜地区，朝廷是直接派遣官员来传达圣旨的（关于省榜和立碑问题详见后述）。

其二，《庙学典礼》卷五《行台坐下宪司讲究学校便宜》所收福建闽海道肃政廉访司的申文中，也提到了该圣旨的传达情况。其中记载：

> 九月十六日承奉行御史台札付该，准御史台咨，奏准颁降圣旨节该（略），及有差来官赍擎御宝圣旨到来，开读讫，恭迎前去福建道庙学，钦领安奉外。

该圣旨自朝廷发出后，经江南行台派遣官员，传达至福建肃政廉访司，继而再到庙学，其路径大致如此。亦即，依托地方行政机构由中央传达到了地方。

再来看其他圣旨的传达情况。至元二十五年（1288）十月关于儒人免差发的圣旨，《元典章》卷三十一《礼部四·学校》"横枝儿休差发"文书起首载，"至元二十五年十一月行尚书省准尚书省咨"，而《庙学典礼》卷二《江南儒户免横枝儿差发》则在文书末尾标注"尚书省十一月咨江淮等处行尚书省"，两则记载皆留下了该圣旨由中央尚书省以咨文形式传达到各行尚书省的痕迹。上文所提到的无锡至元二十五年儒人免役碑的日期处作"至元二十六年正月十九日到开读讫"也是同样情况，而后文所引溧水县学的即位诏日期并非四月，而记作"五月五日"，则反映出圣旨的颁降与传达到地方之间所存在的时间差。

如上所论，作为皇帝"言语"的圣旨颁发后，分别通过相关的官府机构，传达至颁发对象当地，在此，历经层层传递后被镌刻上石，最终得以成功立碑。而实际上，该圣旨到达各庙学后，理当同时附有记录该圣旨在各层级传递的相应文书。东平府学石刻便是将该过程留存在碑刻上的例证。

如此来看，对于本章开头提及的现存江南各地（绍兴、松江、苏州）圣旨碑中的"宜令准此"，我们应当可以将其理解为同级官府间文书往来中引用结束的标志。亦即，该圣旨在传达过程中，要么就如同上文福建的路径：御史台→行台→肃政廉访司→庙学，要么就是中书省→行省→路总管府→庙学这种路径，那么圣旨末尾出现的"宜令准此"就应当表明，该圣旨并非由皇帝直接赐降给这些学校，而是经过上述官府机构间的文书往来后才传达至各地庙学的。再回过头来看上文东平府的圣旨，也正因为该圣旨在皇帝发出后直接由中书省受领，所以才在圣旨的最后以"钦此"作结。

那么《庙学典礼》中所收录的该圣旨与石刻等资料以及《元典章》《通制条格》都明显不同，其末尾亦以"钦此"作结，这又该如何理解呢？笔者曾论及《庙学典礼》应当成书于江南，抑或是浙东地区，[1] 那么不论是勒石立碑的各地庙学，还是可能编纂《庙学典礼》的官府机构，就文书的传达而言，其实没有什么区别。对于圣旨正文前后理当附有记录其传达过程的各官府机构

---

[1]　森田宪司：《「廟学典礼」成立考》，《奈良史学》10，1992 年。

"意见"，《庙学典礼》的编者很可能在编纂过程中将其全部删除了，而仅保留了圣旨本身。所以，我们应当可以作如是理解：不论是《庙学典礼》还是《元典章》，既然不是在圣旨最先发出的阶段编纂而成的，那么反映其颁降、传达过程的内容便被省略掉了，而仅在末尾以"钦此"作结。但是，这似乎又不是《庙学典礼》编者一贯秉持的立场。《元典章》收录的至元二十五年（1288）十一月免除差发的圣旨中，反而以"钦此"作结，《庙学典礼》却以"准此"结尾。亦如前节所作对比显示，相关碑刻中则又是"准之"。

综上，上文中虽将碑刻称之为"准文书"材料，但亦如第一小节所讨论的形式问题，以及接下来第二小节将要讨论的内容方面，石刻与原文书之间的乖离还是很明显的。所以在利用石刻史料时，仅利用文本中的个别词句开展研究的情况暂且不论，如果从古文书学的角度来加以利用的话，那么石刻史料确实也是极具吸引力的，但是又不得不意识到，其方法论层面必须加以解决的问题却又同时横亘于眼前。

（二）引用"至元三十一年圣旨"的碑刻

1. 与即位诏书的合刻

还有些以略微不同的形式镌刻该圣旨的石刻。此即，《江苏金石志》卷十九《学校拨田地诏书碑》所收载的溧水县学碑刻，和《山右石刻丛编》卷二十七收录的所在不明（县名处为墨钉）的碑刻（参见前文碑刻一览）。

溧水县学碑文分三截，第一截为"至元三十一年五月五日钦奉皇帝登宝位诏赦内一款"，镌刻了即位诏书中的学校条。亦如上文所论，碑刻中圣旨的日期与实际颁发日期存在差异，这应当

是圣旨实际传达至当地后的日期。第二截为至元三十一年七月的
圣旨，[1]第三截为县达鲁花赤曲烈以下官员的谢表。此外，关于《山
右石刻丛编》所收圣旨，编者题作"勉励学校诏"，而碑文第一
行却作"皇帝累降诏旨"，据此可知，这应当才是该碑原来的碑
名。碑文首先照录以"上天眷命"起首的"至元三十一年圣旨"
全文，并以"不知惧"作结，无换行，而后以"今钦奉诏书内一
款"镌刻了成宗即位诏书中的学校条，至此全碑碑文结束（亦无
任何结句）。该碑末行日期刻作"至元三十一年七月日"，日期
处有"宝"字。两通诏敕的内容已见前文，其主旨相同，都是下
令对庙学加以保护，所以才将其合刻在一起而立于庙学之内的。
这种情况也是有的。

　2. 兖国公庙的榜示

　接下来再看另一种以不同形式镌刻该圣旨的石刻事例。此
即，下令保护祭祀孔子弟子颜回的曲阜兖国公庙的两通榜谕碑。
两通石碑皆现存于颜庙，其拓影亦收录于《北京图书馆藏中国历
代石刻拓本汇编》[2]，大德十一年（1307）十月中书省榜谕在第
四十八册，大德十年（1306）二月中书礼部榜谕（皇庆元年八月
立石，1312）[3]在第四十九册。

　首先来看大德十年的榜谕，其起始部分为：

　　　皇帝圣旨里，中书省礼部，/据济宁路兖州曲阜县颜氏

---

[1]　《江苏金石志》载："诏书与苏州同，不录。"此处虽未明确记载就是至元
三十一年七月圣旨，但该记载前后并无其他圣旨，应当为至元三十一年七月无疑。

[2]　《北京图书馆藏中国历代石刻拓本汇编》第48册，第193页；第49册，第23页。

[3]　关于大德十年榜谕的立石，碑阳左侧刻有"皇庆元年秋八月望有三日，兖国公
五十四代孙颜氏族长□提领监修仲椿敬等立石"，据此可知其立石日期（据《北京图
书馆藏中国历代石刻拓本汇编》所收图版）。

五十三代孙颜泽状告，有 / 亚圣兖国公庙宇，别无官给榜文。
恐致闲杂人等非理亵渎，告乞禁治事，得此。照得，至元
三十年钦奉 / 圣旨节该。

继而引用至元三十一年七月圣旨节该后（以"钦此"作结），
结束部分为：

除钦依外，省部合行出榜晓谕，钦依 / 圣旨事意，诸人
毋得亵渎搔扰。如有违犯之人，仰所在监司，就便究治施行，
须议榜者。/ 右榜晓谕诸人通知。

其中，"右榜晓谕诸人通知"一行以大字镌刻。
其次来看大德十一年（1307）十月榜示，其起首为：

皇帝圣旨里，中书省会验先钦奉 / 诏书节该。

继而引用至元三十一年七月圣旨（亦以"钦此"作结），紧
接着结束部分为：

除钦遵外，照得，/ 亚圣兖国公庙宇，亦合一体禁约。
除别行外，都省合行出版晓谕，如有违犯之人，严行治罪。
须至榜者。/ 右晓谕各令通知。

其中，最后一行亦以大字镌刻。
对于颜回子孙保护颜了庙的请求，中书省援引了至元三十一

年七月面向孔子庙（以及所属的庙学）所颁发的圣旨后下令同样
予以适用，这是两通榜谕的共同之处。其实，元朝对于兖国公家
的保护并不是从这时开始的。如本书第三章所述，丁酉年（1237）
蒙古政权就已经将之连同邹国公家（孟子后裔）一道予以免除差
发了。而后经过大约 60 年，至此又下令对其庙宇加以保护。

　　但这两通榜谕也有几处不同。首先，文书发出机构前者为礼
部，后者为中书省；此外，如下文所及，后者所引用圣旨的篇幅
更长。对此，我们或可作此理解：大德十年（1306）所发榜谕者
为礼部，且引用的圣旨内容较短，为此，兖国公家怀疑其禁约效
果，便再次申请，其后重新获得了中书省榜谕。

　　但是，对于这两通仅有些许间隔并立的碑刻，还有一种解释
的可能。先看下面的年表：

礼部榜谕	大德十年二月	一三〇六
*武宗即位	大德十一年三月	一三〇七
中书省榜谕	大德十一年十月	
*仁宗即位	至大四年三月	一三一一
大德十年榜谕碑立石	皇庆元年八月	一三一二

在成宗时代末期的大德十年，兖国公家获得了礼部榜谕，其
中援引了保护庙学的圣旨。不久，元朝汗位更迭，武宗即位（大
德十一年三月），在新任大汗治下，兖国公家又再次明确得到保
护，此即大德十一年的中书省榜谕。皇庆元年旧榜谕立石，而在
此前一年，元朝新任大汗仁宗即位（至大四年三月）。由此时间
线来看，这两通榜谕及其立石的日期，分别与元朝汗位更替密切
相关，而这也正是上文所论既得特权需要获得新任大汗再次确认
的如实反映。但是，为何到了仁宗皇庆元年反将较早的榜谕再重

新立石呢？上述不论哪种解释，似乎仍难以回答这一问题。[1]

如上所论，这两通碑刻所引用的至元三十一年七月圣旨是以"节该"的形式出现的，并非圣旨全文。其中所分别引用的圣旨内容如下：

大德十年榜谕
　　孔子之道垂宪万世有国家者所当崇奉曲阜林庙诸路府州县邑应设庙学书院禁约诸官员使臣军马毋得于内安下或理问词讼亵渎饮宴」凡庙学公事诸人毋得沮坏钦此

大德十一年榜谕
　　孔子之道垂宪万世有国家者所当崇奉曲阜林庙上都大都诸路府州县邑庙学书院照依世祖皇帝圣旨禁约诸官员使臣军马毋得于内安下或聚集理问词讼亵渎饮宴工役造作收贮官物其赡学地土产业及贡士庄诸人毋得侵夺」本路总管府提举儒学肃政廉访司宣明教化勉励学校凡庙学公事诸人毋得沮坏据合行儒人事理照依已降圣旨施行钦此

将此与"至元三十一年圣旨"碑刻对比，再根据本文开头对该圣旨内容的划分可知，两通榜谕将①和④关于保护庙学的相关内容单独引用并予以榜示。笔者此处所录两通榜谕文本中，以"」"符号将圣旨内容分成了前后两部分。大德十年碑引用较短且各处多有节略；而十一年碑则未加节略，并且引用内容也较长。

此外，再根据本章第二节开头对各文献所作对比，大德十一

---

[1]　但是，仅就曲阜的情况来看，在此期间衍圣公位一直空缺，这很可能与元贞元年（1295）孔治袭封衍圣公相关。（参见本书第三章）

年榜谕所引圣旨中，第四行没有"应设"二字，以及二碑第十五行的"沮扰"皆作"沮坏"，这两个方面与《元典章》和《通制条格》在字句上都完全一致。当然，目前难以知晓中书省、礼部具体处理颜庙榜谕的相关人员依据何种文本引用了至元三十一年七月的圣旨，但是，该例作为朝廷处理文书阶段引用圣旨的实例仍颇具价值，而有关圣旨字句的异同问题，本章也只得留待以后继续深入了。

综上，原本针对孔子庙颁布的圣旨，由于中书省的命令，亦适用在了颜子庙，其适用范围得以扩大，并且被反复加以榜示。这或许也以可说明，至元三十一年七月圣旨的内容虽然让人感觉只是保护儒学的一般性原则，但也并非某种形式上的"言语"，其现实中的实际禁约效果也还是令人期待的。

（三）圣旨的刻石

如前所论，不论是四月与七月两通圣旨的合刻，还是下令适用兖国公家，乃至于全国各地镌刻上石，从至元三十一年七月圣旨立碑的过程来看，东平府学碑所刻中书省的谕告中即明确下令将该圣旨予以榜示，而曲阜碑上的"降到省榜"，其具体所指应当也是如此。以此，我们或可认为，其他各地庙学对于至元三十一年七月圣旨的立石，很可能也是依照上级官府的指示最终完成的。当前的相关研究中尚未涉及至元三十一年七月圣旨碑的立石与上级官府机构之间的关系问题，在没有出现其他新资料的状况下，其间的具体经过亦暂时难以知晓。但是，根据上文所讨论的现存有限几例的情况来看，该圣旨在各地庙学立碑上石之际，与曲阜和东平的情况相似，应当都受到了上级官府机构的命令和指示。目前来看这一看法或无大错。

　　另外亦如所知，各寺院、道观往往将与其特权相关的圣旨碑立于门前，以便明确将圣旨所规定享有的特权宣示于外，然而对于儒人以及各地庙学而言，他们将该圣旨勒之于石的目的也是如此吗？其性质都是相同的吗？仅就目前所知立碑经过的两例来看，皆是在上级的命令下，或是与地方官府的某种关系中得以立石的，这同寺院、道观的情况又多少有些不同。

　　学界向来认为，蒙元政权对待宗教的统治态度是比较宽松的，不论哪种宗教皆以平等待之，甚至也将儒学视作所谓的"三教"之一，将其理解为同佛教、道教一样的宗教集团。即便在《庙学典礼》中，也将三教作为同一集团来具体规范其相互间的关系，例如关于"约会"制度的规定某种程度上也是元朝这一做法的具体反映。甚至元朝对儒人的免役等优待政策也是参照对佛、道的优免实施的，这类史料也有不少。[1] 但另一方面，对元朝而言，儒家士人集团又是官、史，或者官吏候补者的重要来源，这也是赋予其相关特权的原因之一，那么以是观之，元朝又并非将儒人群体完全等同于其他的宗教集团，这也是事实。由此，我们便不能否认，元朝通过中书省的命令将保护儒人特权的"至元三十一年圣旨"进行立碑，就是在各地方庙学向隶属其中的儒人群体明确宣示他们所享有的权利。

　　此外，包含刻有中书省谕文的东平路碑在内的这些至元三十一年七月圣旨碑，亦仅将圣旨的颁发日期至元三十一年（1294）七月镌刻其上，并未有实际的立石日期。如前所述，曲阜碑的碑阴部分是刻有再隔一年的元贞二年（1296）由兖州知州

---

[1]　参见本书第三章第六节、第七节相关论述。

赵锐书丹、题额，五十三代衍圣公孔治立石的记录的。关于福建
的情况，《庙学典礼》则记载了领受传达圣旨的行台文书日期为
九月十六日，而这也只是圣旨传达到的时间。再对比大德加封孔
子碑，经过相当长时间之后才得以立石的情况也是存在的，[1] 而
目前所见各地的圣旨碑中，是否马上就在至元三十一年（1294）
七月将这道圣旨立石，仍是悬而未决的问题。这又同各地期待该
圣旨在什么时期，又能发挥何种效果和影响的问题相互关联，目
前也同样难以解决。

为进一步探究各地庙学所建的至元三十一年七月圣旨碑以及
成宗即位诏书碑所发挥的作用，抑或对其所产生的实际效果的期
待，下文将以《庙学典礼》的史料为基础考察世祖末期至成宗年
间儒人的相关问题。

四、《庙学典礼》中的至元三十一年七月圣旨

《元典章》《通制条格》是在广泛整理各类圣旨、法令、判
例等文书资料基础上编纂而成的，而《庙学典礼》则主要汇集了
庙学这一特定主题的相关文书资料，这是与前两者的不同之处。
如此一来，《庙学典礼》所汇集的文书内容就变得非常集中，同
一个问题可能会涉及数则文书，以此，我们也可以较为便利地追
索相关问题具体开展的过程。

对于至元三十一年七月圣旨，《元典章》虽然也予以收载，

---

[1]　较晚的事例见于《北京图书馆藏中国历代石刻拓本汇编》第 50 册所收至正三年
（1343）兰州府学碑，而《石刻题跋索引》所载《山左金石志》卷二十四收录的至正
十年（1350）利津县碑则是最晚的事例。

但《庙学典礼》还收录了至元三十一年七月以后引用该圣旨的各种文书，其数量有 9 通 11 处之多。《庙学典礼》所收文书中最晚的是大德五年（1301），那么从该圣旨颁发之日算起也不过大约 8 年的时间，而《庙学典礼》所收录这期间的文书总共才 21 通，所以 9 通 11 处的数量本身也足以说明，在成宗时代的儒人政策中，至元三十一年七月圣旨的地位是相当重要的。

与元代其他文献所收公牍文书相同，《庙学典礼》所收文书在引用圣旨时，并非全文引用，而是以"节该"的方式引用一部分，或者加以概括性地引用。本章在篇首将至元三十一年七月圣旨分成了四个部分，而《庙学典礼》所收文书对该圣旨的引用多集中在"（四）申令各地官府对庙学的保护"部分，尤其对于"本路总管府、提举儒学、肃政廉访司，宣明教化，勉励学校"的引用，达 7 通之多。对于紧接句文字"凡庙学公事，诸人毋得沮扰。据合行儒人事理，照依已降圣旨施行"的引用，也有 7 通。圣旨此处指名专门负责学政事务的儒学提举司、行省系统的总管府，以及行台系统的肃政廉访司等隶属不同系统的机构来对庙学予以保护，那么，需要圣旨明确这些机构对庙学必须保护的情况，亦即，"沮扰""庙学公事"，以及必须求诸过去颁发圣旨的权威方能解决"儒人事理"等这些情况在这一时期确实存在吗？此外顺便提及，关于此处"公事"的理解，一般可能会联想到与法律"审判"相关的内容，但就元代史料来看，应该可以理解为意思更为广泛的"公务"，或者"某某相关的案件"之意[1]。所以，《庙学典礼》中这句话的意思大致为"庙学相关事务，无关人等禁止

---

[1]　例如后文所述盐官县海塘修筑相关的"修筑海塘公事"，即是此意。

十扰"。

接下来我们来看《庙学典礼》所收至元末期至成宗年间的文书，都是针对什么问题而引用圣旨作为其相关主张的根据的。

《庙学典礼》所收录这一时期文书所讨论的问题之一是学校制度，特别是学校课程和教官身份的问题，与此相应，文书往来反复讨论的问题便是，蒙元统治下汉民族士人的待遇，特别是免除差役相关的问题。元朝统治江南不久，围绕儒人认定和优免问题就产生了不少纠纷，对此学界已有专门研究，但各种观点颇见分歧，本章在此仅就《庙学典礼》所载时段内的相关问题稍作论述。

南宋灭亡后，旧南宋统治下的士大夫也同早先华北地区儒士一样被编入"儒户"，统一由"庙学"加以管理，并享有免役等优免特权。例如，本章反复引用的至元二十五年（1288）十一月免役圣旨中也明确规定了该项内容。但是，《庙学典礼》所收录相关文书中却屡见"欺漏"这一用语，亦即，从一开始元朝地方官的儒户认定便相当草率，并且有些江南地主意欲编入儒户享受优免特权，如此一来，各种矛盾和纠纷便频频出现。此外，到至元末年至成宗时代这段时期，元朝有意限制儒人相关权益的趋势也逐渐凸显。至元三十一年七月圣旨便是在这种背景下颁发的。

那么《庙学典礼》中所出现的限制儒户权益的动向具体如何呢？我们首先来看《庙学典礼》所载文书中的关于至元三十年（1293）盐官县海塘修筑的事例。为修筑海塘，盐官县下令"不问户计充役"，儒户亦被强行承担。[1]负责该问题的江南浙西道

---

[1]　《庙学典礼》卷四《辩明儒人难同诸色户计》载：据盐官县学教谕黄谦之呈，据本学儒户杨垕等状告，近承奉司行下，为修筑海塘公事，因奉上司札付有不问投下是何诸色户计指挥，被县吏不问元系免投（原文如此。——引者注），儒户亦作投下户计，与民一体科差勾扰。（江南浙西道肃政廉访司分司至元三十年十一月日指挥，下盐官县）

肃政廉访司榜文中亦提及："钦奉圣旨节该，（二十五年十一月圣旨，略）照得，各处官司故纵胥吏违背诏书舞文弄法，往往将儒人户计。与民一体当差。"[1]

关于儒户免役纠纷问题，《庙学典礼》所收文书中最为详细的记载为"籍定儒户免役"条。[2]该文书《四库全书》本近七页，篇幅较长。其内容大致为，因元贞元年（1295）圣旨[3]言及"不以是何投下诸名色影蔽有田纳税富豪户计""与其余富户一例""应当杂泛"，使得平江路、嘉兴路、杭州路、绍兴路、庆元路等江南各地儒户被迫"与民一体科差"（文书中列举了一批被迫充役的儒户名单，其中就有袁桷这般名人），对此，儒人、庙学，以及肃政廉访司系统的相关机构极力反对，并反复文书往来后，最终经江浙行省确认，编籍儒户的差役予以免除。江南行台便以札付的形式将此传达给了浙东海右道肃政廉访司，这便是该件文书的大致内容。

江南各地官府欲对儒人群体课以差役时的依据便是元贞元年十二月二十五日圣旨，其主要内容是，由于江南富户普遍存在欺滥行为，结果使得他们的差发负担转嫁到贫苦下户身上，以此，江浙行省认为，在江南富户的问题上，应当禁止不论是何户计皆令当差的行为，并通过中书省上奏后获得认可。实际上，该圣旨中所涉及的富户逃避至其他户计情况中，出现了"僧道"，但并无"儒"的字样，这连同一系列保护儒人的圣旨一并成为肃政廉

---

[1]　《庙学典礼》卷四《辩明儒人难同诸色户计》。

[2]　《庙学典礼》卷六《籍定儒户免役》。

[3]　关于该圣旨的颁发日期，据《庙学典礼》卷六《籍定儒户免役》所引江浙行省札付"元贞元年十二月二十五日钦奉圣旨条画内一款"可以基本明确。虽然帖木儿改名也速帖儿是因为成宗即位而避讳，但从《庙学典礼》仍作"特穆尔"来看（参见下注），元贞元年圣旨所依据的"陈说"，很可能发生在世祖时期。

访司等加以反论的依据，最终使得行省重新明确了编籍儒户的免役权益。此外，在中书省向大汗奏请该元贞元年圣旨时，所依据的是江浙行省平章特穆尔（帖木儿，后名也速胯儿）、穆尔布哈（明里不花）等人的"陈说"，[1]那么由此可以认为，打算不区分户计而对富户课以差发的行为，应当是江浙行省所推行的政策。对于这一问题，应当从当时江浙行省的整体来加以考量，在此便不再展开，留待后论。

　　问题发生后，肃政廉访司等为主张儒户的权利而进行反击时所引用的便是至元二十五年（1288）十一月的免役圣旨、至元三十一年七月圣旨，以及至元六年（1269）设置提刑按察司条画中关于学校的条令[2]等。《庙学典礼》所收录所有文书对至元二十五年十一月圣旨的引用，至少有 6 次，而在引用时，多概括为"今后，在籍秀才，做买卖纳商税，种田纳地税，其余一切杂泛差役并行蠲免，所在官司常切存恤"，很明显，对于免役问题之外的内容并未加以引用。而"至元三十一年圣旨"，主要是在

---

[1] 　《庙学典礼》卷四《儒户不同诸色户计当役》载：江浙等处行中书省元贞二年四月日札付，该，钦奉圣旨节该，据中书省奏，"江浙等处行中书省平章特穆尔穆尔布哈等陈说，有力富强之家，往往投充诸王位下，及运粮水手、香莎糯米财赋、医人、僧道、火佃、舶商等诸项户计，俱各影占，不当杂泛差役。止令贫难下户承充里正，钱粮不办，偏负生受。乞降圣旨"。（圣旨略）
由于《庙学典礼》目前仅存《四库全书》本，其中大量的非汉族人名已为清人所改，此处有必要对史料中出现的非汉字人名加以讨论。据吴廷燮《元行省宰相平章政事年表》（收于《二十五史补编》），至元末期至元贞时期江浙行省宰相为铁木儿（至元二十八年（1291）至大德二年（1298），后避成宗讳改名也速胯儿）和明里不花［元贞元年（1295）］，此二人应当分别对应于《庙学典礼》的特穆尔和穆尔布哈，本章正文在（）中分别加以标注。关于铁木儿职任江浙行省平章政事及其改名，参见其神道碑（黄溍《金华黄先生文集》卷二十四《江浙行中书省平章政事赠太傅安庆武襄王神道碑》）相关记载。
[2] 　至元六年设置提刑按察司圣旨见于《元典章》《通制条格》等数处记载，本章此处引自植松正：《元代条画考　二》，《香川大学教育学部研究报告　第一部》46，1979 年。

更广的范围内强调保护庙学及其所属儒人的一般性原则，并起到新任大汗成宗铁穆耳继承其祖父忽必烈相关政策的宣示性作用。因此，在上文所论及的各种场合，该圣旨皆被广泛引用。而在江浙行省实施有悖于儒人、庙学利益的政策时，该圣旨能被反复加以引用也恰恰说明，这类圣旨绝非单纯是大汗"言语"，实际上是有着相应的效力和意义的。[1] 也正因如此，虽有中书省榜谕，各地庙学仍将至元三十一年七月圣旨勒之于石，即便在保护兖国公家之时，也奉命予以援引。

五、结语

综上，本章以至元三十一年七月成宗铁穆耳即位数月后颁布的下令保护儒学的圣旨为中心，将作为元代法制史资料的《庙学典礼》和相关石刻，与其中更具代表性的史料《元典章》进行了对比，考察了这些史料的基本特征和具体使用时所存在的问题。亦如本章前言所论及，对于针对特定对象所颁发的圣旨，研究者目前多关注其语言特色，并对其进行译注、分析和研究。但是，对于像至元三十一年七月这类圣旨，一般认为不过是以文言阐述了一般性的内容而已，应该说一直以来并未受到足够的重视。但所幸现存多种与该圣旨相关的不同类型史料，以此为抓手，我们便可深入探讨该圣旨所颁发的时代背景，以及后来各类文书如何

---

[1]　《庙学典礼》卷五还收录了"行台坐下宪司讲究学校便宜"［元贞元年（1295）六月行台札付］的文书，该文书的核心内容为福建闽海道肃政廉访司申文，其后一一罗列了关于庙学方方面面具体规定的草案，篇幅极长，而申文在这些规定之前，也引用了相关圣旨。可以说，申文在此是为了草案能够获得权威性的认可才加以引用的，而这些圣旨形式上的意义应该更多一些。

对其加以引用，并如何将其上碑立石等问题。进而，关于石刻资料与文献资料不同性质问题的讨论，可以说该圣旨也为我们提供了绝佳的实例。

第五章

约会的现场

一、序言

元朝法制史相关史料中常见"约会"一词。该词本义，《汉语大词典》解释为"预先约定相会，相约会同"。而《吏学指南》"推鞫"条下有"约会归问"的略称"约问"一词："谓投下相关，应须相期而问者。"该处定义是指，与投下户相关的案件，路州县官必须与投下官相互协商，经过一番调查后再行裁定。其实，不仅仅是投下户，蒙元政权统治下各集团内部及不同集团之间，一旦发生案件或出现纠纷，各集团之长以及管辖的官府机构在进行裁断、调查取证之际，亦以该项制度行事。元代法制史料中所出现的"约会"案例多数属于这种情况。即便有时该用语并未明确出现，而在具体的法律裁判过程中，相关史料也往往会体现出"约会"之意。但值得注意的是，亦如《汉语大词典》所解释，"约会"一词的本义是"相约会同"，并不完全局限于法律裁判的范围之内。

在元代裁判制度研究中，较早指出元代存在着统称为"约会"的独特体系，并具体介绍其相关内容的学者应当是有高岩。[1] 其后，又有几位学者对该制度展开了研究。他们多将该制度视作蒙元政权统治汉民族的特殊手段，或者将其作为元代多民族国家的特征来加以讨论。如岩村忍、陈高华关于元朝裁判制度的研究，[2] 以及海老泽哲雄的相关论述。[3] 此外，大薮正哉、太田弥一郎、植松正诸学者则将该制度作为元朝统治汉地的例证之一而展开讨论。[4]

与其后相关研究相比，有高岩认为，在多元族群并存的元朝统治下，能够对各自习惯法和习俗予以充分尊重的约会制度是值得高度评价的体系，而近年的研究则认为这是元朝处理各集团间相互关系的制度，此即，各集团内部的纷争即在集团内部处理，而不同集团间的纷争则通过集团间的相互协商来实现。这也就意味着，有元一代，是以处于最上层的黄金家族为首的蒙古贵族集团、各民族和宗教集团，以及国家通过徭役负担所编籍的各种"集团"为基本单位所构建而成的时代，通过"集团"，特别是各集团之"长"来实现进行统治，这是蒙元政权国家统治的基本类型。

---

[1] 有高岩：《元代の司法制度　特に約会制に就いて》，《史潮》6-1，1936 年；同《元代訴訟裁判制度の研究》，《蒙古学報》1，1940 年。

[2] 岩村忍：《元典章刑部の研究—刑罰手続》，《東方学報》京都 24，1954 年，后收入《モンゴル社会経済史の研究》，京都大学人文科学研究所，1966；陈高华：《元朝的审判机构和审判程序》，《東方学報》京都 66，1994 年。

[3] 海老泽哲雄：《約会に関する覚書》，《元史刑法志の研究訳注》，1962 年。

[4] 大薮正哉：《元史刑法志に見える僧尼の犯罪に関する規定》，《元史刑法志の研究訳注》，1962 年，后收入《元代の法制と宗教》，秀英出版，1983；同《元代の法制と佛教》，《東京教育大学文学部紀要》86，1972 年，后收入《元代の法制と宗教》；太田弥一郎：《元代の儒戸と儒籍》，《東北大学東洋史論集》5，1992 年；植松正：《元代江南投下考》，《東洋史研究》54-2，1995 年，后收入《元代江南政治社会史研究》，汲古书院，1997 年。

可以说，这与以所谓"集团主义"视角来理解该时代的思路也是相通的。[1] 以此，本书在上述研究成果的基础上，来重新讨论约会这一体系。

二、约会的基本原则

作为与裁判制度下的约会相关的基本史料，《元史》卷一百二《刑法一·职制上》的相关规定是讨论该问题无法回避的，现引述如下 [2]：

①诸有司事关蒙古军者，与管军官约会问。

②诸管军官、奥鲁官及盐运司、打捕鹰坊、军匠、各投下管领诸色人等，但犯强窃盗贼、伪造宝钞、略卖人口、发冢、放火、犯奸及诸死罪，并从有司归问。其斗讼、婚田、良贱、钱债、财产、宗从继绝及科差不公，自相告言者，从本管理问。若事关民户者，从有司约会归问。并从有司追逮，三约不至者，有司就便归断。

③诸州县邻境军民相关词讼，元告就被论官司归断，不在约会之例。断不当理，许赴上司陈诉，罪及元断官吏。

④诸僧道儒人有争，有司勿问。止令三家所掌会问。

⑤诸们的大师，止令掌教念经，回回人应有刑名户婚钱粮词讼，并从有司问之。

---

[1]　关于"集团主义"一词，参见本书第二章第一节注释。此外，岩村忍在《元典章刑部的研究—刑罚手续》一文中使用了"分离主义"的概念，虽然两者指向有所不同，但所述问题还是基本一致的。

[2]　亦见于梅原郁编《訳注中国近世刑法志　下》（创文社，2003 年）第 173 至 178 条。

⑥诸僧人但犯奸盗诈伪，致伤人命及诸重罪，有司归问。其自相争告，从各寺院住持本管头目归问。若僧俗相争田土，与有司约会，约会不至有司就便归问。

以上关于约会的相关规定，其内容可以大致概括为：对于蒙古军，不论其罪轻重，皆适用于约会范畴（①）；对于所属各类户籍（户计）人等，重罪由有司审判，轻罪则适用于约会范畴（②）；对于横跨相邻州县案件的裁断，不适用于约会范畴（③）；对于僧道儒三教之间的纷争，委于各自的负责人相互协商解决（④）；穆斯林领袖人物的权限仅止于宗教范围，其法律裁断由有司处理（⑤）；对于僧侣犯罪，重罪由有司处置，轻罪委之各寺院住持，僧俗间围绕土地的纷争与有司约会处理（⑥）。

元朝审判制度下关于约会制度的完整规定，以上诸条记载并未网罗殆尽。首先，《元史·刑法志》的记载与其他正史刑法志不同，仅留下了法律条文的记录，并未能体现出不同时期的变化。一般而言，该记载源自至顺二年（1331）编纂而成的《经世大典》，各条具体规定的产生年代也未必不能确定，所以，我们便有必要依据时限明确的史料来确定各项规定的具体出台情况，并在此基础上追索其变化的过程。

其次，约会这一制度体系，到底是被如何应用于具体实践中的？并且在此过程中，与刑法志的相关记载，以及在其他史料上所见的圣旨等各种规定又是如何被整合在一起的？这些问题都有深入探讨的必要。

在《刑法志》关于约会的各条记载中，②属于一般性的原则规定。亦如《译注中国近世刑法志　下》所指出，可能判处死刑的重罪，由有司决断，而集团内部的轻罪由所管官处置，与一般民户之间所产生的轻罪纠纷则适用于约会。据《元典章》所载，[1]该条的相关内容确立于至元三十年（1293）或三十一年（1294），并且如后文所述，因时间或相关集团的不同，该条文也未必全部适用。

约会一词被用于法律裁断的情况前代未见，而就法律审判制度整体来看，实行约会制度的时代也只有元代，[2]但元代法律审判中的约会制度形成于何时，史未明载。关于不同机构共同参与审判的最早记载，目前来看应当是后文所述中统四年、五年（1263、1264）发布的关于军马食害的规定，[3]但其中反映的是约会制度已然成为一般的行事原则？抑或仅是特殊情况下的个别命令？对此，我们仍难断定。目前史料中带有普遍意义的规定见于至元二年（1265）二月设立总管府的圣旨条画。[4]此外，《秋涧先生大

[1] 关于该项规定，亦见于《元典章》卷五十三《刑部卷十五·约会》"军民词讼约会"条和《元典章》新集《刑部·诉讼·约会》"军民相干词讼"条。前者作为"至元三十一年定例"，后者作为"至元三十年定例"分别被加以引用。
此外亦如史料所见，多数情况下会分为"强窃盗贼、伪造宝钞、略卖人口、发冢、放火、犯奸"和"斗讼、婚田、良贱、钱债、财产、宗从继绝"两种类型予以区别规定。后文在必要区分的情况下，将前者称为重罪，后者称为轻罪。
[2] 虽然本章在此明言"约会"一词仅出现于元朝，但作为约会制度的前提，集团内部所存在的独自的审判制度亦见于以前的时代，参见《訳注中国近世刑法志 下》第176页。其中，佛教集团的情况资料较多，且相关内容较为具体。对此，参见高雄义坚：《宋代の僧官制度》，《中国佛教史学》4-4，1941年，后收入《宋代仏教史の研究》，百华苑，1975年，同《元代に於ける僧尼管属僧官並びに度牒の研究》，《佛教学論纂龍谷大学紀要》第一辑，1944年；野上俊静：《宋人の見た金初の佛教》，《佛教史学》3-2，1952年，后收入《遼金の佛教》，平乐寺书店，1953年；竺沙雅章：《内律と俗法》，《中国近世の法制と社会》，1993年等。
[3] 中统四年圣旨载："若端的有这般骚扰百姓的人每，管军官与宣慰司一同问当了，是实呵，依着扎撒赔偿断遣者。"虽然下令共同调查审判，但并未出现"约会"一词。而中统五年圣旨则载："除军马营寨约会所管头目断遣，余者即仰本处官司就便治罪施行。"
[4] 《元典章》卷五十三《刑部卷十五·约会》"诸色户计词讼约会"条。

全文集》卷八十九《弹阿海万户屯田军人侵占民田事状》还记载了同年屯田军人侵占田土案件中，虽有司屡次约会，但对方皆未前来。[1] 据此可知，以约会来处理不同集团间纠纷的原则，至元初年应当即已存在了。至元二年（1265）圣旨条画载：

> 至元二年二月，钦奉圣旨，立总管府条画内一款节该，投下并诸色户计，遇有刑名词讼，从本处达鲁花赤、管民官，约会本管官，断遣。如约会不至，就便断遣施行。

此处规定将约会制度适用于一般的"刑名词讼"，而非《刑法志》所载以罪责轻重限定适用范围。就目前史料所见，明确对约会制度进行一般性规定的命令文书，仅有该至元二年圣旨条画，此后仅有针对个别户籍类别的具体规定，而大德六年（1302）关于灶户约会的文书中亦引用了该条画，[2] 以此看来，该条画至少在成宗时代仍具有法律效力。

此外，大德四年（1300）中书省札付还引用了一件至元三年（1266）中书省的文书，[3] 其内容如下：

---

[1]　《秋涧先生大全文集》卷八十九《弹阿海万户屯田军人侵占民田事状》载："今察到，武清县北乡等处，有阿海万户下屯田军人。于至元二年倚赖形势，于上司元拨屯田地段四至外，强将诸人庄子及开耕作熟桑枣地土，侵夺讫二十余顷。俱是各家系税地数。往年虽经陈告总管府，行下本县归着，本县累次约会，本官不到，至今不曾吐退。"

[2]　《元典章》卷五十三《刑部卷十五·约会》"灶户词讼约会"条载："大德六年八月十四日，行台准御史台咨，承奉中书省札付，来呈，山东廉访司申，照刷山东盐运司文卷内，但凡灶户词讼，争告一切相关词讼，本司止委书吏、奏差无职人员，与各处官司。具呈照详。送刑部照得，钦奉圣旨条画内一款，'诸投下并诸色户，遇有词讼，从本处达鲁花赤管民官，约会本管官断遣。如约会不至，及不服断者，申部究问。'钦此。本部议得，灶户与军民相关词讼，理合所委盐司官，与管军民官一同取问归结，相应。都省准拟，仰照验施行。"

[3]　《元典章》卷五十三《刑部卷十五·约会》"投下词讼约会"条。

中书省札付，大德四年十二月二十一日奏过事内一件，
（中略）世祖皇帝即位之后，至元三年，省官人每商量，遍
行文书来。"合死的重罪过，并强盗、切盗、造伪钞等更做
重罪过的，各投下里也不须约会，是管民官的勾当。只教管
民官依体例归断者。除这的，斗殴、争驱良、婚姻、家财、
债负等，这般勾当，约会各投下官人每，一处断者。三遍约
会，不来呵，管民官就便依体例归断者。"么道，这般行了
来，那体例至今行有。（以下略）

约会对象虽然针对投下词讼，但其中约会的适用范围区分了
该当死罪和除此之外的情况，以此来看，这与《元史·刑法志》
中的适用原则一致，而异于并未限定适用范围的至元二年圣旨条
画。而引用该文书的中书省奏文中还言及"那体例至今行有"，
由此可知，约会作为现行原则在大德年间仍然发挥作用。不论如
何，仅就在大德年间仍作为有效的法律依据而加以引用这一点来
看，至元二年（1265）和至元三年（1266）这两种规定，时间上
虽仅有一年之差，但其适用对象的范围却存在着一定的差别，对
此该如何理解，目前仍不得不暂时存疑（当然，两个时间也都存
在误记的可能性）。

具体到元代各户计，适用约会的情况如何，后文将详细展开，
在此先对约会制度确立的物理条件稍加阐述。为使约会制度发挥
其实际作用，必须有相应的组织机构来具体实施。换言之，在有
司·路州县提请约会并要求相关人员到场时，如果管辖各户计的
衙门设置尚不完备或相应人员并不存在，那么约会制度必定无法
发挥其作用。现存史料保留了不少设置这类机构的规定。如关于

"洞冶总管府"，见于《元典章》卷二十二《户部卷八·洞冶》"立洞冶总管府"条所收至元四年设置洞冶总管府的条画；关于人匠户，《元史》卷八十五《百官一》"诸色人匠总管府"项下记载了至元十二年设置的管领随路人匠都提领所，[1] "掌工匠词讼之事"。此外，翌年至元十三年于诸路金玉人匠总管府下设置的管匠都提领所的职掌，《元史》卷八十八《百官四》亦载，"掌金玉府诸人匠词讼"。虽然此处未明言所谓"词讼"具体范围为何，但可以确定的是，随着该时期人匠相关机构的设置，相应的审判制度也在不断地完善。

综上所论可知，约会制度应当形成于至元初年，并逐渐应用于具体实践，但是，如至元十年（1273）彰德路所申："在先，凡有刑名词讼，无问军民所犯，府州司县官，员（圆）坐一同归结。"[2] 即便是针对制度上已经较为完善的军户，在这一时期法律裁断的实际管辖中，仍未完全依照规定实施〔后述"欲奸亲女未成"案虽在至元五年（1268），投下本管官司反而径直予以审断〕。

---

[1]　《元史》卷八十五《百官一》载："管领随路人匠都提领所，提领一员，大使一员。俱受省檄，掌工匠词讼之事。至元十二年始置。"
关于匠户的约会研究参见鞠清远《元代系官匠户研究》，《食货》1-9，1935年。
[2]　《元典章》卷三十九《刑部卷一·刑名》"军户重刑总府归结"条载：至元十年六月十八日，枢密院据彰德路申，"钦奉圣旨节该，'府州司县达鲁花赤、管民长官，不妨本职兼管诸军奥鲁，但系一切公事，并须申院。'钦此。得，在先，凡有刑名词讼，无问军民所犯，府州司县官，员（圆）坐一同归结。今后，除军民相关，约会归断外，若有元告，被论人俱系军户，合无令达鲁花赤、管民官另行归结，或与以次官通情理问。乞明降"。枢府议得，军人所犯重刑，合令总府归断完备，结案申部，其余杂犯事理，从诸军奥鲁总管府归结，仰依上施行。

三、个别集团中约会的变迁

接下来本节将具体考察个别户计中，法律审判相关原则的适用及其变化问题。如前文至元二年（1265）圣旨画一所规定，法律裁断中约会制度适用对象的基本单位是基于特殊技能、徭役负担所确立的不同户籍，亦即当时所谓"诸色户计"。据黄清连研究，元代户计的种类是极为多样的，[1] 但是现存约会相关的史料却仅涉及有限的几种户计。[2] 那么其他多数的户计诸如藤花户、沙鱼皮户等这些非常特殊的户计是否也同样适用约会制度，至今仍难确定，只得暂时存疑。[3] 本章在此以材料相对丰富的军马的食踏损害、儒户、僧道户为个案，来具体考察约会制度在不同时期的变化情况。

（一）军马的食、踏损害

《通制条格》卷十六《司农事例》项下收录了数件年代不同的文书，这些文书皆是处理因军马、放牧造成食损、践踏田禾和破坏树木等问题的。此外，《元典章》卷二《圣政卷一·安黎庶》也集中收录了大德十年（1306）至延祐七年（1320）皇帝即位、改元之际颁布的诏书，[4] 其中涉及上述问题，可以说也是属于惯

---

[1] 黄清连：《元代户计制度研究》，台湾大学文史丛刊，1977 年。

[2] 据笔者有限的了解，约会相关的史料中所见到户种类有：军户、儒人、僧、道、医、头陀禅师、乐人、灶、也里可温、回回、怯怜口、蒙古、投下、思吾儿、哈迷里。

[3] 虽然元代语境中存在"诸色户计"一词，但实际上其具体所指并不明确。对于这些仅存在于某些特殊地区并且户数或许并不算太多的户种，我们也不能确定他们在法律上是否被特殊对待。亦如前所述，作为约会制度成立的前提，某一集团应当存在全国范围内的管辖机构，儒、僧或匠户等管理制度较为完备的户暂且不论，对于那些零散的户计，元朝是否也设立了相应的管理机构？黄清连书中对各种户计几乎网罗殆尽，却并未涉及该问题。

[4] 但是，大德十年的诏敕中，并未言及审判管辖的问题。

例。由于都是针对同一类型事件的规定，我们便可以据此追索适用约会制度的前后变化过程。首先按照时间顺序对相关事例梳理如下（"通"指代《通制条格》卷十六《田令》"司农事例"，"典"指代《元典章》卷二《圣政卷一》"安黎庶"）[1]：

　　中统五年八月圣旨　诸军马营寨及达鲁花赤、管民官、权豪势要人等，不得恣纵头疋，损坏桑枣，踏践田禾，搔扰百姓。如有违犯之人，除军马营寨约会所管头目断遣，余者即仰本处官司就便治罪。（通）

　　至元二十九年七月初五日圣旨　探马赤每，不好生的整治，交头口吃了、踏践了田禾，损坏树木有。那里有的廉访司官人每，监察每，城子里达鲁花赤官人每，各投下[2]的头目每，一处打断者。（通）

　　大德二年三月圣旨　过往的军马、富豪、做买卖人等，头口不拦当，田禾吃了、踏践了有，桑树、果木树咽咬折拆了有，城子里达鲁花赤每、总管每就便提调者。

　　大德七年十一月十八日圣旨　打捕的昔宝赤、八儿赤、贵赤、哈剌赤、拔都每、阿鲁浑、阿速每，放官头疋的蒙古人匠、探马赤、站赤、憨哈纳思，诸王的伴当每，无体例取要饮食、草料，损坏树木行呵，管城子的达鲁花赤官人每，依着合得的罪过断了。（《通制条格》卷二十八《杂令》"扰民"）

---

[1]　原书依据相关史料以现代日语节略翻译而成，译者此处则据史料原文予以节略引用。——译者注

[2]　据《通制条格の研究訳注》，此处"投下"指探马赤军。

大德十一年五月二十二日诏书（武宗即位诏） 其经过军马，牧养马驼人等，毋得取要饮食钱物，非理搔扰，纵放头疋踏践田禾，咽咬桑枣。所在官司，严加禁约，违者断罪赔偿。（典、通）

至大四年三月诏书（仁宗即位诏） 军马及昔宝赤、探马赤喂养马驼人等，索取饮食、草料，纵放头疋，食践田禾、桑果者，所在官司断罪赔偿。（通）

延祐四年闰正月诏书（建储诏） 经行屯戍军马，并不得纵放头疋，啃咬桑枣，食践田禾，亦不得于百姓处强行取要酒食，抢夺财物，搔扰不安。违者，仰各道廉访司、本处管民官归断。（典）

延祐七年十一月诏书（至治改元诏） 经过军马营帐，围猎飞放昔宝赤并喂养马驼人等，如无省部明文，并不得于百姓处取要草料、酒食等物，纵令头疋损坏田禾树株。如违，所在官司就便追断。（典）[1]

此外，《通制条格》卷十六《军马扰民》亦载有中统四年（1263）正月圣旨，禁止军人取要百姓诸物等扰民行为，其前半部分亦涉及因军马造成的田禾、树木损害问题，元朝因此下令"管军官与宣慰司一同问当"。[2]

综合上述各种情况来看，关于事件发生后到底由谁来负责裁

---

[1] 至元三十一年（1294）成宗即位诏书（《元典章》卷二《圣政卷一·劝农桑》）、至大二年（1309）二月上尊号诏书（《元典章》卷二《圣政卷一·安黎庶》，《通制条格》卷二十八《杂令·扰民》）亦涉及同样的问题，但未言及审判管辖的问题。
[2] 大德十一年（1307）十二月至大改元诏亦禁止骚扰，但具体审判管辖却由"所在官司就便追断"（《元典章》卷二《圣政卷一·安黎庶》）。

定问题，实际上不同时期其具体承担者也是不同的。中统四年
（1263）、中统五年（1264）、至元二十九年（1292）的圣旨规
定由有司和投下头目、管军官约会处理，大德二年（1298）以后
便不再有约会、协商处理的规定，而是委之达鲁花赤、地方官处
置。即便是因军马食损、践踏田禾所造成的损害问题，随着时间
的推移，也逐渐出现委任一般行政官府来处置的倾向。按照上文
轻罪、重罪的区分，虽然这类事件多属轻罪，但也逐渐由初期的
各方约会逐渐收缩至有司的裁断。很明显，此类事例充分证明了
《刑法志》所载的各项原则也并非都是一以贯之的。

（二）儒户的情况

约会制度适用于儒户的情况也同样因时而异。关于儒户的约
会研究，太田弥一郎曾将其作为元朝儒户境遇问题的一部分，讨
论了基本的内容。对于部分观点，笔者看法稍异，故在此重新就
儒户约会的变化过程稍加阐述。

儒户约会相关的最早史料为至元二十五年（1288）江淮等处
行尚书省札付，其中提及"管民官司，凡有词讼，不行约会，擅
行勾捉，惊吓老小事"[1]。翌年四月，浙东儒学提举司上申集贤院，
表达了同样的意思，请求确认儒户约会原则，由尚书省发布相应
命令。[2] 这两则史料所传递出的是，此时约会适用于儒户的原则
已然作为其立论前提而存在了，问题只是有司无视了这一原则。
亦即，我们可以明确以下两点：

其一，至少在至元二十五年以前，儒户中的约会制度已经

---

[1]　《庙学典礼》卷二《儒人免役及差设山长正录直学词讼约会》。
[2]　《庙学典礼》卷二《儒人公事约会》。月份依据《庙学典礼》卷五《行台坐下宪
司讲究学校便宜》。

存在。[1]

其二，此时，儒户的约会权利在各地都已受到了地方官的无视和侵害。

儒户的既得权益受到地方官府的侵害，管理儒户的庙学、提举学校官对此提出抗议，要求对相关原则予以再次确认，这种情况还出现在儒户的另一权益——免役特权上。亦如本书前章所论，至元末年儒户的免役特权受到侵害后，在江淮行省发布"学校格例"[2]的至元二十五年（1288），朝廷还颁布了相关圣旨，该圣旨其后则作为儒人免役的基本法令被屡加引用。[3]从《庙学典礼》所收相关文书的标题名亦可知，该"学校格例"中，约会是与免役一并出现的，同属于当时儒户权益受到侵害的问题。此外，元贞元年（1295）六月行御史台的札付中，免役与约会也被置于其中一项并而论之。[4]但是，元朝在较早时期的命令文书中即已对儒户免役特权予以保障，[5]而明确记载儒户约会制度形成的史料，目前仍未能见到。

接下来再来看大德三年（1299）五月江浙等处儒学提举司指挥所引副提举柯谦的牒文：

---

[1] 太田弥一郎认为，约会制度适用于儒户始于此时，但亦如上文所论，自至元初年开始，约会原则即已适用于诸色户计了，而在户籍制度上，至元八年（1271）的"户口条画"（《元典章》卷十七《户部卷三·籍册》）中即已确立了儒户。如此综合考量，两则史料反映的是已经制度化的儒户约会受到侵害的问题。

[2] 即上引至元二十五年江淮等处行尚书省札付，约会问题也是"学校格例"中的一项。参见《庙学典礼》卷二《儒人免役及差设山长正录直学词讼约会》。—— 译者注

[3] 参见本书第四章第四节。该圣旨见《庙学典礼》卷二《江南儒户免横枝儿差发》《江淮等处秀才免差役庙学禁搔扰》。

[4] 《庙学典礼》卷五《行台坐下宪司讲究学校便宜》。

[5] 参见本书第三章，以及杉山正明：《西夏人儒者高智耀の实像》，《清朝治下の民族問題と国際関係》，1991年。关于儒人免役问题，见于《庙学典礼》卷一《选试儒人免差》《秀才免差发》，前者为所谓戊戌选试时发布的圣旨，所以具体时间为1237年。

　　　　今来当职切详，和尚、先生，凡遇管民官司相关公事，
　　并从约会归问外，据儒人，但有干碍民讼，其有司多不经由
　　儒学约问，往往违例，径直勾摄，泛行搔扰。似与钦奉圣旨
　　事意，并元奉都省元行事理相违。[1]

　　由此可见，世祖至成宗汗位交替后，这类事件依然频发。对
此，经过国子监、礼部、集贤院等儒户直接相关的朝廷各机构讨
论后，再次确认，江南各道儒学提举司负责管领儒人，在重罪之
外的情况下，与有司约会处理。[2]

　　但是，皇庆元年（1312）二月的中书省札付中，事态却完全
发生了逆转。在关于儒人沈麟孙兄弟的土地纠纷中，杭州路盐官
州未行约问而"径直勾扰"。对此，江浙等处儒学提举司申诉至
浙西肃政廉访司后，廉访司提出：

　　　　卑司参详，儒人与民一体抄籍，难同别籍僧道军民户。
　　今后合无除干碍学校之事外，其斗讼、户婚等事，若从有司
　　归结，庶不紊烦。

　　此处浙西肃政廉访司提议法律审判中不再使用约会制度，并

---

[1]　《庙学典礼》卷六《提举柯登仕申明约会》。据《归田类稿》（《四库全书》本）
卷十三《江浙等处儒学提举柯君墓志铭》，柯谦此时为江浙儒学副提举，那么史料中
的柯登仕当为柯谦。
[2]　太田弥一郎依据《元典章》卷十七《户部卷三·承继》"异姓承继立户"所载鄂
州路录事司儒户万永年承继问题的诉讼案例中儒户相关的机构并未能干涉其间，认为，
在该案件裁断的大德四年（1300），儒户约会制度并未能实际发挥作用。亦如前注所
论及，在笔者看来，至元二十五年（1288）时即已有过约会制度未能充分发挥作用的
情况了。

对学校官的管辖范围予以限制。而后，江南行台、御史台，甚至中书省（刑部）都支持了该提议。[1] 无疑，此时元朝对待儒人的态度，在法律制度上发生了一百八十度的逆转。

综而言之，有司系统开始倾向限制儒户作为特殊户籍在法律上所享有的特权，并将庙学系统的官员的权限控制在仅与学校直接关涉的范围之内。对此儒户特权弱化的问题，有学者认为上引皇庆元年（1312）浙西肃政廉访司的提议值得注意，亦即，应当从元代户籍制度未能明确区分儒户与民户的关系这一点去寻求其背后的原因。[2] 但是，刑部讨论该案件的判断依据却是，前一年的至大四年（1311）四月二十六日的圣旨，其中废除了佛教、道教、聂思脱里教派、穆斯林、白云宗、头陀教等设置于各路州县的衙门机构，相关案件的审判也归之于管民官，由此来看，儒户特权的弱化问题应与当时将各类宗教教团的权限被控制在宗教系

---

[1]　《元典章》卷五十三《刑部卷十五·问事》"儒人词讼有司问"条载："皇庆元年二月，江西廉访司奉江南行台札付，御史台咨，奉中书省札付，来呈，江南行台咨，浙西廉访司申，江浙等处儒学提举司申，杭州路盐官州儒学状申，至大四年二月十八日，儒人沈麟孙告，'伊举沈寿四，侵占籍地等处。移文盐官州约问，有盐官州欺凌灭视，又不依约例约问，径直勾扰。以此呈详，儒人相干公事，学官一同约问，乃天下通例。今盐官州故为定例，沮坏学校'。卑司参详，'儒人与民一体抄籍，难同别籍僧道军民户。今后合无除干碍学校之事外，其斗讼、户婚等事，若从有司归结，庶不紊烦。錦系为例审理'。本台（江南行台）看详，'如准浙西廉访司所言，庶革紊烦之弊'。准此。看详，行台所言，儒学提举教授等官，与有司约会归问，讼讼紊烦不便，事干通例，宜从合干部分定拟。相应。其（具）呈照详。得此。送据刑部呈，照得，至大四年四月二十六日，钦奉圣旨节该，'管和尚、先生、也里可温、答失蛮、白云宗、头陀教等各处府州县里有的他每的衙门，都教革罢了，拘收了印信者，归断的勾当有呵，管民官依体例归断者'。钦此。除钦遵外，今承见奉，本部看得，学校之设，实风化之原，人材所自也。其师儒之官，当以教养作成为务。在籍儒人，果有违枉不公不法一切词讼，此例合从有司归问。相应。具呈照详。都省仰照验施行。"

[2]　太田弥一郎：《元代の儒戶と儒籍》。

统内部的倾向有关。[1]

（三）僧、道的情况

关于限制僧尼相关宗教官员的约会、审判权限问题，大薮正哉已有讨论，[2] 本节再重点对审判的管辖问题稍加阐述。

关于僧道法律审判中约会制度的规定，首见于至元末年的相关记载。此即关于三教约会的规定。其中，儒、道引述了相关圣旨，"去年，'俗人与和尚每，有争差的言语有呵，和尚每的为头儿、管民官一同问了断者。民官，和尚每根底休教断者'。么

[1] 《元史》卷二十四《仁宗一》至大四年二月丁卯条载："罢总统所及各处僧录、僧正、都纲司，凡僧人诉讼，悉归有司。"与该记载相关的命令文书有二：其一是，《元典章》卷三十三《礼部卷六·释道》"革罢僧司衙门"条所引至大四年（1311）二月二十七日的皇太子令旨（此时仁宗尚未即位），其中明令"（前略）不拣有甚合断的等勾当有呵，管民官归断者"。其二是，四月二十六日再次颁发的相同内容的圣旨，具体内容见于《元典章》卷三十三《礼部卷六·释道》"革僧道衙门免差发"条。前注"儒人词讼有司问"条亦曾将其作为停止儒户约会的先例加以引用。四月的圣旨亦明令"归断的勾当有呵，管民官依体例归断者"。两者皆明确废除相关的管辖机构，并将相应的审判权归诸管民官。但是，二月令旨的革罢对象仅限"和尚"相关的衙门，而四月圣旨所废除的衙门则扩大至"和尚、先生、也里可温、答失蛮、白云宗、头陀教"等当时主要的宗教派别。亦如所论，当初授予儒人免役特权时，蒙元政权所援引、参照的便是其他宗教派别的先例（参见杉山正明《西夏人儒者高智耀の实像》和本书第四章），亦即元朝对待儒人的态度往往与对待其他宗教，特别是佛教和道教的态度密切相关，所以，讨论此次元朝废除儒人约会的问题，也必须考虑儒教与其他宗教的联动性。此外，针对本章开头所引《元史·刑法志》⑤禁止穆斯林领袖人物相关审判权限的问题，元朝还于至大四年十月四日专门颁发了圣旨（《元典章》卷五十三《刑部卷十五·问事》"哈的有司问"条）。
[2] 大薮正哉：《元史刑法志に见える僧尼の犯罪に关する规定》。

道，圣旨与将去了来"。（至元三十年，1293）[1]希望自己的"头儿"也能参与到审判中来。据此来看，僧人适用约会制度的规定在此之前应当即已存在。再进一步追溯的话，《元史》卷六《世祖三》至元四年正月乙巳条载有"禁僧官侵理民讼"，《元典章》卷四十《刑部卷二·系狱》"僧尼各处监禁"条至元二十八年（1291）宣政院文书亦载有"各处大小僧司衙门，凡有僧尼人等为事，不问所犯轻重、被诉虚实，便行监禁枷锁""今后僧尼罪犯，奸盗徒罪以上，不得监收"。[2]由此来看，至少在至元二十年代即便是对于重罪，僧官也是可以审讯，并予以监禁的，但同时，元朝方面又在有意否定他们审判"奸盗徒罪以上"的做法。与此相关，大德七年（1303）中书省札付所引世祖、成宗的圣旨中又规定"犯奸的、杀人来的、做贼说谎的、犯罪过的僧道每，则交管民官问者。其余与民相争地土一切争讼勾当，管民

---

[1]　《元典章》卷五十三《刑部卷十五·约会》"儒道僧官约会"条载：至元三十年正月，福建行省准中书省咨，据枢密院呈，至元三十年正月初九日奏过事内一件，"脱脱又木等，行宣政院官人每，与将文书来，'这里的和尚每、先生每、秀才每，一处有争差的言语有呵，和尚每的为头儿的、先生每的为头儿的、秀才每的为头儿的，一同不问。先生、秀才每，管民官根底，私地下告，管着先生每的、秀才每为头儿，一同不问，管民官与管和尚的头目，一同问有。'如今，和尚每的、先生每底、秀才每，一处若有争差言语呵，和尚每的为头儿的、先生每为头儿的、秀才每为头儿的，一同问者。'么道，与将圣旨来'，说将来有。俺商量的，去年'俗人与和尚每，有争差的言语有呵，和尚每的为头儿、管民官一同问了断者。民官，和尚每根底，休教断者'。么道，圣旨与将去了来。如今'和尚　一处先生每、秀才每，有争差的言语呵，管民官一处休交问，和尚每的为头儿的、先生每的为头儿的、秀才每的为头儿的，一同问者'么道，圣旨与将去呵，怎生"。么道，奏呵，"那般者"。么道，钦此。

[2]　《元典章》卷四十《刑部卷二·系狱》"僧尼各处监禁"条载："至元二十八年行宣政院照得中书省条画内一款，诸犯罪者，对问其间，分别轻重，然后监禁枷锁，男女异处。今体知，各处大小僧司衙门，凡有僧尼人等为事，不问所犯轻重、被诉虚实，便行监禁枷锁，及将僧尼混杂同禁，未便。使院合下仰，今后僧尼罪犯，奸盗徒罪以上，不得监收，止令召保随衙，如有应般者，仍令异处，毋得混杂。若有不应监禁枷锁僧尼，定将当该判署官吏，究治施行。"

官约会他每头目一同问者"。[1] 以此合而论之，当时元朝对待此类事件的态度应当是，重罪由管民官处置，轻罪则遵循约会的原则。但另据该大德七年（1303）札付，后来由于宣政院的异议，最终全部都以约会的原则处理。[2] 对此，大德元年再次规定："诏僧道犯奸盗重罪者，听有司鞫问。"[3] 而后，整个大德年间，元朝屡屡颁发类似的圣旨命令。[4] 至至大四年（1311），亦如儒户部分所及，僧官被废止，僧人词讼完全归之有司处理。[5] 但是，皇庆二年（1313）却又变成："奸盗诈伪"，"管民官问者"；"僧俗相争田土告的勾当有呵，管民官与各寺院里住持的和尚头

[1]　《元典章》卷三十九《刑部卷一·刑名》"僧道做贼杀人管民官问者"条。
[2]　《元典章》卷三十九《刑部卷一·刑名》"僧道做贼杀人管民官问者"条载："中书省札付，大德七年二月二十四日奏过事内一件，'"为断僧人词讼的上头，商量者。"么道，圣旨有来。俺照得在先行过的文卷呵，为断僧道每词讼上头，世祖皇帝的圣旨、皇帝的圣旨明白有，"犯奸的、杀人来的、做贼说谎的、犯罪过的僧道每，则交管民官问者。其余，与民相争田土，一切争讼勾当，管民官约会他每头目，一同问者"。圣旨有来。在后，宣政院官奏过"不拣甚么勾当有呵，约会一同问者"。为那上头，僧道做贼说谎、图财因奸，致伤人命的僧道多者。似那般约会待问呵，他每约会不来。使人去呵，将使去人打了，更教贼人躲闪了有。因此，迁调得讼词长了，交百姓每生受有。为那上头，上位奏过，"则教管民官问者"'。么道，世祖皇帝根底、皇帝根底奏过的奏事，听读了奏呵，奉圣旨，'既是那般呵，那般做贼说谎来的、致伤人命的僧道，依在先圣旨体例，则交管民官问者'。钦此。"
亦如大薮正哉所指出，由于宣政成立于至元二十五年（1288），故此提议的时间应当在至元二十五年之后。
[3]　《元史》卷十九《成宗二》大德元年（1297）六月丙辰条。
[4]　《元史·成宗本纪》及其他史料所载大德年间僧尼审判相关规定的变化情况如下：
　　大德元年六月丙辰诏。僧道犯奸盗重罪者，听有司鞫问。
　　大德二年三月戊子诏。僧人犯奸盗诈伪，听有司专决。
　　大德四年僧人自相干犯重刑，钦依合令僧司依例结案。（《元典章》卷三十九《刑部卷一·刑名》"僧人自犯重刑"）
　　大德六年正月庚戌诏。自今僧官、僧人犯罪，御史台与内外宣政院同鞫。宣政院官徇情不公者，听御史台治之。
　　大德八年十一月壬申诏。凡僧盗杀人者，听有司专决。
　　仁宗至大四年二月丁卯，罢总统所及各处僧录、僧正、都纲司。
[5]　《元史》卷二十四《仁宗一》至大四年二月丁卯条载："罢总统所及各处僧录、僧正、都纲司，凡僧人诉讼，悉归有司。"

目一同问了断者"。[1] 此后，这类问题未再见于相关记载。关于道士的情况，延祐四年（1317）元朝亦颁布了相同内容的圣旨。[2]

综上，本章简单梳理了元朝对于不同户籍适用约会制度的规定及其变化的基本倾向。大薮正哉在关于元代僧尼犯罪的处分规定研究中指出，元代法律规定中原则上"所犯重罪皆归有司专决"，但对僧尼而言，该原则在实际施行过程中还是存在困难的，故此，才导致了至大四年（1311）僧官废止前后元朝僧尼审判制度的摇摆不定。[3] 亦如本章所论，其实不仅仅是僧尼集团，对于其他各种户籍，有司方面都试图将各种例外的情形全部纳入路州县的行政系统内予以一体化处理，这种尝试似乎一直未曾停止过。但遗憾的是，《元典章》的相关记载仅止于延祐年间，而《元史》中又对相关内容几乎缺载，所以这一倾向在延祐时期以后是否仍得以延续便难以确知了。

有司系统对于诸色户计的行政一体化倾向，其实还不仅限于法律审判领域。大德十一年（1307）颁布的至大改元诏中还记载了如下条款：

> 今后，近侍人员、内外大小衙门，钦依已降圣旨，除所掌事外，凡选法、钱粮、刑名、造作、军站民匠户口一切公

---

[1]　《元典章》卷三十三《礼部卷六·释教》"和尚头目"条载："皇庆二年六月十七日，钦奉圣旨（中略）依着在先圣旨体例，奸盗诈伪致伤人命，但犯重罪过的，管民官问者。除这的之外，和尚每自其间不拣甚么相告的勾当有呵，各寺院里住持的和尚头目，结绝了者。僧俗相争田土告的勾当有呵，管民官与各寺院里住持的和尚头目，一同问了断者，合问的勾当有呵，管民官衙门里聚会断者。和尚头目约会不到呵，管民官依体例断者。他门谁迟误了勾当呵，监察廉访司官人每，依例体察者。和尚每无衙门么道，管民官休搔扰者。"

[2]　《元典章》卷三十九《刑部卷一·刑名》"先生每犯罪"条。

[3]　大薮正哉《元史刑法志に见える僧尼の犯罪に关する规定》。

事，并经由中书省可否施行。毋得隔越闻奏。违者究治。[1]

该圣旨虽然旨在禁治近侍人员的越权行为，但同时确定：除却各衙门的直接职掌之外，选法、钱粮、刑名、造作，以及军、站、民匠户等为数众多的户计相关的一切公事，皆归于中书省统辖。虽然我们尚不能确定此处所谓"刑名"亦归中书省统辖是否即意味着不许各衙门直接干预法律审判，但整体看来，实现各领域中行政一体化的倾向还是可以确定的。此外，大岛立子还曾以大德七年（1303）中书省咨文所引圣旨"军、站、人匠、打捕、鹰房，并投下、诸王、驸马，不拣是谁的户计，和雇和买、杂泛差役有呵，都交一体均当者"[2]指出，"大德年间出现了特殊徭役户和一般民户对国家所承担义务的一体化倾向"[3]。可以说，与约会的情况相比，虽然徭役的情况在时间上稍早一些，但两者所出现的倾向却是一致的。

其实，有司在试图将所有审判权力皆归于自己来全权支配的同时，各集团的管辖机构也努力在所有的法律审判中实现约会制度，并进一步将相关的法律裁断权完全置于自己的权限之内，这两种力量处在不断的角力之中。就僧尼的情况而言，不仅至元末年事件中已有僧官参与到约会中的情况，甚至还出现了宣政院积

[1]　《元典章》卷二《圣政卷一·振朝纲》载："大德十一年十二月日钦奉至大改元诏书内一款，设官分职，各有攸司。中书省辅弼朕躬，总理庶政。中外越分奏事者，即位之初已常戒饬。今后近侍人员、内外大小衙门，钦依已降圣旨，除所掌事外，凡选法钱粮刑名造作军站民匠户口一切公事，并经由中书省可否施行。毋得隔越闻奏。违者究治。"
[2]　《元典章》卷二十六《户部卷十二·户役》"编排里正首例"条。
[3]　大岛立子：《モンゴルの征服王朝》，大东出版社，1992年。

极干预法律审判的倾向。[1] 而大德年间之所以不断颁发针对僧侣
所犯重罪须由有司审判的圣旨，这恰恰说明背后一直存在着相反
的势力在与之角力。[2] 此外，关于军户的情况，据至大元年（1308）
五月中书省咨文，枢密院提议：“蒙古军人自其间里相告的勾当
有呵，院官人每问者。其余军民相犯，不拣甚么勾当有呵，约会
着问者。”而中书省则以“逗遛词讼，中间窒碍多有”的理由予
以反驳，并搬出世祖、成宗的圣旨中关于军民词讼“重罪归有司，
轻罪约会”的规定，最终重申了这一规定，暂时了结了争端。[3]
可以说，这些事例皆为各管辖机构方具体努力的反映。

　　植松正《元代江南投下考》一文通过对《元典章》文书的具
体分析，提出了元代江南统治的双重性，亦即，路州县的有司系
统与投下官司系统之间相互协调的问题。其中便利用了江南投下
户约会相关的史料。其实，不仅仅是江南投下，各种集团皆是如
此。可以说，所谓约会制度就是各种集团与有司相互之间在处理
各类纠纷的过程中不断角力的结果。亦如前文所论，对于儒户而
言，尽管也有约会的相关规定，但实际上未必能够真正实施，据
柯谦的牒文，在和尚、先生，亦即僧道中发挥作用的约会制度，
却并未真正实施于儒人之中。[4] 此种倾向，亦即与诸色户计相关
的案件中理应实行的约会制度却为有司单方面擅自处置的问题，
也不仅仅发生在儒户之上。例如，对于军户的情况，虽然世祖、
成宗、武宗累降圣旨皆明确规定“军民相犯呵，除重罪过外，其

[1]　《元典章》卷三十九《刑部卷一·刑名》“僧道做贼杀人管民官问者”条。
[2]　参见前注第 142 页“《元史·成宗本纪》及其他史料所载大德年间僧尼审判相关
规定的变化情况”。
[3]　《元典章》卷五十三《刑部卷十五·约会》“军民词讼约会”条。该条后附至大
元年六月二十二日御史台咨文的核心内容亦是如此。
[4]　《庙学典礼》卷六《提举柯登仕申明约会》。

余勾当与军官一同约会着归问者"。但有司往往无视于此。对此，枢密院控诉了有司捏造三次约会不至故不行约会的谎言，最终县官受到了相应惩罚。[1]

虽然元朝屡屡以圣旨、咨文的形式颁发了各种实行约会的规定，甚至亦留存至今，但这在多大程度上能够反映当时"现场"中真正实施的情况还是另当别论的。约会的适用范围，以及是否能够真正实施，最终还是由各集团相互之间的角力关系，甚至是当时的政治、社会状况所决定的。其实也可以说，约会能够得以实施本身也是相关集团所拥有相应势力的具体体现。植松正所讨论的江南投下户的约会问题正是绝佳的例证，与以上情况相反，各集团管理机构的擅自行为也同样如此。例如，《元典章》卷四十一《刑部卷三·内乱》"欲奸亲女未成"条所载投下户案件中，投下户的管理机构擅自进行审判裁断，对此，提刑按察司提议："今后随投下人户，但犯奸盗重罪等事，并从有司约会本管官司，一同理问定断。"尚书省亦予以认可并传达诸路。该案件发生在至元五年（1268），相关判决于至元八年（1271）传达诸路，而就约会制度的变迁来看，元朝在至元三年（1266）即已颁布关于投下约会的圣旨，其中明确规定重罪理应由有司审判裁决，[2]但实际"现场"中审判该案件的仍是投下的"本管官司"。

---

[1] 《元典章》卷五十四《刑部卷十六·违错》"县官擅断军事"条所载皇庆元年（1312）事。
[2] 参见《元典章》卷五十三《刑部卷十五·约会》"投下词讼约会"条。

四、湖州安定书院的情况

本章屡次言及，对于民间的争端，元朝鼓励通过"说和"而不诉诸法律审判的方式予以解决。[1] 这里所谓"说和"，如果双方确实择期而会，也是可称之为"约会"的。即便将"约会"限定在以说和的方式解决纠纷方面，在现实中，"约会"的适用范围其实也是相当广泛的。在此意义上可以说，目前关于约会的相关研究，更多是将约会限定在了法制层面之上。本节将以湖州安定书院相关儒、佛论争的史料为中心，来具体讨论不同集团间的纠纷到底以何种方法加以处理的问题。与上文作为制度史探讨的约会制度存在些许不同，在解决不同集团间纠纷的意义上，本件案例则向我们更为具体地展示出了实际"现场"中约会的情形。与此约会相关的史料主要有牟应龙所撰《湖州路总管郝中议生祠记》（延祐三年，1316）和《安定文昭胡公墓据之碑》（至顺四年，1333）。[2] 元代受到朝廷庇护的寺院与儒学之间围绕地产、田产的纠纷时有发生，文集、石刻资料中各类学田记或寺田记亦多有记载。《墓据之碑》不仅详细叙述了纠纷处理的过程，还保存了其间往来的相关文书，这些史料在其他案例中较为少见。

---

[1]　《元典章》卷五十三《刑部卷十五·听讼》"至元新格"条载："诸论诉婚姻、家财、田宅、债负，若不系违法重事，并听社长以理论解，免使妨废农务，烦紊官司。"

[2]　《郝中议生祠记》录文，见于《吴兴金石志》卷十四、《同治湖州府志》卷四十七、《光绪归安县志》卷二十五。《墓据之碑》录文，见于《吴兴金石志》卷十四、《同治湖州府志》卷四十七。两者皆未为《两浙金石志》收录。关于《郝中议生祠记》的撰者，《吴兴金石志》《同治湖州府志》皆作"郡人前建康路溧水州儒学教授□□龙"，仅有《光绪县志》录文有"牟应"二字。据载，县志录文"据拓本载文"，其文字与其他文献稍异。再据《元史》本传，及《道园学古录》卷十五"牟伯成墓碑"所载相关经历看，应可确认为牟应龙。相关考述见《吴中金石志》。

此外，由于二文篇幅较长，且收录文献皆有影印本可资参考，方便获取，本章此处便不再引述全文。

胡瑗（993—1059），北宋儒学者，向以程颐之师为众所知。他曾长期担任湖州州学教授，并培养了众多弟子，所以他于杭州逝世后，便葬于湖州乌程县的何山，乌程县士人于春秋拜诣其墓亦渐成习俗。南宋淳祐五年（1245）知州蔡节创建安定书院。[1]入元后，墓地一带为相邻的何山寺僧占据，碑被捣毁，祠堂建筑被毁坏，参诣之道亦阻塞不通（至元二十二年，1285）。而此时，书院亦为相邻的广化寺僧占据。该事件受到了当时统领江南宗教界的杨琏真加所控制的江南释教总统所的支持。《庙学典礼》卷三《郭签省咨复杨总摄元占学院产业》中列举了为杨琏真加所加害的宫观、庙宇、书院，其中便有安定书堂之名。[2]受到此等损害，书院将其事上诉于湖州路总管府。经由提刑按察司上达至江浙行省后，总管府承奉行省之命，与总统所官员"约会"处理。最终，因寺院方主张无凭，下令将土地、墓、建筑物等"秀才"之物悉数返还（至元二十九年，1292）。但是，寺院方面却继续占据，并未实际返还，祭祀活动也受到寺院僧人的强力干扰，"不容致祭"。延祐二年（1315）元朝土地经理之际，书院山长严与敬、直学潘观德再度诉之于官。提调学校官、路总管郝鉴委任归安县尹李拱辰[3]，约会乌程县尹、山长严与敬、"书院耆老"，与寺院住持祐长老、"耆旧僧人"。书院的要求虽获认可，但寺院方面却继续占据不予返还，问题仍未得到解决。十一月，郝鉴亲临当地调查，确认了胡瑗墓的范围，保证了参诣道路的畅通，以及

---

[1] 关于蔡节创建安定书院的记载，参见字尤鲁翀所撰《大元湖州路安定书院夫子燕居堂碑铭》（后至元二年，1336）、《两浙金石志》卷十六、《吴兴金石志》卷十五、《同治湖州府志》卷四十七、《光绪归安县志》卷二十五。
[2] 至元二十八年（1291）四月江淮等处行尚书省榜文所引签江淮等处行尚书省咨文。
[3] 此二人之姓名据《郝中议生祠记》。关于郝鉴，史料中亦作"赫鉴"，在此统一为郝鉴。此外，《墓据之碑》记此二人作"郝总管""李承直"。

书院儒人春秋致祭的权利。儒人对此结果极为欢欣，于翌年倡建了郝鉴生祠。此时所立之碑即"湖州路总管郝中议生祠记"。

但是不久，墓地周围又因大雨损毁，书院儒人进行修复时又遭到寺院僧人的再次阻挠，亦妨害到春秋致祭，为此，泰定四年（1327）四月书院方面再次向总管府提起申诉。总管府下令乌程县处理，县尹干文传[1]亲赴现场查勘调查，同时让何山寺"耆老知事僧"、书院"耆儒"等"会议"后，以双方联名请愿的方式，再度明确延祐年间的协定，而另一方面又约束儒人就此不再侵夺寺院土地。最终，同年九月七日，总管府于官衙内对双方进行了"当堂审问"。当时，不仅安定书院、何山寺的相关人员，甚至湖州各寺院住持也一并出席，对具体情况进行了一一确认。协议达成后，双方各自持有附带"彩绘图本"的文书，同时路总管府向书院发给榜文，并经由肃政廉访司分司上申江浙等处行中书省。如此，迁延日久的纠纷终于告一段落。

根据两通石刻的记载，安定书院和何山寺围绕胡媛墓地相关区域的纷争和处理经过大致如上所述。

整体来看，相关裁决分为三个阶段：首先，至元二十年代最初的诉讼。对于安定书院所诉何山寺的侵害行为，湖州路总管府约会总统所委派的官员。由于这属于儒、僧纷争的案件，作为僧人的管理机构总统所直接出面也是理所当然；但儒人一方却并非由学校相关官员出面，而是山总管府担当其责。原本儒户的本管官是儒学"提举"，中统二年（1261）即已颁布圣旨专门设置，[2]但根据至元二十一年（1284）闰五月十七日令旨，因路和道的提

---

[1] 《墓据之碑》作"干承德"。此据《崇祯乌程县志》卷五《秩官》所载，作"干文传"。
[2] 《庙学典礼》卷一《设提举学校官及教授》。

举学校官职能重叠冗繁，最终罢免了路一级的提举学校官，其职能由文资正官提调，[1] 故而，在此时安定书院与何山寺的纠纷中，便由总管府负责与总统所协议相关事务。书院上申后，文书流程大致为：总管府→提刑按察司→江浙行省，而后行省命下，总管府与总统所进行约会协商。[2]

其次，延祐二年（1315）的纷争。此时在提调学校官、路总管郝鉴的要求下，归安县尹约会乌程县尹、山长严与敬、"书院耆老"，并唤问耆儒、看山人，以及何山寺的祐长老、"耆旧僧人"等，但未能解决问题，最终路总管经过实地调查后予以裁断。

最后，泰定四年（1327），总管府因"僧俗相干"下令乌程县尹调查，让双方"会议"后提出两厢"情愿"的方案，最终再由总管府审问。关于此时的情形，碑记中虽未出现"约会"字样，但总管府不仅召集了双方当事人，还会聚了湖州路内的其他寺院住持，最后由总管府确定了协议的内容。

至元年间第一次的"约会"是通过双方管理机构之间协议商定的，而延祐、泰定年间的裁定中，书院方面不仅有山长在场，还召集了书院"耆儒"，而寺院方面除了住持之外，"耆旧僧人"亦一并参加。如此一来，至少此处所反映的约会的实际情形，并非相应管理机构、各方代表之间处理具体事务的"现场"，而是

---

[1] 《庙学典礼》卷一《革提举司令文资正官提调》。废止路一级提举学校官的动议，至元初年即已出现，最终于至元二十一年（1284）令旨正式废止。参见《庙学典礼》卷一《设提举学校官及教授》（至元六年，1269）、《郡县学校官职员数》（至元十九年，1282）等。具体到湖州路的情况，第二次诉讼中的总管郝鉴，史料作"提调学校官郝总管"。

[2] 总管府与行省之间还有提刑按察司的介入，这是因为，当时规定提刑按察司也负责庙学的相关事务（《通制条格》卷五《学令·庙学》"至元六年四月中书省御史台呈"）。对此，并参见拙文《『廟学典礼』成立考》，《奈良史学》10，1992年。

各集团之间相互沟通交涉的"现场"。在与元代儒人相关的制度中，书院与路州县学并为掌控儒人的机构，亦有不少儒人不隶属州县学而仅归属于书院。[1] 而山长以下的职员也逐渐定员化，皆成为国家正式任命的职官。此处"耆儒"所指范围并不明确，但参照安定书院相关的其他碑刻所记人名来看，"耆儒"应当是安定书院所属儒人中比较核心的人物。[2] 另据《嘉泰吴兴志》卷十三《寺院》和《成化湖州府志》卷十二《寺观》所载，我们亦可了解到泰定年间在总管府审问中出席的僧侣所隶属的寺院情况，其中州城内的寺院占绝大多数，同时还有少数属于归安、乌程两县。[3] 该地区各寺院代表一并参与安定书院与何山寺的会商本身也似乎说明，双方之间的纠纷便不仅仅是某个书院的土地所属问题，而是逐渐演变成了该地区儒、僧两大集团之间的纷争。

通过以上与安定书院相关的纠纷处理过程可知，延祐、泰定年间的两次处理，表面上看是由书院与何山寺共同提出了两厢"情愿"的解决方案，而后总管府予以认可和同意，但实际上完全是在有司的主导下逐步推进的。泰定年间那次，乌程县命令何山寺以及胡瑗墓所在的三碑乡七都里正同意书院儒人所举行的春秋祭

---

[1] 关于书院的教员情况，《庙学典礼》卷一《郡县学院官职员数》（至元十九年，1282）中有明确的规定。此外，关于书院与路州县学同有所属的儒人情况，《庙学典礼》卷五《行省坐下监御史申明学校规式》中具体开列了建康路的儒人数，除路学、上元、江宁两县学之外，还明确开列明道书院、南轩书院所属的儒人数。由此亦可见其一般。

[2] 该碑记中记作"耆儒"的人物中，《生祠记》以黎书祚原为"耆儒"，记何观田作"学职"。前注所引《燕居堂碑铭》则记叶宝孙作"儒职"。

[3] 按照文中出现的顺序，现将各寺院名罗列如下。其中"嘉"为《嘉泰吴兴志》，"成"为《成化湖州府志》，而《成化志》中记作废寺者，并单独以"废"字标出。天宁寺（城内，嘉、成）、天圣寺（城内，嘉、成）、报本寺（城内，嘉、成）、空相寺（城内，嘉、成）、观堂寺（不明）、祥符寺（不明）、证通寺（城内，嘉、成）、能仁寺（城内，嘉、成废）、施水寺（城内，嘉、成）、告成寺（城内，嘉、成废）、道场寺（乌程县下，成）。

祀，同时还"勉谕"了何山寺。该词讼纠纷虽然发生在儒僧之间，但在实际处理的过程中，都是有司在起着实质性的推动作用。如此也让我们看到，这一系列纠纷最后暂告解决的"现场"是在路的总管府。关于有司在词讼中的主导性作用，另据《元典章》卷五十九《工部卷二·公廨》"军民约会廨宇"条[1]所载，即便所涉及对象是蒙古军人，约会施行的"现场"也是在官廨。此外，即便是"三约不至者，有司就便归断"这一我们已然颇为熟悉的规定，其背后所反映出的可以说也是有司所处的优先地位。所以在此意义上，不仅仅是上文所论制度层面上存在将法律审判权收缩至有司方面的倾向，在现实之中，有司方面占据主导性的倾向也是同样存在的。

五、结语

最后，再对本章所讨论的问题稍作总结。元代约会制度随着时间推移也在不断发生变化，总体而言，约会所实施的范围在不断缩小，而相应的审判权限却不断转移至各路州县有司方面。这些问题，前人研究已有所涉及，本章不过以不同的案例和视角予以重新论证。但是，我们可以更为明确的是，就制度层面而言，有元一代并未有过一项固定且一成不变的约会制度。而即使制度上有明确规定，有时在具体实施过程中却又难以真正实现。通过

---

[1] 《元典章》卷五十九《工部卷二·公廨》载："大德三年十月，御史台咨，奉中书省札付，来呈，河北河南道廉访司申，'今后若有蒙古探马赤军人与民相犯一切词讼，合无就有司公廨约会一同归问。如奥鲁官吏到来，州县官吏却行迁延，将州县官吏严行究治，似为便当'。送刑部议得，'蒙古军人与民相犯一切词讼，如准御史台所呈，就有司公廨一同归问，相应'。都省准拟，仰依上施行。承此。"

约会制度在相关法律上的变迁，以及约会是否真正实施，乃至现实中约会实施的"现场"等诸方面，我们可以大致认为，所谓约会，绝非固定不变的体系，而是构成元朝社会的各集团与有司之间在不断角力、较量后所达到的某种平衡状态，也可以说是具体应对当时当地具体情形的结果。

第六章

元朝的科举资料

——以钱大昕的编著为中心

一、钱大昕与科举资料

　　真正当代意义上的元朝史研究第一人当属清代考据学大家钱大昕。如所周知，《元史》成书仓促，向来因其粗陋而饱受批判。为此，钱大昕立意重修《元史》，并做了大量的资料收集和研究工作。据说他曾打算撰述《元史稿》，[1] 但稿本散佚未能留传。现存他的元史研究成果，除《廿二史考异》中《元史》的相关内容之外，仅存《元史氏族表》和《元史艺文志》两种（当然，《十驾斋养新录》《潜研堂金石文跋尾》也有不少元史相关的研究成果）。

---

[1]　近来亦有不少相关研究提及《元史稿》，如《嘉定钱大昕全集》前言、顾吉辰《钱大昕〈元史稿〉下落》（嘉定区地方志办公室编《钱大昕研究》，华东理工大学出版社，1997 年）、黄兆强《清人元史学探研——清初至清中叶》（稻香出版社，2000 年）等。此外，下文注释所引《至正庚子贡试碑》王鸣韶跋文提及，钱大昕所收集的拓本都被收录在了《元遗事》之中。

　　但是，此前利用较为困难且又与钱大昕密切相关的元朝科举资料，近年来也逐渐得以出版。此即《北京图书馆古籍珍本丛刊》（书目文献出版社）第二十一卷所收《宋元科举题名录》《元统元年进士题名录》，以及《嘉定钱大昕全集》（江苏古籍出版社）第五卷所收《元进士考》。本章拟在此三种钱大昕所编著，特别是其中所利用的相关资料的基础上，重新考察元朝的科举资料问题。

　　近年来，元史研究的资料状况已经发生了很大的变化，特别是很多具体的资料都可以直接接触到，这是笔者相关研究得以开展的前提。亦如本书第一章所论，随着中国改革开放的深入，实地调查（特别是石刻资料调查）更加成为可能，影印资料的出版大量增加，学术研究的国际化程度加强，相关资料的电子化进程也在加快，等等，都为笔者对于元代科举资料的研究提供了极大的可能，下文的具体研究即是在此背景下展开的。

二、《宋元科举题名录》和《元统元年进士题名录》

　　《北京图书馆古籍珍本丛刊》第二十一卷收录了史部传记类文献，其中有两种影印资料与钱大昕相关[1]：

　　《宋元科举题名录》清钞本

　　《元统元年进士题名录》影元清钞本

　　接下来本章对此分别进行考察。

---

[1]　该卷还收录了另一种元代科举相关的资料，《宋历科状元录附元朝历科状元姓名》（明朱希召撰，明刻本）。

（一）《元统元年进士题名录》

该书如题名所示，为元统元年（1333）科举的登科录，作为现存元代唯一的登科录亦广为所知，并作为科举资料被广泛利用。据影印本最后所附黄丕烈跋文，他于乾隆六十年（1795）在苏州旧书肆发现，并购入，而后由钱大昕表彰其价值。[1] 据杨讷研究，该影印本为北京图书馆所藏两种清钞本之一，瞿氏铁琴铜剑楼所藏的陈揆稽瑞楼旧藏钞本[2]。另外，北京图书馆还收藏有与后述《元进士考》合订为一册且亦被视为钱大昕手抄本的另一版本。该本并非影钞本，行款格式、字体皆未据原本影钞，对于原本残缺、不明之处，钱大昕亦根据自己的判断进行了增补。[3]

《元统元年进士题名录》通行本是民国十二年（1923）作为《宋元科举三录》之一由徐乃昌所刊行的景刊本，而后，近年刊行的《元代史料丛刊》依据《宋元科举三录》加以排印，附载于《庙学典礼》之后。[4] 此外，中国国内在《北京图书馆藏古籍珍本丛刊》所影钞本之外，尚有几种依据黄丕烈本的清钞本[5]，而清钞本的公开影印出版尚属首次。或以为既然已存在元刊本的景刊本，清钞本似乎便意义不大了，但实际上也未必如此。亦如杨讷所论，黄氏旧藏本现在下落不明，而一般所利用的《宋元科举三录》本

---

[1]　该题跋亦收于《荛圃藏书题识》卷二。

[2]　亦为《铁琴铜剑楼藏书目录》卷十所著录。

[3]　杨讷：《关于〈元统元年进士录〉的版本与校勘》，《祝贺杨志玖教授八十寿辰中国史论集》，天津古籍出版社，1994年。

[4]　《元统元年进士题名录》，浙江古籍出版社，1992年。但其中仅收录登第者姓名部分。（除此之外尚有"御试""御试策"等。——译者注）

[5]　《中国古籍善本书目》还著录了北京图书馆、上海图书馆、南京图书馆所藏的几种版本，并注明了上海本有钱跋，南京本有丁丙跋。丁丙《善本书室藏书志》卷九著录了盖有张蓉镜藏书印的影元钞本，这应当就是南京本。此外，《爱日精庐藏书志》卷十三亦著录了影元钞本。

不仅存在误刻，而且编者徐乃昌虽称所据为黄氏旧藏元刊本，但他与底本之间的具体关联仍不清楚。[1] 总之，从文本上看到底何者为优，仍是问题。

萧启庆以《宋元科举三录》为底本并参照其他相关资料进行了校勘，[2]《元代史料丛刊》本亦在此基础上加以重新校订。而杨讷又更进一步，在北京图书馆所藏两种清钞本基础上进行了更加详细的对比，此为其优长之处。由此来看，影元钞本的公开出版，确实意义重大。

（二）《宋元科举题名录》

首先来看该书的基本内容，同时分别标注各资料在他处的收录情况。[3]

《宋元科举题名录》结构

*资料名据原书，[钱]为钱大昕跋文，[王]为王鸣韶（王鸣盛之弟）跋文

> 宋绍兴十八年进士题名记[钱]（该题名记与本章论题无关，此处省略其他资料的情况）
>
> 延祐甲寅科江西乡试录（延祐元年，1314）[钱]
>
> 　*仅有程文八篇（《石鼓赋》[4]）
>
> 山东乡试题名记（至正十年，1350）

---

[1]　《宋元科举三录》中徐乃昌的跋文亦未言及其所据底本的由来。

[2]　萧启庆：《元统元年进士录校注》，《食货月刊》13-1、2、3、4，1983年。而后，萧启庆还进一步调查了相关钞本，对旧稿进行了补正。

[3]　关于中国台湾及美国所藏拓本等资料的状况，参见萧启庆：《元统元年进士录校注》注2。

[4]　其中所收李丙奎、罗曾的作答，并见于《历举三场文选》。另外，王德毅等编《元人传记资料索引》仅见罗曾、李路二人，皆登第。

　　　　《乾隆历城县志》卷二十四（移录），《山左金石志》卷二十四（著录），《潜研堂金石文跋尾》卷二十（著录）

　　山东乡试题名碑记（至正二十二年，1362）

　　　　《乾隆历城县志》卷二十四（移录），《潜研堂金石文跋尾》卷二十（著录），《授堂续跋》卷十四（著录）

　　至正十一年进士题名记［钱］

　　　　《金石萃编未刻稿》（移录）

　　至正庚□国子□贡试□名记（至正二十年，1360）［钱、王］

　　　　＊仅移录登第者姓名（《金石萃编未刻稿》亦将记文在内予以移录）

　　至正丙午国子监公试题名记（至正二十六年，1366）［钱］

　　　　＊仅移录登第者姓名（原碑有记文）

　　以上七件资料中，有六件皆与元朝科举相关，除《延祐甲寅科江西乡试录》外，皆移录自石刻资料。但是，其中几乎皆为乡试、国子监贡试相关者，进士题名仅有《至正十一年进士题名记》。接下来本章将以此为中心再对北京孔子庙所存科举相关碑刻稍作考述。

　　北京孔庙元朝科举相关的碑刻为众所知，这些碑刻在清康熙年间再度出土之事也屡屡为人所言，尽管如此，因其与元代科举研究关涉颇重，笔者在此仍将不厌其烦地述其大概。元朝科举重开，进士登第者产生后，便以其姓名刻石立于首都国子监。对此，

《元史》卷八十一《选举一·科目》载：

> 又择日，诸进士诣先圣庙行舍菜礼，第一人具祝文行事，
> 刻石题名于国子监。

《新刊类编三场文选》（后文略称《历举三场文选》）和《新编事文类聚翰墨全书》（后文略称《翰墨全书》）所收《进士受恩例》（延祐二年四月中书省札付）中也有关于立石题名的规定。[1] 此外，宋褧《燕石集》卷十五《书进士题名石刻后》、吴师道《礼部集》卷十八《辛酉进士题名后题》记载，有国子监典簿赵瑃者，将后至元科举中断前的七科题名碑作成拓本，并选各科登第者一人书以题跋。据此逸闻亦可知元代科举题名镌刻上石，并立于国子监的实际情况。但是，明代阮安督建太学之际，却将元进士碑上刻字磨去，以其石用作明进士题名碑。[2]

清康熙三十一年（1692），在对孔庙大成殿后主祀孔子之父的启圣殿（崇圣祠）进行施工时，出土了三通石碑。其经过载于《碑传集》卷四十六《吴苑传》、《骨董琐记》卷五《元题名碑》、《（乾隆）钦定国子监志》（文渊阁《四库全书》本）卷四十八《金石三·题名》（道光志卷六十二）等。[3]

---

[1]　苏天爵《滋溪文稿》卷三《国子试贡题名记》亦作为文集资料记载了国子监试的情况。其中所载即为至正五年（1345）国子监试的碑记。其中也有关于刻石的记载，当时国子监内似乎并立科举的进士题名碑和国子监试题名碑。

[2]　叶盛：《水东日记》卷二十八《旧碑石》。该书同卷《前元加封孔子制碑》还记载了元代有名的"孔子加封碑"在明代处于倒卧草间的状态。

[3]　《孔庙国子监纪略》（内政部北平坛庙管理所，1933年）载："明代悉取元进士碑磨去刻字，清康熙朝，祭酒吴苑于启圣祠掘土得加封孔子碑一，加封四子碑一，题名碑三，故元碑现只存五石。"据此，"大德加封碑""加封四子碑"也被视作出土于康熙年间之物。但此二碑亦载于明《太学志》和《水东日记》，不可能是康熙年间出土的。

三通元碑，本书记作：

①至正十一年进士题名碑

②至正庚□国子□贡试□名记

③至正丙午国子监公试题名记

其中，①和③现立于孔庙（首都博物馆）大成门前；②则一般认为，或其碑文剥落，抑或所在不明。[1] 同时，孙承泽《春明梦余录》卷六十七还记载了赵孟頫撰文的延祐二年（1315）题名碑，但根据《钦定国子监志》，该碑在乾隆时期即已不存。另外，20 世纪 30 年代编纂的《北京市志稿》还记载了现存文字漫漶不明的一块题名碑，认为其年代或为延祐二年，或为至正庚子（1360）。[2]

钱大昕亦极为关注这类出土资料。乾隆四十年（1775）十一月二十八日王鸣韶所撰《至正庚子国子监贡试碑》跋文载：

> 至正十一年进士题名记、至正庚子国子监贡试题名记、至正丙午国子监公试题名记，三碑俱在今国子监大成门外。钱竹汀先生陪祀时见之，采录入元遗事中。每篇之后，系以考据。亦皆先生笔。予从其斋借得抄成一篇，附于山东乡试题名记后。先生止节取其大略及科目人名氏，其记文与执事官僚皆未之写，为非全文故从附录云。时乾隆乙未十一月二十有八日鹤溪居士王鸣韶书。

---

[1] 参见张宁：《北京孔庙进士题名碑》，韩永等编著《北京石刻撷英》，中国书店，2002年。另据萧启庆《元统元年进士录校注》注 2，中国台湾、美国亦未见该碑拓本。
[2] 《北京市志稿》第九卷《金石志卷一·太学金石》，北京燕山出版社，1998 年，第 13、15 页。

图版 3 至正十一年进士题名碑
（京都大学人文科学研究所所藏拓本）

如该跋文所言，《宋元科举题名录》所收三碑中，国子监试二碑仅录有登第者名姓。但如上所论，至正十一年碑和至正庚子年碑全文收录于《金石萃编未刻稿》；而至正丙午年碑，其原碑尚存，碑上文字亦可识读。所以，每通碑记的全文目前皆可得而观之。

下文即对《至正十一年进士题名记》予以讨论。该碑完整拓影见上页所附图版3，但亦如钱大昕在《宋元科举题名录》的跋文中所指出，"元石已亡，后人重刻，故多误字"。该碑是有问题的。我们现在难以知晓钱大昕所谓"后人重刻"的具体依据，但该碑立于明清孔庙（现为首都博物馆）前庭，仅据该碑现状判断，很明显并非原碑。

结合该碑的现状，并参照《宋元科举题名录》，梳理该碑的问题如下：

误字的问题。如钱大昕所指出，误字问题是该碑问题之一。《宋元科举题名录》中在个别地方增加了钱大昕的注记，但不可能是元代原碑中所能出现的问题也不少，如"朝列"误作"翰列"，"可"误作"河"，等等。

文字的缺落。该碑多处明显的文字缺落处并未有碑面剥落及其他物理变化的痕迹，反而完全是未曾镌刻过的平面，这是该碑最明显的问题。数量上最大的问题是，各行行末皆缺落某些字（《宋元科举题名录》在相应处以"以下缺"标记），不少登第者姓名也不完整。例如蒙古色目第三甲的部分，仅残存"台""儿"等一字的部分，很明显这是残缺的登第者姓名（图版4截取了拓影的该部分并加以放大后，也完全看不到镌刻文字的痕迹）。

此外，现在碑石的第一行至第四行存在比较新的剥落痕迹，所以就此而言，移录了这部分文字的《宋元科举题名录》和《金石萃编未刻稿》的资料价值便不言而喻。（所附图版为未发生剥落前的拓本）

关于该碑所见登第者姓名，萧启庆指出，"本记的原碑当已不存"[1]，故依据《金石萃编未刻稿》加以校注。笔者未能明晓其意。

康熙年间同时出土的另一块碑，现存《至正丙午国子监公试题名记》中，文字缺落的部分也同样是未曾镌刻过的平面，所以该碑亦同为后刻。

图版 4　《至正十一年进士题名碑》部分（京都大学人文科学研究所所藏拓本）

关于《宋元科举题名录》所收以下三通乡试题名记，

> 山东乡试题名记（至正十年，1350）
> 山东乡试题名碑记（至正二十二年，1362）
> 延祐甲寅科江西乡试录（延祐元年，1314）

亦如前所及，《延祐甲寅科江西乡试录》仅保存了程文部分；而山东二碑则详细说明了乡试实施的具体过程，同时还记载了乡试相关的官员姓名，史料价值极高。长期以来学界对于元代乡试的关注度并不高，近年来植松正注意到官员任命中乡试的作用，

---

[1] 萧启庆：《元至正十一年进士题名记校补》，《食货月刊》16-7，8，1986年。

李治安也对乡试进行了制度性的研究，相关研究开始逐渐变化。[1]

最后简单提一下《宋元科举题名录》的成书问题。如前所述，钱大昕极为注意搜集元代石刻，据上引孔庙三碑王鸣韶跋文"予从其斋借得抄成一篇，附于山东乡试题名记后"可了解到王鸣韶的资料处理方法，而再据《延祐甲寅科江西乡试录》钱大昕的跋文"顷鹤溪主人从予索观，因检旧稿，写之别纸，并付去"，亦可知钱大昕为王鸣韶提供了不少资料，所以，《宋元科举题名录》的成书可以说就是在钱大昕所搜集资料基础上汇集而成的籍册。

三、《元进士考》

关于《元进士考》，《北京图书馆古籍善本书目》作"钱大昕辑，稿本一册，行字不等"，此前仅知其存世，[2]直至《嘉定钱大昕全集》（江苏古籍出版社）第五卷点校出版后，才得以公开面世。

内容上，《元进士考》收集了大量元代科举及第者的姓名，据《前言》所及，其中包含全部进士 513 名，乡试相关者 538 名（如后文所论，这些人也并非全部都是及第者）。已如上所述，钱大昕曾以《元史稿》的撰写为目标，那么本书也可以视作《元史稿》撰写工程的一部分。但据杨讷所论，该书并非全为钱大昕

---

[1]　植松正：《元代江南地方官任用について》，《法制史研究》38，1989 年，后收入《元代江南政治社会史研究》，汲古书院，1997 年；李治安：《元乡试新探》，《南开学报》1999 年第 6 期，；李治安：《元代乡试与地域文化》，《元代文化研究》第 1 辑，2001 年。如后文所述，《历举三场文选》中乡试程文占据了大部分的比重，其作为乡试资料的价值亦极高，但目前仍未见任何研究加以利用。

[2]　相关介绍参见：萧启庆《元代科举与菁英流动—以元统元年进士为中心》，《汉学研究》5-1，1987 年，后收入《元朝史新论》，允晨文化实业股份有限公司，1999 年；黄兆强《清人元史学探研—清初至清中叶》，稻香出版社，2000 年；等等。

手抄，《元进士考》的标题也为后人所加。并且，还与《元统元
年进士题名录》钞本合订为一册。[1]

那么，仅就《嘉定钱大昕全集》所收《元进士考》来看，其
中并未特别单独区分章节，只在各处标示了相应的标题。下面即
对《元进士考》的内容稍加整理，并分析钱大昕各部分所利用的
资料。页数为《嘉定钱大昕全集》的页码。

一页	延祐乙卯会试以下
	＊与《历举三场文选》一致。但并未利用丁集、庚集以下的资料。（关于《历举三场文选》详见后述）
五页	延祐甲寅乡试以下
	＊与《历举三场文选》一致。所利用资料与会试相同。
一七页	蒙古色目人第一甲三名以下
	＊据《元统元年进士题名录》。
三六页	元统元年会试以下
	＊或据《元统元年进士题名录》会试顺序重新排列
三七页	卢熊苏州府志元朝科举取士类以下
	＊与静嘉堂文库所藏《洪武苏州府志》卷十三所载元朝登第者姓名一致。

---

[1]　参见杨讷《关于〈元统元年进士录〉的版本与校勘》。然而，也可视作《元进士考》解题的《嘉定钱大昕全集》"前言"部分，以及《北京图书馆占籍善本书目》皆未及此。

三八页　　　　延祐二年以下

　　　　　　　＊按照各科记录进士姓名，并明记各人的资
　　　　　　　料出处，此可谓正文部分。

七三页　　　　偰寿以下

　　　　　　　＊对年代不明等人物所作的笔记性记录

七五页　　　　延祐甲寅以下

　　　　　　　＊乡试合格者名录，但出典不明（至正庚寅
　　　　　　　年的名录利用了《山东乡试题名录》，但此
　　　　　　　处却并未参照《潜研堂金石文跋尾》所著录
　　　　　　　的山东《壬寅乡试题名录》）

八六页　　　　江西通志选举志

　　　　　　　＊据《江西通志》摘选的乡试和进士姓名（关
　　　　　　　于《江西通志》见后述）

一三〇页　　　贴条（《嘉定钱大昕全集》编者所加标题）

一三二页　　　逸话集（标示出处，但全集本仅改变了该部
　　　　　　　分的印刷字体，理由不明）

　　由此来看，除了可视为正文的第三十八至七十五页部分，该
书从特定的资料中收集了元朝的进士姓名或相关记载，我们或可
认为，该书应当尚处于资料摘选和排比的阶段。虽然现在尚无法
见到原本，有些问题亦不能确定，但排印本中存在多处对原本的
误读是毫无疑问的，据此推知原钞本很可能存在一些草书字体或
书写潦草之处。

　　其实，对于汇集于此的这些"进士"，钱大昕自身也认为不
是所有人都是确定无疑的。例如，对于至治元年（1321）进士陶

津条，钱大昕即指出："浙江志于至治宋本榜载吴师道、徐一清、王之羲三人，又别为一行题至治元年辛酉林仲茂榜，列陶津等四人。浙志大率不足信，附此以俟考。"[1]

除"浙江志"外，钱大昕在《元进士考》中还引用了《福建通志》《陕西通志》等地方志资料。[2] 单纯依据同时代的史料汇集元朝登第者自然尤有局限性，所以作为次一级的资料来源，利用现存大量明代以后的地方志也是理所当然的，但其中所列举的登第者姓名的可信度在很多情况下都是大有问题的。最典型的就是《江西通志》。对此，钱大昕在《十驾斋养新录》卷十四《江西通志》中指出，《江西通志》记载了15位元统元年（1333）进士的姓名，但《元统元年进士题名录》中却仅有6人。甚至他还举出通志所载同名的两个陈植的事例，说明志书"皆诞妄不足信"；至于将刘秉忠金朝时期的瑞州本贯混同于宋朝江西之瑞州，更是"令人喷饭满案"。上引《元进士考》的内容结构中仅将《江西通志》单独列出，想必其原因应当也正在于此吧。日本及中国台湾现存的江西省方志，从总志到县志几乎全部影印可见，大致翻检一遍可汇集到总共约300名"进士"。而有元一代进士总数为1135名，这还包含了蒙古、色目及第者的数量，如此对比之下，江西方志中的"进士"数字实难凭信。特别是《（嘉靖）江西通志》中所

---

[1]　《嘉定钱大昕全集》，第47页。另，至治元年以人南人博状元为宋本。而林仲茂未见载于其他文献。
[2]　钱大昕所引用的省级方志主要有以下几种：
浙江　雍正（乾隆）通志（《康熙通志》内容不同）
福建　《乾隆通志》中，连注记内容都相互一致（《同知通志》稍异）
陕西　引自陕西方志的进士姓名，仅有《雍正通志》中附载年号者。
江西　与康熙、雍正通志几乎完全一致，但也不是完全相合。此外，还引用了林志（嘉靖志，编者为林庭棉）、安志（不明）。

记载的"进士"数量尤为可观。一般而言，因袭前志的相关记载往往也是地方志编纂的惯例，所以《（光绪）江西通志》便引用《十驾斋养新录》该条论述对过去的通志加以批判（但是，对于每个登第者姓名，实在难以一一确认，也只得原样因袭旧志记载）。

综上，以《元进士考》为题材来探讨作为科举资料的地方志所存在的问题，以及文集等文献所收录的科举相关资料，等等，仍有值得深入研究的空间。接下来，笔者将对该书所引用的《历举三场文选》做进一步的考察。

四、《新刊类编历举三场文选》

据上节《元进士考》的内容结构可知，作为重要的文献来源，钱大昕还利用了《历举三场文选》。该文献在日本现收藏于静嘉堂文库，目前尚未为学界充分利用。[1] 如后所述，《历举三场文选》目前至少存在五六种版本，综合海内外所藏各版本来看，静嘉堂

---

[1]　最近，陈高华《两种〈三场文选〉中所见元代科举人物名录—兼说钱大昕〈元进士考〉》（《中国社会科学院历史研究所学刊》1，2001 年）一文探讨了该书的成书情况，并同时利用《元大科三场文选》列举了乡试、会试名录。另外，《元大科三场文选》可以视为该书的续编本，日本国内学界已对其有所涉及，但并未予以专门讨论。如三浦秀一：《宋濂『龍門子凝道記』と元末明初の諸「子」》，《集刊東洋学》79，1998 年；片山共夫《元代の家塾について》，《九州大学東洋史論集》29，2001 年等。

文库版为现存唯一的完本。[1] 接下来便在介绍该书的同时，考察其成书的过程以及该书作为制度史资料的重要性。

《历举三场文选》选编了延祐甲寅（延祐元年，1314）至元统乙亥（元统三年，1335，即后至元元年）八科科举中，自乡试到廷试各阶段的程文。元统乙亥科仅收录了乡试阶段的内容（因科举中断所致）。全书自甲至辛共八集，其整体结构及各集所附书肆名、日期等信息如下：

> 序文　至正辛巳六月既望吉安安成后学刘贞仁初谨书
>
> 纲目　题记：至正改元辛巳岁菊节建安后学虞野文质谨咨
>
> 甲集　经疑　无封面　题记：元统乙亥菊节建安虞氏务本斋谨题
> 　　　＊仅七科
>
> 乙集　周易　封面：务本书堂
>
> 丙集　尚书　封面：务本书堂

---

[1]　关于该书在中国的著录情况，《北京图书馆古籍善本书目》载有四种：
新刊类编历举三场文选诗义八卷　刘贞　元刻明修本
新刊类编历举三场文选庚集八卷辛集□卷　刘贞　至正元年余氏勤德书堂
　存九卷　庚集古赋一至六、辛集诏诰一至二、章表三
新刊类编历举三场文选春秋义　八卷　刘霖　元刻递修本
新编诏诰章表事文拟题五卷皇元大科三场文选二卷新编诏诰章表事实四卷　元刻本
《新刊类编历举三场文选诗义八卷》亦为《铁琴铜剑楼藏书目录》卷二所著录。
此外，潘国允、赵坤娟编《蒙元版刻综录》(内蒙古人民出版社,1996年)亦载有如下三种，但未注明所藏地。
新刊类编历举三场文选十集　刘贞　至正二年余氏勤德书堂
新刊类编历举三场文选春秋义　八卷　刘霖　元刻递修本
新编诏诰章表事文拟题五卷皇元大科三场文选二卷新编诏诰章表事实四卷　元刻本
整体看来，笔者虽未得亲见原本亦不能完全断定，但可大致推测，该书很可能存在多个系统的版本。

丁集　毛诗　封面：务本书堂

戊集　礼记　封面：务本书堂

己集　春秋　无封面

庚集　古赋　封面：务本书堂　题记：至正辛巳夏六月
建安余氏勤德堂谨题

＊奎章阁本庚集古赋题记：至正辛巳夏五月建安
余氏勤德堂谨题

辛集　诏诰章表　封面：务本书堂　题记：至正改元辛
巳岁菊节建安虞氏务本堂谨题

＊诏为甲寅（延祐元年）、丁巳（延祐四年）、
癸亥（至治三年），诰、章表仅甲寅、丁巳

壬集　对策　封面：勤德书堂　题记：至正元年中秋日
古杭余氏勤德堂谨题

癸集　御试对策　封面：至正元年新集（版无原名）

＊仅七科

据《元史·选举志》以及皇庆科举实施诏书（载于《元典章》
等），元朝科举规定，汉人、南人乡试、会试第一场经疑二问（四
书）、经义一问（五经），第二场古赋诏诰章表中试一道，第三
场策一道，《历举三场文选》的整体结构与此规定相互对应。同
时，各集又分别包含八卷（甲集、辛集、癸集除外），以乙集《易》
义为例，全八卷中各卷又分别对应于第一科延祐甲寅（1314）乡
试乙卯（1315）会试至第八科元统乙亥（1335）仅有的乡试。各
卷以年代为序选编江浙、江西、湖广三省为主，兼及燕南、河南
等地的乡试和会试（置于各卷最后）程文，多数程文附有作者的

籍贯和位次，很多情况下还附有考官的批语。

亦如钱大昕的相关研究所示，《历举三场文选》对于汇集多数的科举及第者名录是大有裨益的。不仅如此，从成书的过程考量，该书对于中国出版史的研究也起着举足轻重的作用。接下来，本章即对此稍加阐述。

如所周知，与科举考试相关的参考书宋代即已存在，[1] 岳珂《愧郯录》即载："自国家取士场屋，世以决之学为先。故凡编类条目，撮载纲要之书，稍可以便检阅者，今充栋汗牛矣。建阳书肆方日辑月刊，时异而岁不同，以冀速售。"甚至北宋政和四年（1114）六月十九日权发遣提举利州路学事黄潜善还上奏予以禁止。[2] 元代陶宗仪《南村辍耕录》亦载："各行省乡试，则有人取发解进士姓名，一如登科记，锓梓印行，以图少利。"[3]

刘达可《璧水群英待问会元选要》以及《选青赋笺》（《天禄琳琅书目》卷三著录）即为宋代麻沙坊刻的科举参考书，[4] 其中，《璧水群英待问会元选要》[5]便以相关主题列举例文，但并未如《历举三场文选》般以作者、年代为序类聚相关程文，很可能，《历举三场文选》便是现存最早的此种形式的科举程文汇编。[6]

关于《历举三场文选》的成书，静嘉堂文库本各集的题记中，大部分都明确注明日期和书肆名，现以时间为序罗列如下：

---

[1]　参见谢水顺、李珽：《福建古代刻书》，福建人民出版社，1997 年。
[2]　岳珂：《愧郯录》卷九《场屋编类之书》。
[3]　陶宗仪：《南村辍耕录》卷二十八《非程文》。
[4]　李瑞良：《福建出版史话》，鹭江出版社，1997 年。
[5]　《四库全书存目丛书》影印明活字本，内阁文库藏正德四年（1509）慎独斋刊本。
[6]　关于《选青赋笺》，据《天禄琳琅书目》所载"卷中所录，尽当时省试之作。目录后有建安王懋甫刻梓于桂堂木记"可知，该书很可能也是科举程文汇编，并且是福建坊刻之书。但是，如《福建古代刻书》所言，该书"世无传本"，目前既未见到相关著录情况，更难以确定现在是否存世。故本章仅附记于此，待考。

元统乙亥（元统三年，1335）菊节建安虞氏务本斋（静嘉堂文库本甲集经疑卷首）

至正辛巳（至正元年，1341）夏五月建安虞氏务本斋（奎章阁本庚集古赋卷首）

至正辛巳六月既望吉安安成后学刘贞（序文）

至正元年中秋日古杭余氏勤德堂（静嘉堂文库本壬集对策卷首）

至正改元辛巳岁菊节建安后学虞野（静嘉堂文库本纲目卷首）

至正改元辛巳菊节建安虞氏务本堂（静嘉堂文库本辛集诏诰章表卷首）

据此可知，该书仅出现元统乙亥和至正辛巳两个年代，以及余氏勤德堂和虞氏务本斋两个书肆。而庚集古赋题记文字虽属同文，但静嘉堂本和奎章阁本的日期和卷首题名的出版书坊名却不一致。如叶德辉所及，余氏和虞氏皆为当时建安有名的书坊。[1] 近年来福建地区的出版史研究颇为兴盛，充分发挥本地优势的相关研究也大量出现，谢水顺、李珽《福建古代刻书》和李瑞良《福建出版史话》即是其中代表，所有研究也都提到了这两家书坊（但并未言及《历举三场文选》）。

在此基础上，我们再来看《历举三场文选》的成书情况。

对此，可以从题记和内容两个方面讨论。首先内容上，该书

---

[1] 叶德辉：《书林清话》卷二《宋建安余氏刻书》、卷四《元时书坊刻书之盛》。

所收录最晚的程文是元统三年的乡试程文。[1]题记方面，如前所示仅有元统乙亥（元统三年，1335）和至正辛巳（至正元年，1341）两个年份的题记。其中，元统三年的题记为甲集·经疑，其文中虽言八科，但实际上仅收录了元统癸酉（元统元年，1333）为止的七科程文。据《元史》等相关资料记载，元朝每年乡试固定在八月二十日至二十六日，而出版时间如果确如题记所示在菊节，即九月九日的话，那么收录到该年的乡试程文的确比较困难。[2]

另一个必须要考虑的要素即是，顺帝的后至元年间，元朝科举曾一度中断。《元史》卷三十八《顺帝一》至元元年（1335）十一月庚辰条载，"诏罢科举"，而《元史》卷四十《顺帝三》至元六年（1340）十二月条则载"复科举取士制"，至此科举得以再开。亦即，至正元年（1341）又再次举行乡试，次年举行了会试和廷试。

依据上述《历举三场文选》封面和题记的情况，并结合科举中止再复开的背景，笔者对于该书的成书问题做如下考虑。

从题记来看该书的编纂应当在元统三年（1335），是为应对后面的科举考试编纂而成的出版物，然而始料未及的是，科举不久即被中断。至至正元年，元朝颁布了科举再开的诏书，乡试也得以恢复。以此，该书又增补了元统三年乡试程文，并以新的序文和题记出版刊行。如此理解，笔者以为是妥当的。纲目的题记

---

[1] 据《元史》卷三十八《顺帝一》，元统三年十一月辛丑"下诏改元"，而在此之前的十一月庚辰"诏罢科举"。因此，《历举三场文选》中皆统一作元统三年。
[2] 虞集《道园类稿》卷二十六《江西贡院题名记》载："九月十五日，得右榜九人，左榜廿二人。"据此，至正四年江西乡试的放榜日在九月十五日。并且，御试于后至元年中止，所以共收录七科程文。

载："丙子之岁（后至元二年，1336），梯云路阻，举业中辍，斯文兴废，实存乎人。钦惟圣天子德盛教明，诏复举制。"而辛集·诏诰章表的题记亦有"圣朝诏复科举"的表述，这都表明至正科举的再开与该书的出版密切相关。

此外，关于上文提及的余氏勤德堂和虞氏务本斋两个书坊名并存的问题，《静嘉堂文库宋元版图录》对于该书所作解题认为，这很可能是共同出版，或版木移动的原因。但其中并未注意到的是，同样的庚集古赋部分，静嘉堂文库元刊本和奎章阁朝鲜刊本中，其题记虽然同文但日期和书坊名却不一致。这个问题也值得一并予以考量。

最后，上述推测还有一点未能予以说明。此即，卷首"圣朝科举进士程式"所收"终场举人充教官"文书的开头出现了"至正三年三月"的日期，这明显与笔者依据题记所推测刊行于至正元年的结论相矛盾。该条记录刚好占据一整页的版式，似乎因此也可以将之视作后来插入的内容。但静嘉堂文库本中，同为"圣朝科举进士程式"所收的"延祐元年六月中书省咨"中，还有一整页的字体与其他部分不同，但该页的内容与前页又是连贯的，这并非后来为插入某项单独的内容而产生的变化，并且只有该页存在墨钉。如果将墨钉视作古籍再刊时所据底本中不能判读的部分的话，那么该书虽然成书在至正元年（1341）的阶段，而静嘉堂文库本很可能后来又进行了修订（顺便提及，各页的页码编号是连续的）。

《历举三场文选》值得关注的第二点是对于该书的接受问题。如果笔者上文对于静嘉堂文库本的推测大致无误的话，那么该书便是经过再版的，[1] 除此之外，通过《永乐大典》对该书的引用，我们还可以了解到该书在明代的利用情况。亦即，《永乐大典》卷六百六十二《辟雍赋》（延祐二年会试）、卷三千五百一十九《金马门赋》［至顺癸酉（元统元年）江西乡试］中皆分别以《三场文选》为标题加以引用，而这两篇赋又皆为《历举三场文选》所收录。

其实，15 世纪朝鲜也出版了数种《历举三场文选》，韩国的图书馆中也收藏了多种不同的版本。笔者根据实地调查，以及对相关文献目录所见的各种版本一一加以整理，至少可确知以下几种版本的存在。

对策（癸未字小字　1403，诚庵文库，《韩国古印刷史》有图版，同朋社，1978）

经疑（庚子字小字　1420，诚庵文库，《韩国古印刷史》有图版）

古赋八卷（景泰五年／端宗二年／1454）密阳府刊（内阁文库、奎章阁、韩国国会图书馆等）

对策（庚子字覆刻）

内阁文库本对策（与端宗二年密阳府刊本古赋合订，无刊记，难以确定是否与庚子字覆刻本为同一版本）

亦如上文所论，中国国内现今已几乎不存在完整的版本，而

---

[1]　如果允许笔者在推测的基础上再行推测的话，那么暂且不管元统三年（1335）本，该书理论上尚存在至正元年刊本、补以"终场举人充教官"的版本、补以部分后刻内容的版本。

朝鲜时代却能够数次予以出版，这确实很有意义。但是考虑到横跨各集的不同版本间难以相互对照确认，以及奎章阁本"古赋"单独附有跋文等情况，[1] 极有可能朝鲜是对各集进行单独出版的。

　　另外，元代还存在另一种科举试题的答题集。此即，内阁文库所藏的《皇元大科三场文选》（后文略称《大科文选》）。[2]内阁文库本未见刊记，但有至正甲申（至正四年，1344）庐陵刘时懋的跋文。据跋文载"三朝文选，已见于前。今撼后科之英俊，镌于梓"可知，该书是在有意识地承袭《历举三场文选》基础上编纂而成的。

　　该书分为易义、书义、诗义、礼记义、春秋义、易疑、书疑、诗疑、礼记疑、春秋疑、四书疑、诏诰、表、古赋、策、廷试策等各部分，汇集了乡试、会试、廷试的程文。至正科举再开以后元朝颁布了新的条画，第一场的经疑变成了四书一题、五经一题，该书的条目排列应该与此相对应，同《历举三场文选》相比，有所不同[《历举三场文选》圣朝科举进士程式所引至元六年（1269）十二月科举条画]。虽然该书并未明确注明所收录的是哪一年科举的内容，但廷试及第者为至正二年（1342）进士是可以确定的，那么据此可以推测该书所收录的应该是至正元年（1341）到至正二年的科举程文。而序文中的至正四年（1344）也是科举再开后第二次乡试的实施年份。

---

[1]　奎章阁本古赋卷首有刘贞为《历举三场文选》所作的序，"至正辛巳夏五月建安虞氏务本斋谨题"的题记，卷末有景泰五年（1454）中秋既望孙肇端的跋文（为古赋所作）和"甲戌八月日密阳府开刊"的刊记。

[2]　关于《皇元大科三场文选》，《北京图书馆古籍善本书目》著录作：
皇元大科三场文选四书疑一卷，周易疑一卷，易疑二卷，书疑一卷，书义一卷　周弜
至正四年刻本
新编诏诰章表事文拟题五卷皇元大科三场文选二卷新编诏诰章表事实四卷　　元刻本

五、作为制度资料的《新刊类编历举三场文选》

《历举三场文选》卷首以《圣朝科举进士程式》为题收录了
多种科举相关的公牍文书。所以，该书也是科举制度研究的重要
资料，下文对此稍加阐述。

毫无疑问，任何时代科举的基本资料都是正史的选举志，而
《元史》卷八十一以后也收录了四卷选举志的内容。但是，《元史·选
举志》中仅在卷八十一前半部分记载了与科举相关的内容。如所
周知，《元史》志的部分主要依据的是至顺三年（1332）纂修成
书的《经世大典》，所以便未能记载后至元年间科举中断以后的
内容，而这部分则以"选举附录"为题被附在卷九十二《百官八》
卷末。参照《元史》的相关记载我们便可了解到元代科举的大致
情况，但除此之外，尚有《元典章》（卷三十一《礼部四·学校·儒
学》）、《通制条格》（卷五·学令）等法制资料所收录的科举
相关公牍文书。此外，亦如有高岩早先所指出的，[1]《翰墨全书》
"科举门"也收录了一定数量的公牍文献：日本米泽市立图书馆
所藏元泰定刊本，庚集；《四库全书存目丛书》本（底本为明初
刊本）、京都大学附属图书馆近卫文库所藏正统丙寅（1446）翠
岩精舍本、内阁文库所藏正德元年（1506）王氏善敬书堂刊本等
各种明刊本的辛集卷九的部分，其内容皆大致相同。明刊本《翰
墨全书》中《庚集·卷三·表笺门·事实》也有关于科举回避的
相关记载。《元代史料丛刊》所收《庙学典礼》[2]中还附载了《古
学汇刊》本的《元婚礼贡举考》，据《古学汇刊》提要，《元婚

---

[1]　有高岩：《元代科举考》，《史潮》2-2，1932.

[2]　《庙学典礼》，浙江古籍出版社，1992 年。

礼贡举考》根据《翰墨全书》中的婚礼和科举相关资料抄录而成
（不知为何，《元代史料丛刊》的出版说明中并未及此）。此外
尚有内阁文库所藏的《文场备用排字礼部韵注》中《圣朝颁降贡
举三试程式》所收科举考试相关的规定，其中按照每科乡试、会
试对其予以概括、汇集，但未注明公牍文书的单位。由于该书只
有在回避相关的部分引用了公牍文书的内容，所以本章下表也采
用了该书所载。该书御名部分所列元朝皇帝，英宗之后即为今上
皇帝。

　　本书对上述六种文献所收诏敕、公牍文书进行了整理，作成
一览表如下。[1]

科举制度相关资料引用表（据《历举三场文选》所收文书为序）

元降诏旨（皇庆二年）	历、通、典、翰A、贡
中书省奏准试科条目	历、通、典、翰A、贡
（皇庆二年十一月）	
累朝颁降条画	
延祐七年三月	历、典
天历元年九月	历
天历二年八月	历
元统二年十月	历
都省奏准科举条画	
至元六年二月	历
至正元年七月	历

---

[1]　除此之外，尚有内阁文库藏元刊本《事林广记》后集卷六《学校类》所收《元降诏旨》
《中书省奏准试科条目》《回避庙讳字例》（延祐二年，1315），以及和刻本《事林广记》
辛集《词帖新式》所收《儒人赴试结保》等。

终场举人充教官（至正三年三月）　　　历

延祐元年六月中书省咨　　　　　　　　历

延祐二年二月中书省札付（会试程式）　历

试卷不考格（拟题）

　　延祐元年翰林国史院经历司呈　　　历

　　延祐元年中书省咨　　　　　　　　历、典、翰 B、韵

　　延祐元年中书省咨　　　　　　　　历、韵

　　延祐三年中书省礼部呈表章格式　　历、典、翰 B、韵

乡试程式（延祐二年）　　　　　　　　历、翰、贡

□□册帖□式　　　　　　　　　　　　历

会试程式（延祐二年）　　　　　　　　历、翰 A、贡

御试程式　　　　　　　　　　　　　　历、翰 A、贡

进士受恩例（延祐二年四月）　　　　　历、翰 A、贡

朱文公学校贡举私议　　　　　　　　　翰 A、贡

注记　历：历举三场文选（静嘉堂文库本），通：通制条格（卷
　　　五学令科举），典：元典章（礼部学校，进表），翰 A：
　　　新编事文类聚翰墨全书（泰定刊，庚集科举门），翰 B：
　　　新编事文类聚翰墨全书（明刊本，庚集表笺门），贡：
　　　元婚礼贡举考（古学汇刊），韵：礼部韵注（内阁文库
　　　元统本）

　　据该表可明显得知，《元典章》《翰墨全书》《历举三场文
选》三种文献所收资料的数量是不断递增的，而《历举三场文选》
还收录了很多不见于其他文献的资料。当然，各文献成书时间的
差别无疑是造成这种状况的原因之一，《元典章》包括新集在内
也仅收录至至治二年（1322），米泽本《翰墨全书》为泰定刊本，

明刊本中相关的内容与泰定本相比也没有变化，而与两者相比，
《历举三场文选》成书于元统三年（1335）以后，所收录的内容
显然也更为丰富。但是，作为原本即为应对科举考试而出版的书
籍，《历举三场文选》收录了为数不少的与科举考试细节相关的
规定条文，这也是本书作为制度资料的特色。

《历举三场文选》所收《圣朝科举进士程式》作为科举制度
史料价值颇高，相关情况已如上论，具体问题在此不再展开。

六、结语

下面我们再回归到对钱大昕《元进士考》的讨论。可以说，
对科举及第者的分析，以及对其及第后行迹的追索，有助于我们
更为直接地理解元代科举的意义。[1] 为此，首先需要辑录出历科
的及第者，自延祐科举重开算起，元朝科举实施了十六科，共产
生了 1135（或 1139）名科举及第者。近年来，对各科进士复原、
辑录的研究成果不断涌现，现整理如下：

延祐二年   楼占梅《〈伊滨集〉中的王征士诗》（《史学汇
刊》12，1983 年）、植松正《元代江南地方官
的任用》（《元代江南の地方官任用について》）
（《法制史研究》38，1989 年）、萧启庆《元
延祐二年与五年进士辑录》（《台大历史学报》
24，1999 年）

---

[1] 植松正：《元代江南地方官任用について》。

延祐五年　萧启庆《元延祐二年与五年进士辑录》（《台大历史学报》24，1999 年）

至治元年　萧启庆《元至治元年进士辑录》（《宋旭轩教授八十荣寿论文集》，2000 年）

泰定元年　陈高华《元泰定甲子科进士考》（南京大学元史研究室编《内陆亚洲历史文化研究—韩儒林先生纪念文集》，南京大学出版社，1996 年）、萧启庆《元泰定元年与四年进士辑录》（《蒙古史研究》六，2000 年）

至顺元年　萧启庆《元至顺元年进士辑录》（《文史哲学报》52，2000 年）

元统元年　萧启庆《元统元年进士录校注》（《食货月刊》13-1、2、3、4，1983 年）、杨讷《关于〈元统元年进士录〉版本与校勘》（《祝贺杨志玖教授八十寿辰中国史论集》，天津古籍出版社，1994 年）

至正二年　萧启庆《元至正前期进士辑录》（《燕京学报》新 10，2001 年）

至正十一年　萧启庆《元至正十一年进士题名记校补》（《食货月刊》16-7、8，2001 年）

　　钱大昕研究元代科举的目的何在我们暂且置而不论，但《元进士考》的出版面世，无疑进一步推动了相关研究的展开。而另一方面，我们现在的资料环境，较之钱大昕所处的乾嘉年间的情况已大为不同，特别是如本章篇首所论，近年来研究状况的显著变化更是日新月异。那么在此背景下我们再来分析《元进士考》中钱大昕所引用的文献情况，现粗略分类列举如下（各文献名皆据《元进士考》，如果同一文献以不同名称出现，本书适当做统一处理）：

史部　元史、朝鲜史略

　　地志　浙江志，江西志，福建通志，陕西通志　湖北：蕲州志。浙江：杭州府志。江西：奉新县志。江苏：金陵新志、松江志、（卢熊）苏州府志、江宁志、江都县志。山西：汾州府志、汾阳县志。陕西：三原县志、城固县志。广东：肇庆府志。河北：天津府志。福建：闽书

　　集部　总集　（元）文类，中州文表，元诗选，列朝诗集，元音

　　别集　圭斋集（欧阳玄）、黄文献集（黄溍）、吴草庐集（吴澄）、袁桷集、马石田集（马祖常）、道园集（虞集，类稿、学古录）、宋濂集、吴礼部集（吴师道）、滋溪集（苏天爵）、陈众仲集（陈旅）、黄清老诗、杨铁崖集（杨维祯）、萨都剌集、揭文安集（揭傒斯）、余青阳集（余阙）、松雪斋集（赵孟頫）、张绅诗、王祎集、傅与砺诗、吕思诚、许有壬（吕、许二人仅引用姓名）、曝书亭集（朱彝尊）

　　其他　遂昌杂录（元郑元祐）、辍耕录（元陶宗仪）、豫章漫钞（明陆深）、铁网珊瑚（明都穆）

　　不明　元诗爵里，鸡肋集

　　石刻　　山东乡试题名记（至正十年、二十二年），霍希贤撰
　　　　　　苏宥神道碑，归安县建学记（湖州），长兴州石刻（湖
　　　　　　州），云水龙祠石刻，代祀南海庙记（广州）

　　将此与黄兆强《清人元史学探研—清初至清中叶》所整理的
《廿二史考异》中的引用书目相比，《元进士考》的种类明显要
更加多样，但即便如此，钱大昕所引用的资料总体上仍不算太多。
而今日我们可资利用的资料则更为多样化，特别是元代的资料更
加丰富。这无疑也会使得我们今日的研究更加深入。尤为重要的
是，近年来，越来越多的资料能够更加方便地为我们所获取和利
用了。

　　笔者前所论及，我们当前对科举资料的研究之所以愈发成为
可能，其重要的背景就是近年来资料环境的变化。这一方面是
指，本章所讨论的钱大昕著作，以及其他元代资料的公开出版为
相关研究提供的便利，但另一方面，更在于各种资料的实地调查
和国际学术交流也更为便利了。笔者为研究《历举三场文选》曾
于 1997 年有机会前往韩国访书，以此了解到该书在韩国的收藏
情况；此外，还通过北京孔庙的实地调查，更加明确了该碑所存
在的问题之处。而陈高华亦曾利用访日的机会，得以调查静嘉堂
文库、内阁文库所藏《历举三场文选》《大科文选》的情况。萧
启庆在 80 年代前半期即已对《元统元年题名录》《至正十一年
题名碑》展开研究，虽然那时尚未能利用到北京图书馆所藏的相
关史料，但其后，他也同样进行了实地的资料调查。[1] 这样一来，

────────────

[1]　参见萧启庆：《元代科举与菁英流动——以元统元年进士为中心》。杨讷《关于〈元
统元年进士录〉的版本与校勘》　文亦言及于此。

在元代科举的研究中，国际交流无疑又进一步推动了具体研究的开展。据说，萧启庆拟将他所汇集的元朝所有进士名录予以全部公开。这在某种程度上也是资料环境变化的具体体现，同样可以想见，其相关研究也必将取得新的进展。那么我们也可以期待，在这一系列研究成果基础上所展开的国际学术交流又会进一步推动元代科举研究的深入发展。

第三部分

士人与地域社会

第七章

作为碑文撰写者的士人

一、序言

中国近世的士大夫往往有着几种不同的面向。他们通过科举及第或其他途径成为官僚，而其活动身影却又并不完全局限于官僚机构之中，他们有时又会以指导者的身份活跃于地域社会。关于他们作为地域社会的指导者在历史上所产生的重要影响，已有专门的研究。[1] 其中不仅讨论了他们作为科举官僚的特征，还注意到他们在地方上，特别是在乡里社会中以指导者的身份参与学校、水利、寺院、祠庙等公共设施的建设与管理，以及从事慈善和救济等各项活动。但是，既往研究的"地域社会中的士大夫"视角却忽略了他们作为文人所从事的活动。具体而言，本章将重点关注他们作为地域社会的代表为地方官府所撰写的文章，以及撰写各类公私碑记等活动。在传统地域社会中，从事"书写"这

---

[1] 关于活跃于地域社会的士大夫的个案研究，参见刘子健《劉宰小論》，《東洋史研究》37-1，1978 年。

一行为，不论在官与否，都是士人必不可少的社会活动。

士人与石刻的关系，又不止于撰写文章。一通石刻能够最终立石，需要经过数人之手。首先就要有碑文的撰者、书丹者、篆额者、立碑出资者等等，而后便是石工、刻匠、决定立石日期的占者等人。其中，至少撰文、书丹、篆额一般都应当是士人（宗教石刻的话还应有宗教人士）的工作。本章即以元初华北山东的教官李庭实，以及由宋入元的士人代表王应麟为个案，具体探讨他们及其周边士人群体与石刻之间的关联。在李庭实的事例中，本章亦尝试利用民国方志所收录的元代史料。

二、济南路教授李庭实——作为碑文撰者的教官群体

（一）李庭实其人

元朝以现在山东半岛中部潍坊市为中心的区域置潍州。此地作为汉人世侯李全、李瓒的出生地在元史中颇为著名。元代潍州属益都路下辖北海、昌乐、昌邑三县［至元三年（1266）昌乐县并于北海县而成二县，直至元末］。[1] 至民国时期，昌乐县和潍县（即元代的北海县）分别于民国二十三年（1934）、民国三十年（1941）编修了县志。此两种县志皆收录了当地丰富的石刻资料，其内容远超汇集山东石刻的书籍《山左金石志》，为本章相关研究的基本资料。[2]

本章所讨论的李庭实，自至元后半期至大德年间三十余年绝

---

[1]　明洪武年间复置昌乐县，潍县隶莱州府，昌乐县隶青州府。清朝亦因袭之。
[2]　目前，充分利用《潍县志》的研究成果，参见爱宕元：《五代宋初の新興官僚—臨淄の麻氏を中心として》，《史林》57-4，1974年，后收入《唐代地域社会史研究》，同朋社出版，1997年。

大部分时间一直生活在山东半岛。据笔者所知，本章所谓李庭实
其名完全未见载于元代的一般史料。[1] 目前，我们只能从当时的
石刻中获知其名，他便是作为相关石刻碑文的撰者得以留名其中
的，而后亦仅为地方志所征引。首先，笔者根据所能接触到的资
料，将李庭实相关的石刻做成《李庭实相关石刻表》（表1）。[2]

　　接下来，根据李庭实相关碑刻所载头衔，简单整理其经历
如下：

至元二十一年（1284）以前	北海县儒学教谕
至元二十一年	将仕佐郎（从八品）赣州路石城县主簿
至元三十年（1293）—大德元年（1297）	滨州路儒学教授
大德三年（1299）—大德九年（1305）	济南路儒学教授
至大二年（1309）以前致仕？	

　　赣州石城县位于江西南部山中。为何李庭实在南宋灭亡不久
即前往彼处赴任，现仍不清楚。除却这段经历，他一直以益都、
济南相邻两路所属的州县学校教官身份生活在山东。保存其地的

---

[1]　元代山东境内，尚有另一位李庭实。《孔颜孟三氏志》卷三等所收"孔治神道碑"（蔡文渊撰，至元六年，1269）记载了孔治第四女之夫史邮曲书史庭宽。《（乾隆）山东通志》卷十五《征辟》载："单父人，助教。"卷三十二《陵墓》"单县"条所载"元李庭实墓"夹注作："官尚书，封陇西郡侯。"

[2]　除却该表所列石刻外，尚有如下二通石刻载有李庭实其名。

衍圣公孔治神道碑（《山左访碑录》卷六，后至元六年，1340，正书）

重修黄仙公庙记（《民国潍县志》卷四十一，至正元年，1341，撰）

其中，关于前者，参见上注。后者载其头衔作"北海县儒学教谕"，但因年代相差太大，姑附记于此。

共计 15 通石刻便是李庭实留在历史上的唯一踪迹。而其中大部分石刻都在当时北海县境内。由此或可推测李庭实为北海县,或者相邻县出身者,但由于缺乏关键性史料,仍不能遽然断定(当然,我们也不能完全否定他与注释所提及的单县李庭实为同一人的可能性)。

表 1　李庭实相关石刻表

至元二十一年 （1284）	王氏孝葬先茔记（撰，书丹）	民国潍县志卷四十
	〈将仕佐郎赣州路石城县主簿前北海儒学教谕〉	
	荣葬朗公塔记（撰）	同
	无官职	
	重修福胜院碑（书丹）	同
	〈将仕佐郎赣州路古城县主簿前北海县教谕〉	
至元三十年 （1293）	杨氏孝葬先茔记（书）	同 *
	〈将仕佐郎前石城簿前潍州学正〉	
	都巡王公先茔之记（撰）	
	〈部仕佐郎前石城县济南路滨州儒学教授〉	
元贞元年 （1295）	元牟氏墓碑（非正式标界）（撰、篆额、书丹）	同
	〈滨州儒学教授〉	
大德元年 （1297）	府君崔公灵应之碑（记）	同
	〈滨州儒学教授〉	
	重修潍州公廨记（记）	同
	〈滨州儒学教授〉	
大德三年 （1299）	赵敦武先茔记（记）	民国昌乐县续志卷17
	〈将仕佐郎前石城簿济南路儒学教授〉	

大德六年 （1302）	杨氏葬亲之记（述）	民国潍县志卷40
	〈将仕佐郎济南路儒学教授〉	
大德九年 （1305）	赵知事先茔记（述）	同
	〈济南路儒学教授〉	
	李氏先茔碑记（记）	民国昌乐县续志卷 17**
	〈济南路儒学教授〉	
至大二年 （1309）	张提领先茔记（撰）	民国潍县志卷41
	〈将仕佐郎前济南路儒学教授〉	
延祐元年 （1314）	重建大成至圣文宣王庙之碑	同
	〈前济南路儒学教授〉	
至顺四年 （1333）	平阴县重修庙学之记（撰）	山左金石志卷23***

* 此处"书"即撰述之意。

** 当为《民国昌乐县续志》所附头衔。

***《山左金石志》未载他此时的头衔。

（二）元代学官制度与李庭实

可以说，庙学教官是李庭实大部分时间所担任的官职，也是他撰写大部分石刻时所使用的头衔，那么元代学官制度到底如何呢？

金末战乱，华北各地学校皆荒废，而像潍州能够在当地统治者李氏的扶持下得以复兴者实为少数。据明清方志记载，到至元

年间，潍州大量的学校建筑都得到了复建。[1] 在此背景下，中统
二年（1261）忽必烈颁布了命令各路设置提举学校官的圣旨。[2]
自此，至至元六年（1269）元朝明确于各府州设教授一员，[3] 学
校相关制度开始逐渐完善。

据《元史》卷八十一《选举一·学校》，元朝对教官的员额
规定如下：[4]

路	教授一，学正、学录各一
散府、上中州	教授一
下州	学正一
县	教谕一

除此之外还有教官的补充"训导"，以及各路学至州学遍置
的"直学"。从"直学掌管本学田产、屋宇、书籍、祭器一切文

---

[1]　《潍县志》卷四十所收《元潍州新试院图记石刻》标附日期为己未年（1259），
并且其中明确出现了潍阳军节度使李璮之名，极具史料价值。关于该石刻与李璮再建
庙学之间的关联，详见本书第八章。此外，关于该时期孔子庙学重建的情况，可参见
同书卷四十所收录《潍州重修宣圣庙记》（至元十五年，1278）的相关记载（但该建
筑在李璮之乱时似已荒废）。当然，该时期仍有不少地方学校尚未复建，"有教官而
无学"（《中庵先生刘文简公文集》卷一《蓨县庙学记》）。

[2]　《庙学典礼》卷一《设提举学校官及教授》。

[3]　《庙学典礼》卷一《设提举学校官及教授》。

[4]　关于该学官员额，《元典章》卷九《吏部卷三·正录教谕直学》及《庙学典礼》卷六《山
长改教授及正录教谕格例》皆引自至元二十一年（1284）二月的"腹里儒学学校官例"。
所以，该员额原本应当是针对华北地区的规定。根据《庙学典礼》卷一《郡县学院官
职员数》、卷二《学官职俸》所载亦可知，南宋投降后不久，江南地区学官的数量远
多于此。但是，"腹里儒学教官例"所引大德五年（1301）六月江浙行省札付中，对
于江淮各地的儒学仍规定为，路教授一、学正一、学录一、直学二，各府州教授一、
学正一、学录一、直学一，县教谕一。这与华北地区的员额数几乎是相同的。

簿，并见在钱粮"的记载看，直学应当属于事务官。[1]

元代庙学教官的制度体系大致如上，下面来看其具体职掌。在元代学校制度的相关规定中常见的表述是："随路教授、学正、学录，师范后进，作育人材，撰述进贺表章，考试岁贡儒吏，品级虽轻，责任甚重。"[2] 其中提及教官的三项职掌中，首先就是对隶属于元朝地方学校的"儒户"进行监督，开展经书的讲书活动。该项职掌已为牧野修二和大岛立子所论及。[3] 其次是"考试岁贡儒吏"，即遴选人才作为"儒吏"的候补，并向上级机构进行推荐。最后一项便是在必要的情况下撰写各地上进的贺表。这也可以说是元朝对于教官作为地方文化事业象征性存在的认可。

以此，李庭实便从县一级的教谕开始，在学校官的体系中稳健地向上晋升至路一级的教授。那么，元代学校官的迁转体系又具体是如何运转的呢？一般而言，从教谕、学录开始，逐步晋升至学正、教授的过程中，每个阶段都需要一任（三年），或者一考三十个月的时间。[4] 但是，如果照此规定不断往上晋升，那么必然会遭遇"员多阙少"、现实中职位不足的情况。江南地区尤为严重，大德年间等待选任的教授超过 500 人，甚至有等待时间

---

[1]　《庙学典礼》卷二《正录不与教官连署》至元二十六年（1289）九月二十日国子监将惚所引教官格例。

[2]　《庙学典礼》卷一《革提举司令义贤正官提调》至元二十一年（1284）十月五日中书省咨。

[3]　牧野修二：《元代生员の学校生活》，《爱媛大学法文学部论集　文学科编》13，1980 年；大岛立子《元代の儒戸について》，《中嶋敏先生古稀纪念论集》下，1981 年。

[4]　关于学校官的迁转，不同史料的记载稍有差异，但原则上应当还是如《庙学典礼》卷二《学官格例》所规定："白身保充学录、教谕，一考升学正，学正一考升府、州教授。"（《元史》卷八十一《选举一·学校》规定由直学开始，教谕、学录晋升皆需两考）。

长达八九年之久者。[1]

　　仅就李庭实的教官职位来看,他应当算是稳健的成功晋升者。但是他将仕佐郎的散官位和县主簿的职位却又都相当于从八品。虽是从八品的教官,但这已相当于地方教官最高级别的路一级教授的官品了。[2] 李庭实在升任济南路教授前,也必定历任了下州潍州的学正,以及中州滨州的教授等职位。而且,每个阶段所需的时间还不止一考,那么其晋升的过程也可以说是缓慢向上的(其中也很可能与职位不足有关)。

(三)李庭实所撰石刻碑文的对象

　　有着如此地位的李庭实,又是为何种类型的石刻而被请求撰写碑文的呢? 下文便结合上表1《李庭实相关石刻表》对此问题加以探讨。

　　据《石刻表》可知,他所撰写的碑文大致可区分为两类:一种为个别家族以及个人所撰写;另一种为官府相关的机构所撰写,带有某种公共的属性。《重修潍州公廨记》《重建大成至圣文宣王庙之碑》以及《平阴县重修庙学之记》这三篇应当可以算作公共性质的碑文。[3] 接下来即对除此而外的私人性质的碑文加以分析。

　　首先来看其于至元二十一年撰写的与佛教相关的两篇,分别是为僧普朗所撰塔记和为其弟子在北海县兴建的福胜院所撰碑文。两者都是由潍州学正赵忠敬、现任北海教谕罗国英,以及前任北海教谕李庭实共同合作撰写而成的,是了解学校官与石刻之

---

[1]　《元典章》卷九《吏部卷三·考试教官等例》大德九年(1305)二月中书省札。此外,《庙学典礼》卷六《山长改教授及正录教谕格例》大德五年(1301)江浙行省札付所引吏部呈文亦曾提及该问题(但此处作"二百人")。
[2]　《元典章》卷七《吏部卷一·内外文武职品》。
[3]　《府君崔公灵应之碑》虽是为崔府君庙所撰写的碑记,但由于该庙为潍州东北寺家庄"民"崔用一家所建,所以李庭实所撰该碑文也被归属于"私人"性质。

间关系的极佳资料（关于赵忠敬、罗国英二人的情况，详见后述）。
至元二十一年（1284），李庭实还为王氏撰写了一篇《先茔记》。
此后，他所撰写的"先茔记"共有 9 篇留存至今。"先茔记"是
元代华北地区较为多见的碑文形式，[1] 为历代祖先墓地所立碑刻
的碑文。或因某种机缘将他处父祖之墓迁至现住地，或因战乱将
临时安葬各地的墓地集中于一处。这些时候往往需要请人撰写"先
茔记"，勒之于石。下面我们通过分析这九篇"先茔记"碑刻的
立碑者来讨论请求李庭实撰写碑文的相关人员所属的阶层。根据
碑文中或被称作"葬主"，或在碑末以"某某立石"出现的人物，
笔者按照碑刻的顺序整理如下：

王氏孝葬先茔记	王成	北海巡检勾当
杨氏孝葬先茔记	杨茂	不仕
都巡王公先茔之记	王显	北海都巡检
元牟氏墓碑[2]	牟璋	潍州常平仓使、监潍州盐酒税使
赵敦武先茔记	赵全	敦武校尉屯田上百户
杨氏葬亲之记	王成	北海巡检勾当
赵知事先茔记	赵成、赵璧	赵璧，广南东路招讨司知事
李氏先茔碑记	李贵	农（某时期的千夫长）
张提领先茔记	张佑	站局提领

---

[1]　同为元代山东人的潘昂霄论及，"先茔、先德、昭先等碑，创建于国朝，已前唐宋金皆无之"（《金石例》卷二《先茔先德昭先等碑之始》夹注），但金代石刻中也有先茔碑，未必始于元代。当然，根据目前所知相关碑刻的情况，元代先茔碑数量确实显著增加。
[2]　"元牟氏墓碑"之名为《潍县志》所加，其内容仍为先茔碑。

此处所有官职无法以官品一一对比，但其中敦武校尉（从七品）赵全的地位应当最高，其他诸人虽然也带有某种官职，但皆为中下层小官。根据相关碑文的记述，他们艰难度过金末战乱期，通过与蒙古政权的合作，获得了相应的地位，将之视作父祖阴德的庇护，卜迁墓地，立石为碑。这些家族以北海县为基本活动范围，参加蒙古军队，出任北海县以及潍州的下级官吏，同时又有部分成员留居当地，从事农业生产。此外，上述九家之中，王成和杨氏，李贵和牟璋之妹皆分别结成了姻亲关系。可以说，这一阶层正是元代山东地域社会中最小单位的"指导者"群体。[1]

同样在元代初期生于山东章邱县（济南路）最后官至翰林学士承旨的刘敏中（1243—1318），其文集《中庵先生刘文简公文集》中亦收录了类似的先茔记（卷四、五、九、十），其中多数皆为山东出身者。但是如两篇"敕赐碑"等相关篇目所示，他们很多家族中都产生了拥有大夫以上散官品级的人物。亦如后述，请求这些能够出入翰林的高官撰写碑文的阶层，与请求地方教官撰文的阶层之间的差别等问题，也值得深入探究。

（四）作为碑文作者的教官

身为学校教官的同时又撰写了较多石刻碑文者，除李庭实之外尚有不少。简单梳理山东省方志所收元代的遗文可以发现，除却释道相关的内容外，各地的学校教官，以及出身山东且就任中央翰林、国子监等所谓文学之职的官员所撰写的先茔碑文也不在

---

[1] 多数"先茔记"在碑阴中记述了婚姻关系以及家族分支的情况，如果有机会对此进行实地调查，我们必定会对他们之间的相互关系有更加清晰的认识，但遗憾的是，《潍县志》完全没有涉及碑阴的任何信息。据说，20世纪30年代仍确定无疑地存在于当地的多数相关石刻，已在"文革"时期遭到破坏。目前也只能祈祷这些石刻能够以拓本或其他的某种形式被保留下来了。关于这些石刻中出现的各个阶层在金末至元代的命运，参见本书第八章的论述。

少数。在这两个群体中，分别都有几人同李庭实一样至今仍留下了较多的遗文。学校教官群体中至今仍有较多遗文者，以如下三人为代表。

1. 罗国英、赵忠敬

他们与李庭实相似，其姓名亦仅限于石刻资料中，而相关经历却还不如李庭实，更加不明确。首先是罗国英，除了表2提到他曾就任昌邑县监酒税和北海县儒学教谕两个职务之外，其他一无所知。而对于他就任北海县教谕之后的职务，亦仅限于石刻的记载。根据"前"字的有无判断，至元二十一年（1284）到至元二十八年（1291）之间，我们也只能确定他曾就任北海县教谕，至于职任至何时也同样不清楚。然后至大德元年（1297），他就自称"前北海县儒学教谕"。[1] 此外，关于他为北海人的证据，也仅有他在《周公祖茔之铭》中提到北海人周成时所言"余与公里人也"这一处记载。同样，对于罗国英曾担任的昌邑县监酒税，始于何时，职任多久，我们也不清楚。但昌邑县为潍州所属北海县的邻县，所以就我们目前所知，罗国英的任职地基本就局限在他自己的出生地和邻县范围之内。

关于赵忠敬，元代传记资料中同样失载。除了他在任潍州学正之时，及其后以"前学正"头衔所撰写的七篇碑文留存至今以外，我们对他的情况亦一无所知（参见表3）。

---

[1]　至元二十一年到至元二十八年间，笔者亦未见到其他就任北海县教谕者的记载。

表 2　罗国英相关石刻表

至元十五年 （1278）	潍州重修宣圣庙记（书？）	〈儒生〉
至元二十一年 （1284）	荣葬朗公塔记（撰）	〈潍州教谕〉
	重修福胜院碑〈教谕〉	
至元二十二年 （1285）	周公祖茔之铭（撰、书丹）	〈前昌邑监酒税北海 儒学教谕〉
至元二十四年 （1287）	高宅女子抪葬祖父之记 （书丹、篆额）	〈北海儒学教谕〉
	侍卫千户戴侯先茔之碑 （代书）	〈北海儒学教谕〉
至元二十八年 （1291）	提领刘氏迁葬祖茔之记 （撰、书丹）	〈北海儒学教谕〉
	总把刘氏先茔之铭 （撰、书丹）	〈□监□税北海文学 教谕〉
	大元国重修东岳行宫之记并 序（撰、书丹）	〈前昌邑监酒税北海 文学教谕〉
大德元年 （1297）	重修潍州公廨碑（书丹）	〈前北海儒学教谕〉
	王氏葬亲之记（撰、书丹）	〈前北海儒学教谕〉

※ 以上石刻皆收录于《民国潍县志》卷四十

表 3　赵忠敬相关石刻表

至元十五年 （1278）	潍州重修宣圣庙记（撰）	〈潍州学正〉
至元二十一年 （1284）	荣葬朗公塔记（撰）	〈潍州学正〉
	重修福胜院碑 *	〈潍州学正〉
至元二十四年 （1287）	高宅女子抪葬祖父之记（撰）	〈潍州学正〉

续表

大德元年（1297）	辛公迁葬之记（撰）	〈潍阳学正〉
大德七年（1303）	医学正范公祖茔记（撰）	〈潍州前学正〉
	郭氏祖茔之记（撰）	〈潍州前学正〉

※ 以上石刻皆收录于民国《潍县志》卷四十

*《潍县志》作"赵敬"。

2. 宋革

宋革之名见于至元十九年（1282）的《重刻雩泉碑记》到至元二十八年（1291）的《嵇均墓碑》的 8 通石刻中。由于收录相关遗文的地方志皆有其自身的编纂原则，所以宋革的头衔多数情况下是无法确定的，仅在有限的石刻中出现了"前漕贡进士密州学官"的字样（参见表 4）。关于"前漕贡进士"的表述，笔者此前亦曾撰文指出，一般多指代金朝或南宋的登第者。[1]

表 4　宋革相关碑刻表

至元十九年（1282）	重刻雩泉碑记（撰）	〈密州学正〉	道光诸城县续志卷十五*
至元二十年（1283）	常山祷雨谢雨碑（正书）		同
至元二十一年（1284）	郑成先茔碑（撰、正书）	〈前漕贡进士密州学官〉	同
至元二十四年（1287）	陈玉先茔碑（撰、正书）		同

---

[1] 参见拙稿《元代前半期の碑刻に見える科学制度用語（上）》，《奈良大学纪要》11，1982 年。

续表

至元二十五年 （1288）	密州重修庙学碑 （撰、正书）		同 **
至元二十六年 （1289）	重修庙学碑 （撰、正书）		同 ***
至元二十七年 （1290）	董义显现示后碑 （记、书篆）	〈前漕贡进士 密州儒学正〉	民国重修莒县 志卷五十二
至元二十八年 （1291）	嵇均墓碑 （撰）		道光诸城县续 志卷十五

　　* 以下碑名据《诸城县志》。而《诸城县志》多数情况下并不标明撰者的官职。本表所引即为其全部。

　　**《山左金石志》亦著录。

　　*** 该碑亦为《山左金石志》著录，其中作"学正"。

　　通观包括李庭实在内这些人的共通之处可知，第一，关于他们的相关记载，除却石刻资料之外几乎别无所存；第二，如上表目录所示，现存遗文中，多为私人关系所委托撰写；第三，从简单履历来看，他们在某一职位上在任的时间都比较久。李庭实的情况亦如前所论，而至于另外三人史料中所能确认的在职时间，罗国英至元二十一年（1284）到二十八年（1291）任北海教谕，赵忠敬则于至元十五年（1278）到二十四年（1284）任潍州学正，两者任同一职位时间都超过两任，宋革也同样从至元十九年（1282）任职到了至元二十七年（1290）。而与此相对，延祐、至正两部《四明志》所载庆元路，[1] 以及石刻所记无锡州、嘉定

---

[1]　据《延祐四明志》卷二《职官考》，以及《至正四明续志》卷二《职官》。

州的大部分教授，[1] 最长也不过三年即任满得替，这与李庭实等人的情况迥然相异。此外，就籍贯来看，庆元等南方三地教授都是从江南其他各地赴任至此的，皆非本地之人，而李庭实、罗国英二人都在北海县以及相邻县之间转任，同样存在较大差异。这也让我们认识到，后者很可能已然与其籍贯结成了较为密切的固着关系。

其实，不论哪个时代，地方庙学的教官职位都算是官场、仕途不顺者的栖身之所。如《元史》卷八十一《选举一·科目》所载，延祐开科以后，元朝亦以学官作为科举不第者的补偿之举，"下第者悉授以路府学正及书院山长，又增取乡试备榜，亦授以郡学录及县教谕"。而学校亦渐趋形骸化，泰定二年（1325）袁桷在给俞希鲁离任庆元路学教授时的赠辞中批评学生素质低下，教员亦奉行但求平安无事的消极主义，"劝学之诏屡下为虚文"，教官亦"罢老不胜任十居其六"，整体素质低至极点。[2] 由此来看，元代庙学与其他时代相比也似乎没有任何区别。但是，地方社会中学校教官难道就真的一无是处吗？李庭实等地方学校教官至少还可以通过碑文的撰写与地方社会，特别是地方社会的指导者保持着某种联系。当然，撰写碑文还能够以润笔费的方式给他们带来相应的收益。但我们也同样应该看到，他们在其任职地、籍贯，或者前一任职地等各种场合下所撰写的碑文是满足了当地人对于知识能力的需求的，他们在地方社会中的这种存在方式是不能被忽视的。

---

[1]　《江苏金石志》卷二十三《无锡州儒学教授题名记》，卷二十四《嘉定州教授题名记》。据《四明志》及两处题名记来看，仅有嘉定州陈公礼在任四年零五个月，超过了三年。
[2]　《清容居士集》卷二十三《送俞教授回里序》。另据《至正四明续志》卷二《职官》所载，俞希鲁在任时间应为至治二年（1322）至泰定二年（1325）。

　　作为对比，我们可以山东方志中保留较多遗文且出身于翰林院的相关人物来加以申论。前文所提及的刘敏中等人即属于该群体，但更为典型且具有代表性的人物应当是张起岩（1285—1353）。当然，另外还有李谦（1233—1311）、张养浩（1269—1329）等。他们皆为山东人（张起岩，历城人；李谦，东阿人；张养浩，济南人），其活动范围并不像李庭实仅局限于山东当地，他们都曾职任国子监以及翰林院等朝廷高官。其中，张起岩在延祐乙卯（延祐二年，1315）科举首科中位居汉人、南人左榜第一，而后官至翰林学士承旨，可以说是元代中后期山东出身的士人代表。与那些除了相关石刻之外完全名不见经传的学校教官相比，张起岩等人皆在《元史》有传（张起岩，卷一八二；李谦，卷一六〇；张养浩，卷一七五），亦多为其他相关传记资料所记载。

　　那么，这些翰林院官员在石刻撰文方面与上述教官相比，又有哪些不同之处呢？第一，石刻撰文对象在地域分布上更广。张起岩的相关遗文，仅以清代行政区划的山东一地来看，涉及八府二十一县，他所撰写的碑文几乎遍布山东全境。[1] 同样，李谦所撰碑文亦涉及山东五府十五县，虽然略少于张起岩，但其他诸人也大致如此。这与李庭实等人的遗文中所显示出的仅限于特定地域的情况相比，明显是大不相同的。此外，与李庭实等人所撰写碑文多受私人关系的委托不同，在目前从各类地方志中可以搜集到的张起岩所撰写的三十多件碑文中，包括先茔记在内的墓碑文仅有三件。通过这一对比，我们可以进一步明确，李庭实的碑文撰写，其实是紧紧贴近于生活在北海县该地域中的芸芸众生所展

---

[1]　按元代的路级行政区划来看，涉及了山东六路中的五路。此外，其遗文中还有不少为其他行省所撰写的碑文。

开的。

（五）小结

在关涉人的生死、建筑物的营造和修缮等前近代中国社会的活动中，相应文章的委托撰写，抑或寄献辞章，都是士人义不容辞的本分和社会责任。以此，为士人所撰写并为社会所消费的文章，其数量之多远远超过我们想象。当前我们所能寓目者不过是保存于文集之中且能够留存至今的极少的一部分而已。而另一方面，地方志的"艺文""金石"等部分对相关文章的收录，也使得不少篇目能够被单独地保留至今。据此，我们才可以看到与文集所展示出的面相大不相同的社会状况，这也是笔者重点讨论李庭实的目的所在。

虽出身于地方但又擅文名于朝廷的张起岩等人，与在任或前任的庙学教官，两者为委托群体所撰写的碑文之间的差别，对于当时人而言应当是不言自明的。同样，委托人群体的阶层差别应当也是如此。这些现象也恰好印证了我们通过相关碑文所了解到的相关事实之间的差别。接下来，本章将以现存南宋时期大学者王应麟所撰写的碑文为主要材料，尝试从其他视角重新讨论作为碑文撰写者的士人。

三、王应麟——从碑记的撰写来看宋元交替期的庆元士大夫

（一）至元—大德时期庆元的碑记

本节将重点考察宋元交替时期庆元路（现浙江宁波）的王应麟等士人，所利用的材料主要是碑刻文之一的"记"，特别是新建、重修公共建筑之际请人撰写的"记"文。元代庆元路隶属江

浙行省，下辖鄞县、奉化州、昌国州、慈溪县、定海县、象山县。

新建屋宇时当然自不待言，而一般情况下几十年一次对建筑进行"重修"之际，如果达到一定规模，也往往会请人撰写记文，镌之于石。此外，廊庑、亭楼等个别建筑的新筑、增修也时而会有相关记文的产生，如此一来，记文的整体数量便会进一步增加。对于撰写者而言，为官衙、学校等公共建筑物所撰写的记文，已经超越了一般的个人行为，已经带有了某种公共的属性。故此，考察地方公共建筑相关记文的撰写者及其内容，有助于我们进一步了解地方社会中官府与士人之间的关系，以及士人社会的具体面相。本节即通过士人为公共建筑撰写碑记这一行为考察元朝统治下江南士大夫与政权的关系，进而讨论碑记撰写者与地域社会的关系问题。

首先来看表 5 至元到大德约三十年间庆元公共建筑相关碑记一览表。[1] 之所以时间下限在大德年间，这是因为大德十年（1306）

[1]　在此对该一览表的出典作简要说明。据载，王应麟生前即有《深宁集》一百卷（《宋史》卷四三八《王应麟传》），但很早就已散佚，现仅存明代郑真辑《四明文献集》五卷（《四库全书》本作"陈朝辅同辑"）和清代叶棠辑《深宁先生文钞撖余编》三卷，皆为《四明丛书》所收。由于这些文献皆为后世的辑本，本章则尽量利用能够获得的较早版本来标注其出典。其他文献的版本情况如下：

《延祐四明志》，《宋元地方志丛书》影印元刊四明六志本
《成化宁波郡志》，《北京图书馆古籍珍本丛刊》影印成化刊本
《敬止录》（明高宇泰撰），《北京图书馆古籍珍本丛刊》影印钞本
《四明文献考》，《北京图书馆古籍珍本丛刊》影印明钞本
《本堂集》，影印文渊阁四库全书本
《剡源戴先生文集》《清容居士集》，四部丛刊本
《松乡先生集》，元刊本（据静嘉堂文库本的景照本）

本表中的碑记亦多为后世地方志等文献所引用，本表中撰者的文集、元明地方志等文献的出典，仅标注与当时时代较近者。此外，各碑记的时间比定，主要依据张大昌所编年谱。

关于周巽子其人，仅县志中作"邑人""将作少监"，未见于其他文献记载。如果县志的记载可资凭信，那么本表的"学校记"便属于委托乡里出身的名士所撰写的碑记。此外，作为地方公共事业之一，水利建设也是不可忽视的重要部分。而《延祐四明志》卷十、卷十一理应收录水利相关内容的两卷《河渠考》已残缺不存，故本章亦未能搜集到相关碑记。

《鄞县县治兴造记》的撰者袁桷生于咸淳二年（1266），临安陷落时不过 10 岁，已经属于生长于元朝的一代了，超出了宋元交替期的时限范围。此外，在讨论石刻资料时，我们通常不仅要关注撰文者，还必须了解书丹、题额诸人的情况，而本表所收碑记几乎都收录在地方志或者文集之中，皆未记载与此相关的信息。

表 5　至元—大德年间庆元碑记一览表

奉化社稷坛记（至元二十七年）	王应麟	《四明文献集》卷一
济南陈公修东津桥记（至元二十八年）	王应麟	《敬止录》卷十、《成化宁波郡志》卷四
庆元路重修儒学记（至元二十九年）	王应麟	《两浙金石志》卷十四、《延祐四明志》卷十三
庆元路建医学记（至元二十九年）	王应麟	《延祐四明志》卷十四、《四明文献考》
奉化重修县治记（至元二十九年）	王应麟	《延祐四明志》卷八
奉化县学记（至元二十九年）	陈　著	《本堂集》卷四十九
奉化县学参前亭记（至元二十九年）	陈　著	《本堂集》卷四十九
奉化县学彝训堂记（至元二十九年）	陈　著	《本堂集》卷四十九
（奉化县学）仁寿殿记（至元二十九年）	戴表元	《剡源戴先生集》卷一[1]
重修（鄞县）学记（至元三十年）	王应麟	《延祐四明志》卷十三
义田庄先贤祠记（至元三十年）	王应麟	《延祐四明志》卷十四
九先生祠堂记（元贞二年）	王应麟	《延祐四明志》卷十三
奉化升州记（大德元年）	陈　著	《延祐四明志》卷八、《本堂集》卷五十一

[1]　《剡源集》小注作"代阮侯"。关于阮麟翁，文中称"同知总管府事"，另据《延祐四明志》卷 2《职官考》"庆元路总管府同知"项载，其在任时间仅作"至元二十九年任"。

续表

新修奉化学记（大德三年）	任士林	《松乡先生集》卷一
奉化州学兴筑记（大德五年）	戴表元	《剡源戴先生集》卷一
重修（象山县）学校记（大德五年）	周巽子	《乾隆象山县志》卷五
鄞县县治兴造记（大德十年）	袁　桷	《清容居士集》卷十八

据此表可知，在这一时期为庆元路公共建筑撰写碑记者主要有王应麟、陈著、戴表元、任士林，以及周巽子，其中，王、陈为鄞县人，戴、任为奉化人，周为象山人。[1] 他们作为南宋灭亡后不久的相关碑记撰者，在宋代无疑早就颇擅文名。其中，戴表元于大德六年（1302）任信州路学教授，任士林曾任上虞县教授等职，两者皆出仕元朝。而与之相对，王应麟、陈著二人则以拒元忠宋、与世无涉的形象为众所知。南宋灭亡后江南士人与蒙元政权关系的研究向为元史学界所关注，村上哲见曾根据《四库全书总目提要》以及接续于此的《京都大学人文科学研究所汉籍分类目录》所收集部别集类中各文集著者的断代，考察了后世基于道学对新政权下江南士大夫出处进退的评价与当时江南士大夫实

[1]　关于这些人物的传记资料，主要有以下几种：
　　王应麟，《宋史》卷四三八本传
　　任士林，任叔实墓志铭（《松雪斋文集》卷八）
　　戴表元，戴先生墓志铭（《清容居士集》卷二十八）
关于陈著，当时的相关传记资料目前未有留存，但清代陆心源《宋史翼》卷二十五《陈著传》可资参照。另据王德毅等编《宋人传记资料索引》载，光绪刊本《陈本堂文集》附有陈著传记和孙锵所撰年谱，胡水波亦著有《陈著行实考》（《之江期刊》2，1934年）。笔者曾核查文渊阁四库全书影印本未见所附年谱，其他皆未寓目。

际动向之间所存在的差异问题。[1] 本节亦将通过撰写碑记这一行为来进一步探讨如何认识他们与元朝之间的关系问题。

（二）碑记的撰写者们

1. 王应麟

王应麟有《玉海》《困学纪闻》等多部著作存世，关于他在中国学术史上的地位，已为内藤湖南《中国史学史》等前人研究多所论及。对于南宋嘉定十六年（1223）出生，元朝元贞二年（1296）去世的王应麟，本章则以碑记为主要材料将其作为生活于南宋末至元代的江南文人个案尝试讨论他们在当时的具体状况。

对此，黄宗羲《宋元学案》卷八十五《深宁学案》记其"入元，不出"，而康熙年间万斯同所编《宋季忠义录》卷十《王应麟传》亦记载作"宋亡，隐居山中二十余载。自号深宁老人，日事著述。其纪年但书甲子，以示不臣于元"。以此，后世评价中关于王应麟在南宋灭亡后与世无交、专事学术、多有著述的形象逐渐定型。确实，王应麟的弟子袁桷在所撰玉吕伯里伯行的神道碑 [2] 中亦提及"庆元多故宋公相家，时翰林学士王公应麟闭门不纳客"，宋亡后，他与旧南宋士人亦断绝交往。但袁桷该文紧接记载道，"公（伯行）首尊礼开说，俾学者师事之"，因玉吕伯里伯行，王应麟又逐渐接触到了外部世界。与庆元路治中伯行保持联系的王应麟，又在伯行的上司浙东海右道肃政廉访副使陈祥

---

[1]　村上哲见：《貳臣と遺民—宋末元初江南文人の亡国体験》，《東北大学文学部研究年報》43，1993 年，后收入《中国文人論》，汲古書院，1994 年。
《京都大学人文科学研究所汉籍分类目录》的断代是基于文集撰者所最后出仕的朝代来区分的。参见仓田淳之助：《東方文化研究所漢籍分類目録解説》，《東方学報》京都第 14 册第 1 分册，1943 年。
[2]　袁桷：《清容居士集》卷二十六《资善大夫资国史院使赠资政大夫江浙等处行中书省左丞上护军顺义郡公谥贞惠玉吕伯里公神道碑铭》。

的请求下，开始为庆元路以及鄞县撰写碑记。

再据清人所编王应麟年谱，[1] 至元十三年（1276）临安陷落后，他并未有过碑记的撰写，只进行了《通鉴地理通释》《汉制考》等著作的撰述，但自至元二十五年（1288）后开始，他却撰写了不少的碑记。如上述碑记一览表所示，王应麟现存遗文中最早的碑记为至元二十七年（1290）的《奉化县社稷坛记》，而后他又为县治以及路学、县学等公共建筑撰写了相关的碑记。[2] 县治为蒙元政权统治地方的中心，而州县学又在元朝统治汉人、南人的相关制度中发挥着重要的公权力性质的作用。[3] 桥梁在地方社会中向来便具有公共事业的属性，东门外的浮桥东津桥日久损毁以致百姓丧命，陈祥得知后即重建该桥，王应麟便在《东津桥记》中记述了该事。[4]

对于公共建筑的碑文撰写，地方官府作为建造的主体当然不可能将其委之于与他们毫无关系的人去完成。所以，虽说王应麟未曾出仕于元，但绝不能因此而言他断绝了与元朝之间的联系，至少至元二十五年后他应当已经恢复了与元朝地方官府间的关系。那么王应麟"拒元而杜门讲学的文人"形象便需要重新修正了。

对此，我们还可以从委托王应麟撰文的一方来予以观察。根

---

[1] 王应麟年谱中保留了钱大昕、陈仪、张大昌、张恕四人所经手的内容，前三者为《四明丛书》所收录，依次增补了相关内容。但未见到张恕的内容。
[2] 张大昌所编年谱还收录了至元二十四年（1287）的《广平书院记》（《四明文献集》）和至元二十五年的《赤城书堂记》（《康熙台州府志》）。此二篇记文并未明言书院的建造与地方官府之间的关系，或属于私塾性质，故本章亦未将其列入一览表。
[3] 关于元代士大夫与路州县学的关系，参见牧野修二充分利用《庙学典礼》所展开的一系列研究，以及大岛立子的《元代の儒戸について》。此外，关于《庙学典礼》的成书问题，参见拙稿『『廟学典礼』成立考』，《奈良史学》10，1992年。
[4] 《敬止录》卷十《济南陈公修东津桥记》载："济南陈公祥咨诹民瘼，闻之嗟戚惨怛。若己纳之沟，更旧图新，以身帅之。牧守掾属协力竞助，士庶风动，不约而从。"

据相关记文我们可以了解到，庆元路一级委托王应麟撰文者分别为：《医学记》，肃政廉访副使陈祥；《儒学记》，教授苏玖；《鄞县学记》，教谕吴应酉。而奉化县方面，《奉化社稷坛记》言及"于是耆老畯民，属应麟为记以识"，《县治记》亦引用了请求王应麟撰文的县尹丁济的书信。此即，修建公共建筑之际，多由地方官来委托撰写碑文。其中，陈祥，济南人，至元二十八年（1291）任浙东海右道肃政廉访副使，分治庆元。他的相关事迹，除了记文所载之外，亦仅见于上文所引玉吕伯里伯行的神道碑。[1]此外，奉化县尹丁济，高邮人，至元二十六年（1289）赴任至此，历任各地，皆有官声。[2]

在肃政廉访副使、县尹等元朝地方官的请求下，王应麟为地方公共建筑撰写了不少的记文，仅凭此相关材料便可否定所谓王应麟与元朝当地权力毫无关联的论调。但是，我们还可以再换个角度来看。王应麟的记文中，仅有一通石刻资料保存至今，此即《庆元路重修儒学记》。据《两浙金石志》卷十四所收录文载"中议大夫浙东道宣慰副使李恩衍书""正议大夫浙东海右道肃政廉访使王宏篆盖"可知，该石刻的书丹和篆额皆由元朝地方官所承担。那么在此背景下再进一步考量，作为该碑记撰写者的王应麟，更不能说与元朝之间毫无关系了。此外，关于王应麟所书年号问

---

[1] 《庆元路重建儒学记》载："二十八年冬，肃政廉访副使陈公祥下车。"此外，于德毅等编《元人传记资料索引》仅收录《至顺镇江志》所载陈祥的资料。此即《至顺镇江志》卷15"镇江府路总管府治中"项所载："陈祥，字彦祥，怀梁人。至元十五年闰十一月二十六日至，十七年二月二日代。"此处与碑记关于陈祥本贯地的记载相异，怀疑两者并非同一人。

[2] 《奉化社稷坛记》载："至元二十六年冬，襄贡丁侯济为尹。"此外，《成化宁波郡志》卷七《职官考》亦载："及尹奉化，兴文教恤民情，众务悉举。凡公廨所在，一判不动。至今民称之曰丁相公判一字。"其出身地的《万历高邮州志》卷八《人物传》以及《大明一统志》卷四十六《宁波府·名宦》所载亦同。

题，该碑文末落款日期虽记作"是岁冬十月己亥记"，但碑文中却明确使用了至元年号，所以前引《宋季忠义录》所谓"其纪年但书甲子，以示不臣于元"，就更与事实不符了。[1]

从王应麟开始撰写碑记的至元二十七年（1290）开始，直至他元贞二年（1296）去世的七年间，他为公共建筑撰写碑文的年数并不长。但是，据目前资料，在此期间庆元地区公共建筑的相关碑文中，虽然奉化县尚有陈著和戴表元所撰，但整体而言，王应麟所撰碑文明显较多，特别是庆元路一级和鄞县相关建筑的碑文，仅保存有他所撰写的内容。这似乎与这一时期他作为庆元地方社会知识领袖的地位也不无关系。如上所引，"奉化社稷坛记"为"耆老畯民"嘱为记，如果将此理解为地方社会的权势之家委托他来撰写的话，那么由于新县尹丁济出任此地时日尚短，他便将碑文撰写者的选择权交给当地的权势之家，而最终王应麟之所以能够被委以撰写碑文之任，多半便是出自地方社会所共通的认识。在难以明确区分政治与学问的近世中国，士人所拥有的知识能力，一方面既是他们自身的所有之物，同时又兼具着某种"公共"的属性。

2. 陈著和舒岳祥

接下来看此时庆元地区保留记文的另一人陈著。他为庆元鄞县人，与文天祥同中宝祐四年（1256）进士，知嘉兴府，因不合于贾似道而降职。《四库全书》等一般将其视作宋人，但他死于大德元年（1297），晚于王应麟。

据陈旅《安雅堂集》卷六《历代纪统序》载"宋亡，隐居句

---

[1]　再从其他碑记情况看，《奉化重修县治记》文末作"至元二十九年八月前进士王应麟记"，正文一览表中王应麟所撰大部分记文亦皆使用了至元、元贞的年号。

章山中，不与世接，叹曰，吾无复有可为者矣，教子犹吾职也"[1]
可知，他也被描述成了宋亡后与外界无涉者。但是，如上文碑记
一览表所示，至元二十九年（1292）他曾为重修奉化县学撰写了
记文。与王应麟撰写《社稷坛记》相同，他所撰写的奉化县学记
文亦受县尹丁济所托。此外，元贞元年（1295）奉化县升州，为
纪念该事件，他在当地达鲁花赤、知州等官员的请求下撰写了《奉
化升州记》。据陈著《本堂集》所收该记文载，他是在翌年正月
与"学宫诸生"一道诣县衙庆贺时被请求撰写的。[2]

　　以此来看，陈著与元朝地方官府的交往较之王应麟更为具体，
完全不是所谓与世无涉的状态。不仅如此，他还为达鲁花赤和治
中撰写了《德政记》。[3]另外关于纪年的问题，《延祐四明志》
所收记文末尾作"大德元年六月日前太学博士陈著记"，而相关
记文中也明确使用了至元、元贞等年号。最后顺便提及陈著之弟
陈观。[4]陈观，生于南宋嘉熙二年（1238），咸淳年间进士，不仕元，

---

[1] 另外，《成化宁波郡志》卷八所收陈著传记中亦作"晚岁隐居奉川"。
[2] 《延祐四明志》卷八《奉化升州记》载："元贞改元，朝廷以诸县地广民稠者，升而州，中下其等。明之奉化为户五万而赢州为下。官视州设员七。明年正月元日，宣授达鲁花赤察罕公、知州事李公柄、敕授同知星公灿、判官赵公秉、李公居安、省曹吏目臧涓、郑元均，各以其职视事。既而以记属余谓。"（以下省略具体请求之辞）较之《延祐四明志》，《本堂集》卷五十一所收该记文的部分内容稍有不同，在"各以其职视事"之后，还插入了"余与学宫诸生旅贺于庭，揖余而语之曰"的表述。延祐志所收该记文源自石刻，而撰者在将记文收入文集时应当经过了反复的推敲，那么此时，撰者无疑也意识到了他与官府之间的关系。
[3] 参见《本堂集》卷五十一《庆元路达噜噶齐伊噜通议德政记》和《成化宁波郡志》卷十《庆元路治中拜降奉议德政记》（《本堂集》卷五十一作"贝隆"）。由于本章所参考《本堂集》为《四库全书》本，不少文字已为清朝所改，前者所谓"伊噜"应为《延祐四明志》卷二《职官考》所载"月列"。《道光象山县志》附《象山文类》所收前者"德政记"亦作"月列"。据延祐志所载，月列在至元三十一年十二月至大德元年十二月在任，拜降于至元二十九年三月至元贞元年七月在任。另据《宋元四明六志》校勘记《余考》"《至元奉化县志》"项所载，受丁济所托，任士林、舒津曾担任奉化县志的编纂工作。
[4] 关于陈观的传记资料，参见《清容居士集》卷二十八《陈县尉墓志铭》。

亦被描述成为"晚岁足不入城"的形象，但皇庆二年（1313）奉化州治重建之际，他曾撰写《奉化州重建公宇记》，收于《延祐四明志》卷八。他在该记文中提及"邦人欲颂公之德纪公之绩，舍儒者其谁与，余不获辞"。很明显，该记文是当地人为颂扬主持重建者达鲁花赤赤城八剌的德政而请求陈观撰写而成的。虽然未署具体时间，但文中同样使用了皇庆年号。

　　宋元交替时期的庆元地区，尚有一人的情况值得关注。此即舒岳祥。他本为台州宁海县人，亦为宝祐四年（1256）进士。舒岳祥在宋代即已颇擅文名，据载，宋朝灭亡后，他便居于奉化，专事著述。[1] 大德二年（1298）于 80 岁去世。现存他的文集《阆风集》（文渊阁《四库全书》，《永乐大典》本）以诗歌为主，记文数量较少，其中存有一篇他为乡里县学所撰的《宁海县学记》（卷十一）。该记文提及："凡有籍于学者，皆得免徭役，士无科举之累，而务问学之实。郡岁贡一士，庶几乡举里选之意，天下之士幸矣。"[2] 对于因科举停废而本该受到恶评的元朝士人政策，他反而颇多称道。当然，该记文属于庆贺祝文，其中所言亦不过套话而已。但是，他能够接受撰写这类套话文章本身的意义，也是值得我们思考的。亦如前文所论及，入元不仕也并不意味着他们就与元朝断绝了一切往来。

　　综上所述，本节所讨论的庆元地区碑记的撰写者，他们在南宋灭亡后，皆居于籍贯或周边地区，不仕元朝，专事著述、写作。但通过分析碑记撰写的经过可知，他们所从事的写作活动绝非与新政权元朝毫无关联，更不是将自己封闭在私人的文人世界之中，

---

[1]　《宋元学案》卷五十五《水心学案下》载："宋亡，避地四明之奉化，与戴表元相友善。"
[2]　该文并见于明诸锌所编《赤城后集》卷一，《北京图书馆古籍珍本丛刊》本。

反而普遍与元朝地方官府颇多往来。

笔者之所以关注宋元交替之际地方士人的出处进退问题，并非是从伦理或道学层面讨论王应麟及其他士人与元朝所保有的关系。他们在地方社会本就颇具名望，现实中也不可能与蒙元政权的统治毫无关联。反过来，对蒙元政权的江南统治而言，积极拉拢这些当地的知识领袖，也是相关政策实施的应有之义。[1] 本章只是通过士人为公共建筑撰写记文这一行为本身，来尝试揭示出该时代地方社会中士人活动的一个侧面，并进一步具体展示出元朝的江南统治与他们的相关活动之间的关系。亦如村上哲见所论，宋元交替之际江南士人相互之间的交往，并没有因为他们是否接受元朝的官职而受到太大的影响。而本章则仅在此基础上进一步指出，即便是那些不仕元朝的文人，他们与元朝地方官府之间仍存在着某种关联，如此而已。村上哲见亦曾指出，后世越是强调他们与元朝"仕与不仕"的关系，并以此来理解他们对元朝统治的抗拒或者对亡宋的忠节，甚至逐渐将其提升到道义的层面来认识该问题，特别是乾隆皇帝以后，就越强调了"贰臣"的观念。

3. 袁桷和韩性

王应麟、陈著、舒岳祥分别于元贞二年（1296）、大德元年（1297）、大德二年（1298）先后去世。那么作为他们下一代的碑记撰写者，袁桷则颇具代表性。[2] 他生于南宋咸淳二年（1266），卒于元泰定四年（1327），可以说是纯粹的元朝人，《元史》有传（卷一七二）。于他而言，是否出仕元朝已不再是问题，但仍

---

[1] 　对此，笔者在《元代前半期の碑刻に见える科举制度用语（上）》一文中亦曾论及，士人的前朝进士身份，对于新统治者元朝而言也是颇有意义的。
[2] 　关于袁桷相关的传记资料，参见苏天爵《滋溪文稿》卷九所收袁桷墓志铭，以及《元史》卷一七二本传。

然可以以之讨论记文撰写委托者与被委托者之间的关系问题。通过他所撰写的碑记对该问题的讨论，也有助于进一步理解王应麟等受托为公共建筑撰写碑记的相关背景。具体可以参见表6至大至泰定年间庆元地区公共建筑碑记一览表。

袁桷，鄞县人，二十岁出头即被授予丽泽书院山长，未受。自大德初年擢任翰林国史院检阅官，直至泰定初年辞归的这段时间，他一直转任于翰林院官职。除却大德十年（1306）的《鄞县兴造记》之外，他所撰写的碑记都集中在延祐三年（1316）以后。据延祐、至正两部《四明志》所载可知，至大二年（1309）发生了倭寇火烧鄞县城事件，庆元路及鄞县各地的公共建筑多被焚毁。这些建筑的重建或许也与他能够留下较多的碑记有关系。[1] 泰定二年（1325）以后，袁桷撰写的碑记数量激增，这应当是受到泰定初他辞去翰林官职南归的影响。自此至其泰定四年（1327）去世仅三年间，他所撰写的碑记数量即有10件，而在此之前仅有4件，由此亦可知他在这段时间碑记撰写的密集程度。作为当地出身的前翰林，他确实也是被委托撰写记文的最佳人选。[2]

下面我们转换视角，来看袁桷《清容居士集》卷十八至二十所收记文的情况。仅就其中有关公共建筑的记文看，除《建城夫子庙堂记》（卷十八，建城县属河北）之外，几乎都是庆元路及其所属州县相关的。但是，如果兼及私人性质的建筑，诸如佛寺、道观、书斋等记文的话，那么他所撰记文的建筑所在地范围就相

---

[1] 据《延祐四明志》卷八《城邑考》，除却至大二年因倭寇侵扰而受损的建筑外，尚有浙东都元帅府、浙东海右道肃政廉访司分司、万户府、路总管府等。此外，袁桷所撰写碑记的建筑亦有鄞县治（因肃政廉访司移驻重建）、鄞县学、司狱司等。

[2] 由于袁桷撰有《清容居士集》，并且《延祐四明志》也为其所编纂，所以他本身就有留存记文的良好条件。

当广泛了。其中多因各种私人交往关系而被委托撰写，这与地方社会中为公共建筑所撰写的记文还是存在一定差别的。

表6　至大—泰定庆元碑记一览表

路学大成殿记（至大三年）	任仲高	《延祐四明志》卷十三
浙东道都元帅府重建记 （皇庆元年）	卓玖	《延祐四明志》卷八 *卓玖，至大四年庆元路学教授（《延祐四明志》卷二）
重建奉化公宇记（皇庆二年）	陈观	《延祐四明志》卷八 *陈观，见前文所述
路学修先圣庙记（延祐三年）	袁桷	《清容居士集》卷十八、《延祐四明志》卷十三
鄞县庙学记（延祐三年）	袁桷	《两浙金石志》卷十五、《清容居士集》卷十八
重建路医学记（延祐三年）	袁桷	《清容居士集》卷十八、《延祐四明志》卷十四
路学明伦堂记（延祐四年）	薛莘	《敬止录》卷十五 ※标题为后加
奉化县学记（延祐七年）	邓文原	《至正四明志》卷七 *邓文原，杭州人，延祐六年江东道肃政廉访司佥事（《吴文正公集》卷三十二所收神道碑）
新建鄞尉厅记（泰定二年）	袁桷	《清容居士集》卷十八、《延祐四明志》卷三
慈溪县治兴造记（泰定二年）	袁桷	《清容居士集》卷十八、《延祐四明志》卷八
重修定海县治记（泰定二年）	袁桷	《清容居士集》卷十八、《延祐四明志》卷八

续表

定海县学藏书记（泰定二年）	袁桷	《清容居士集》卷十八、《延祐四明志》卷七
重修昌国学记（泰定二年）	袁桷	《清容居士集》卷十八
新修司狱司记（泰定三年）	袁桷	《清容居士集》卷十八
鄞县庙学兴造记（泰定三年）	袁桷	《清容居士集》卷十八
慈溪盐课司厅记（泰定三年）	郑谦	《光绪县志》卷二 *郑谦，不明
重建昌国医学记（泰定三年）	袁桷	《清容居士集》卷十八、《延祐四明志》卷十四
转运盐使分司记（泰定四年）	袁桷	《清容居士集》卷十九、《延祐四明志》卷八
鄞县县治重建记（泰定四年）	袁桷	《至正四明志》卷三
鄞县庙学阮文安侯祠记（泰定）	程端学	《至正四明志》卷七 *程端学，鄞县人，泰定元年进士，《元史》卷一九〇本传

这种倾向在其他文人中也不少见。例如，同样长期职任翰林院官的金华义乌人黄溍（1277—1357）的《金华黄先生文集》所收公共建筑相关的碑记（卷八至十五）中，除却《松溪县新学记》（卷十四）外，全部集中在两浙地区。袁桷和黄溍两位都是声著全国的名人，而接下来我们再来看一位相较根植地方的人物——邻近庆元的绍兴会稽县人韩性（1266—1341）。

韩性，会稽人，相关传记资料除《元史》卷一九〇本传外，尚有黄溍所撰《安阳韩先生墓志铭》（《金华黄先生文集》卷三二）。作为北宋名臣韩琦的后代，他承袭了朱子学的学统，延祐科举再开后，四方学者多受业其门下。他曾被元朝授任庆元慈湖书院山长，但仅接受任命而并未实际赴任。他所撰写的碑记中，除《南镇降香之记》（延祐七年，1320，《越中金石志》卷十）署名为"前庆元路慈湖书院山长"外，其他仅以其祖先籍贯作"安阳韩性"。[1] 目前笔者搜集到的他为碑刻所撰写的记文共有 9 篇。其中便有绍兴路学和会稽县学的碑记，由此可知，他亦并未隔绝与元朝官方之间的联系。[2] 据其墓志铭所载，当时绍兴路"张公升、王公克敬、于公九思"数位总管对于本路政事"辄虚己咨访"，他亦"从容开导"。[3] 他不仅在学界名声显著，在地方社会中亦颇受重视。所以，在考察碑记委托于何人撰写的问题上，韩性也是颇具价值的个案。

（三）结语

综上，本节以宋元交替时期的庆元地区为研究对象，依据为公共建筑所撰写的碑记材料，考察了元朝江南士大夫与其所生活的地方社会之间相互关系的一个侧面。其实，与士大夫相关的文章类型颇多。如果更进一步将碑记、墓志碑铭、书籍序文等私人性质的撰述同时纳入考量的话，我们便可发现通往他们更为广阔

---

[1]　或由于南镇降香为元朝官方的活动，本人方以官名署之。关于元朝降香的研究，参见拙稿《元朝における代祀》，《東方宗教》98，2001 年。

[2]　笔者所搜集到的韩性所撰碑记如下：
　　南镇降香之记（延祐七年）　《越中金石志》卷十
　　绍兴路重修大成殿记（至治元年）　《越中金石志》卷八
　　绍兴路大报恩接待寺记（泰定元年）　《越中金石志》卷八　※袁桷书
　　南镇庙置田记（泰定三年）　《越中金石志》卷八　※撰并书，袁桷题额
　　会稽儒学重建大成殿记（至顺元年）　《越中金石志》卷八
　　重修通济桥记（至顺三年）　《乾隆余姚县志》卷四
　　重修善政桥记（至顺中）　《乾隆余姚县志》卷四
　　重建余姚州学宫记（后至元三年）　《乾隆余姚县志》卷十三
　　重修朱太守庙记（后至元五年）　《越中金石志》卷九

[3]　黄溍：《金华黄先生文集》卷三二《安阳韩先生墓志铭》。

的人际关系背后的线索。当然，就士大夫之间的人际交往而言，书信的往来，诗文的唱和等也都是不可忽视的方面，对此，村上哲见已有相关论考。他对杭州及其周边文人群体的研究发现，这些士大夫之间的交往其实已经超越了所谓对元朝的态度和立场。而本章所论庆元地区陈著（《本堂集》）、戴表元（《剡源戴先生文集》）、袁桷（《清容居士集》）等人的文集中，也同样收录了不少相关的诗文。孙善福所编《戴剡源年谱》[1] 中亦可见戴表元与以庆元为中心的各地文人间通过诗文唱和相互交流的情况，其交往的范围还远及杭州乃至北方各地的文人。亦如上引韩性墓志铭所载："前代遗老若王尚书应麟、俞御史淅，文章大家若四明戴表元帅初，往往折行辈，以先生为忘年交。"本章所涉及的碑记撰写者之间也同样有着密切的往来。如果对此相关问题进一步追索，那么无疑会深化本章的研究，但笔者亦力有未逮，只能暂时抱憾。另外，对于公、私界限较为模糊的祠庙、寺观等相关记文的考察，本章在讨论袁桷时虽曾简单论及，但未能充分展开，其实祠庙、寺观等记文撰写的委托范围更为广泛。当然，以此视角展开的相关研究，对史料的普遍性要求较高。例如，至元末年庆元地区除王应麟、陈著之外其他人所撰写的碑记也并非没有，只是未保存至今而已。故此，本章亦仅是对相关问题的讨论进行初步尝试。笔者从士大夫的"书写"活动出发探讨他们与社会的相互关系这一视角如能有助于今后学术研究之万一，亦幸甚之至。

---

[1] 孙善福编：《戴剡源年谱》，上海商务印书馆，1936 年。

第八章

李璮之乱以前

——石刻所见金元交替时期的山东地方社会

一、序言

如所周知，由于金朝末年的动乱，以及 13 世纪 10 年代以后蒙古军队开始进攻华北，华北各地为自保而出现了各种独立的势力。20 世纪 40 年代爱宕松男在其研究中称之为"汉人世侯"。[1]爱宕松男关于"汉人世侯"的相关研究亦渐成定论而为学界所接受。但是，20 世纪 80 年代以后，池内功、藤岛建树、野泽佳美等学者开始对相关势力展开具体的个案研究，尝试对相关问题进

---

[1]　爱宕松男：《李璮の叛乱とその政治的意義》，《東洋史研究》6-4，1941 年；同《元朝の対漢人政策》，《東亜研究所報》23，1943 年，皆收录于《爱宕松男東洋史論集》第四卷，三一书房，1988 年。

行重新探讨，并发表了一系列的研究成果，[1] 而杉山正明也在几种概论性著作中提出了新的看法。

本章则尝试以不同的视角，对势力范围居于山东的半岛地区且实力较强的"汉人世侯"之一，李全、李璮父子展开研究。该集团虽于 1262 年李璮叛乱的失败而覆亡，却因爱宕松男的研究而颇为知名，他认为该叛乱深刻影响了蒙古政权对待汉人的政策，意义重大。这一看法也在较长时期为学界所承袭。此外，池内功对李全的前半生亦有专门的研究。[2]

关于李璮所控制的地区，明清以及民国时期所编方志中收录的石刻资料保留了不少详细的记载。这些石刻中所记录的相关人物以及碑刻书写者的情况，不见于任何其他文献的记载，他们在历史上几乎没有留下任何其他的痕迹。石刻资料所记载的该时期山东地方社会，与其他文献资料所展示出的面貌相比，完全是两个不同的世界。对此，本书其他章节已有专论，此不赘述。[3] 本章拟充分利用该石刻资料，考察 1262 年李璮叛乱之前，亦即李氏父子统治时期以益都、潍州为中心的山东的半岛地区的具体状况。此外，本章亦同时关注李璮叛乱之后该地区权势者的命运以及相关石刻的记载情况。

---

[1]　池内功：《李全論》，《社会文化史学》14，1977 年；同《モンゴルの金国経略と漢人世侯（一）》，《四国学院大学創立三十周年記念論文集》，1980 年；同《モンゴルの金国経略と漢人世侯（二）》，《四国学院大学論集》46，1980 年；同《モンゴルの金国経略と漢人世侯（三）》，《四国学院大学論集》48，1981 年；同《モンゴルの金国経略と漢人世侯（四）》，《四国学院大学論集》49，1981 年；藤島建樹：《元朝治下における漢人一族の歩み—藁城の董氏の場合》，《大谷学報》66-3，1986 年；野澤佳美：《張柔軍団の成立過程とその構成》，《立正大学大学院年報》3，1986 年；同《モンゴル太宗定宗期における史天沢の動向》，《立正大学東洋史論集》1，1988 年。
[2]　池内功：《李全論》。
[3]　参见本书第三章，及拙稿《元代前半期の碑刻に見える科挙制度用語（上）》，《奈良大学紀要》11，1982 年。

二、李全和李璮——史料记载的相关问题

李全、李璮父子的基本史料分别见于《宋史》卷四七六、四七七本传和《元史》卷二〇六本传。但由于李全叛宋和李璮反元，二人皆入叛臣传，故相关记载皆存在歪曲的可能。具体而言，《宋史·李全传》的记载当然是以淮东为中心展开的，而《元史·李璮传》关于他叛乱的记载却仅限于他于 13 世纪 50 年代后期（或即 1257 年）占据山东开始直至 1262 年因反叛身亡的过程。

至于正史以外的史料，《齐东野语》《钱塘遗事》《齐乘》等相关记载多为前人研究多利用，但这些资料皆作于南宋或元朝时期，就其与叛乱的时间关系而言，与正史的记载存在同样的问题。如《齐乘》卷五《风土》载：

> 由此言之，忠义之风，齐俗为多。不幸残金之乱，李全父子盗据此方，户编为兵，人教之战。父叛于南，子叛于北。衣冠之族变为卒伍，忠义之俗染以恶名。全起群盗，的[1] 不知何人。（原注：《维扬志》云潍州人，《齐东野语》淄州人，或又云莱州人，未知孰是）养子璮本徐希稷之子，又出异类，（原注：《齐东野语》云全养子璮，本徐希稷之子，贾涉镇维扬日璮与涉诸子同学，其后全无子，屡托涉祝之，涉以巾襆旧与全槊，遂命与之，详见后论）非齐氏族。客乱山东，劫民为逆，自速诛夷。然败俗污善，不可不辨。

---

[1]　此处"的"字，本章理解为"的确、确实"，似乎也可读作"全起群盗的"。不论何者，此处视作口语表达，抑或为衍字。

　　由是可知，通篇皆为否定性评价。至于李璮，亦仅提及他本非山东之人，外无他言，其基调大致如此。这在某种程度上或许也反映了当时对李璮的程式化认识。李璮叛乱极大地影响了元朝的汉地统治政策，他因此在元朝统治之下受到否定性的评价也是理所当然的。正由于此类史料记载的影响，李全及其继任者养子李璮在他们的势力范围内到底是何种存在也几乎是完全不清楚的。

　　然而，在李璮之乱以前，亦即李氏父子作为山东地区统治者君临其境的时代，理应存在完全不同的记载。那么具有的"同时代性"特征的石刻资料便成为切入该问题的有效途径。除却特殊的情况（诸如删削、追刻、伪刻等），石刻资料在勒之于石的那一刻，其内容便基本固定了下来。正由于石刻资料的这一特性，我们相信这些"同时代"的史料能够反映出与前述极端负面评价不同的李璮形象。本章即通过李氏父子支配时期与之相关的人物所撰写的碑文，尝试揭示出传统史料所未曾明载的些许历史事实。

　　在进入正文之前，笔者尚需简单论及前人研究关于李全与李璮关系中所未曾涉及的问题。此即《元史·李璮传》的相关记载。如上所及，《元史》本传所载仅限于他叛乱的经过，而对于他如何获得支配地位的过程却未及一言。具体而言，《元史》本传首先记载他为李全之子抑或其养子，而后1231年李全败死，"璮遂袭为益都行省，仍得专制其地。朝廷数征兵，辄诡辞不至。宪宗七年……"。接下来便具体记载了宪宗七年亦即1257年以后的情况，甚至连他何时承袭益都行省都未曾明言。对此，《元史·宪宗本纪》宪宗八年（1258）四月条记载征调李璮兵而为其所拒绝，这是本纪中首次出现李璮之名，亦未及此。而《宋史·李全传》于1231年李全战死扬州，其军团溃于淮东之后，又记载其妻杨氏"窜归山东，又数年而后毙"，关于李璮，亦仅于传末简单提及"全子璮"三字，同样未涉及李璮的权力继承问题。

当然，我们不能否认《元史》本纪等相关记载在内容上自有其偏重，李璮之名不见于记载也并不是不可理解，但笔者管见所及，《宋史》《元史》中可以确定具体日期的关于李璮的最早记载见于《宋史》卷八十八《地理四》"海州"条，"海州……淳祐十二年，全子璮又据之"，此时为南宋淳祐十二年，蒙古宪宗二年，公元1252年。总之，此二十年间关于李氏父子的情况《宋史》《元史》皆完全失载。

这一情况，正史以外的史料也大致相同。一般视作成书于元代的编年体史书《通鉴续编》[1]，以及《宋史全文续资治通鉴长编》中，首次关于李璮的记载分别为宝祐三年（宪宗五年，1255）、景定元年（中统元年，1260）。可以说，这一时期山东、益都一带以及李氏父子的情况到底如何，仍是巨大的谜团。

三、石刻所见李氏的时代

回归本章主题。李璮之乱以前立石的石刻中，留下了何种记载呢？据笔者管见所及，将相关石刻作成一览表如下。

山东李氏相关石刻一览表

1236	入朝土公礼葬立石记	《民国昌乐县续志》卷十七
1255	昭武大将军总管万户姜房墓碑	《民国牟平县志》卷九、《同治重修宁海州志》卷二十五 *

[1]　《通鉴续编》为元末明初人陈桱所纂编年体史书。本章据台北"国家图书馆"所藏至正十一年昭阳顾氏松江刊本的景印本。

续表

1257	元帅总管冯君增筑坟台之记	《光绪益都县图志》卷二十八
1258	玄都观碑	《光绪增修登州府志》卷六十五、《民国牟平县志》卷九
1259	潍州新试院图	《民国潍县志》卷四十
1259	重修圣寿院记	《民国潍县志》卷四十
1261	段氏修建祖茔记	《民国昌乐县续志》卷十七
1261	崇宁院记	《民国潍县志》卷四十
〔1262 李璮之乱〕		

＊虽然《民国牟平县志》编纂年代较晚，但在收录碑刻的文本上却更胜一筹。

上表与李氏同时代的石刻中，首先值得关注的是，山东半岛北部渤海湾沿岸宁海州牟平县姜房、姜思明、姜思聪姜氏二代相关的两通石刻，即《昭武大将军总管万户姜房墓碑》和《玄都观碑》。前者为出仕李全的武将宁海人姜房的墓碑，后者为牟平县城南全真教道观的重修碑刻。据此，下文对姜氏二代与李氏父子统治的关系展开考察。

首先来看《昭武大将军总管万户姜房墓碑》。如上表所示，该碑立于蒙古宪宗五年，即 1255 年，《同治重修宁海州志》（卷二十五《艺文上》）、《民国牟平县志》（卷九《文献志·金石》）收有该碑录文。其中载："公（姜房）在官凡一十九年，庚子秋九月五日以病卒于任，享年五十有六。"自姜房去世的 1240 年前推 19 年，即是他初任官的 1221 年，此时的宁海"会金季大乱，阻山滨海之乡，盗贼尤炽。千万为群，啸聚林谷。比猎人以充食。
居民苦之，不能自活"。[1] 姜房虽"起身白屋"，出身于平民，
但"乡党异其为人，咸推重之"。亦如其他地区所见的相似事例，
深孚乡党之望的姜房此时也同样作为地域社会的指导者而活跃于
地方。对此，碑文载：

> 公有忧众之心，慨然以济物为己任，遂纠合土豪，率集
> 义旅，冒患难，历艰危，被坚执锐者累年，竟以歼厥元凶，
> 平其余党。一方之人，赖公得存者，不可胜记。

另据其他史料记载，此时山东半岛北部在 1213 年、1217 年
受到蒙古军队侵攻的同时，又曾于 1214 年落入红襖军杨安儿
（李全妻杨氏之兄）之手，后又为金将仆散安贞收复。1217 年
至 1219 年，李全与金朝以青州（益都）为中心对该地区展开了
反复争夺，整体处于一进一退的状态。但至 1219 年，因李全的
劝服，张林以莱州、宁海州等十二州降宋，纳入李全统治之下，
该地区暂时稳定下来。[2] 而与此同时，1218 年五月，"莱州民"
曲贵杀节度使欲通南宋，后为金所讨。[3] 上引碑文所载，应当即
是此般局势。当时经略山东半岛的李全正是在此背景下遇到了姜
房，碑文载：

---

[1]　据《民国牟平县志》卷九《文献志·金石》所收。
[2]　《宋史》卷四七六《李全传》。
[3]　《金史》卷十五《宣宗中》兴定二年（1218）五月辛巳条载："莱州民曲贵杀节
度经略使内族转奴，自称元帅，构宋人据城叛。山东招抚司遣提控王庭玉、招抚副使
黄掴阿鲁荅等讨平之，斩伪统制白珍及牙校数十人，生禽贵及伪节度使吕忠等十余人
诛之。乃命庭玉保莱，朱琛保密，阿鲁荅保宁海，以安辑其民。"

> 时少保相公李君，方以整顿山东为务。闻其忠义而嘉之，
> 特授以本州同知之职。

李全了解到姜房活跃于地方，便将其纳入麾下，或许同时也考虑到他在当地的实际地位便授予了他"宁海州同知"一职。此为姜房的初次任官，就其去世时间倒推，其时当为1221年。最终他官至"昭武大将军元帅左监军宁海州刺史"，还加授"胶潍莒密宁海等州总管万户"，赐金符。[1]此处需特别注意的是，1231年李全战死扬州，再据上引《宋史》的相关记载，而后其妻杨氏亦于数年后死去。同时《元史》亦载："金人以海、沂、莱、潍等州降。"（卷二《太宗纪》五年十二月条）1233年12月，山东半岛已完全置于蒙古政权的统治之下。如此合而观之，起码1240年尚生活于当地的姜房，到底是何时，又是被谁授予了上述官职的呢？现今仍难以回答。

关于姜房死后的情况，碑文载：

> 嗣后山东淮南等路行省相公李君，先少保之子也。念公之德，欲旌其代，遂表其长子，俾承总管之符节，次子俾袭本郡刺史之职。[2]

"李君"将姜房的职位分别让他的两个儿子继承，长子思明承袭了总管，次子思聪承袭了刺史。关于此处"先少保之子""李

---

[1]　《姜房墓碑》载："自斯厥后，积有勋效，累迁至昭武大将军元帅左监军宁海州刺史。公抚知有方，政崇宽简，躬行勤俭，以率天下。合境化之，风俗丕变，民之富庶，倍于邻郡。朝廷体其能，加授胶潍莒密宁海等州总管万户，仍锡金符以宠之。"
[2]　据《民国牟平县志》卷九《文献志·金石》所收。

君"，从碑文撰写的时间 1255 年及其相应的地位来看，应当就是指李璮。该碑立石时间为 1255 年，此时姜房已去世 15 年，那么其二子的官职继承是否就在他死后不久，现仍存疑。对此，详见后述。

接下来看《玄都观碑》。该碑所附日期为"戊午十月望日"，亦即元宪宗八年，1258 年。碑文的主体内容为位于牟平县南郊的玄都观的创建及其重修经过，作为研究全真教的史料颇具价值，其中关于重修的襄助者仅提及了姜氏兄弟。[1] 另外，碑末所列人员名单亦值得注意。具体如下：

> 牟平县丞刘国机
> 牟平县管民长官贺元吉
> 昭毅大将军元帅左监军宁海州刺史兼知军事姜思聪
> 昭毅大将军元帅右监军宁海州管民长官兼胶潍莒密等处总管万户姜思明
> 宁海州等处都达鲁花赤必里海

确如《昭武大将军总管万户姜房墓碑》所载，姜思明、姜思聪兄弟分别继承了其父的职位后，故得列名于此（但是，墓碑所载二人左右监军的职官与此相反），姜氏的势力也确为其二子所承袭，并在此时的宁海州得以延续。

但是，姜氏第二代姜思明、姜思聪二人所承袭的官衔，特别

---

[1]　《玄都观碑》碑文如下：
本郡□管民元帅长官与其弟元帅太守二姜公，以文德并播于英声，以武功同驰于伟誉。
迺成多假，邃览重玄，喜捐珍物，茂赞仙风。以次名宦显仕，大贾富商，各输帑藏之丰□，
统助盛缘之广费。

是其中所显示的管辖范围，到底具有多少实际意义也实在令人生疑，至少官衔中所涉及的区域是不可能都在他们的控制之下的。而亦如上述，既然姜房曾被授予金符，姜氏兄弟襄助修建的玄都观所立重修碑中宁海等处都达鲁花赤必里海亦联署于后，那么姜氏的地位无疑也获得了蒙古政权的某种形式的认可。虽然我们目前仍无法确定姜氏实际控制的范围如何，但据《光绪栖霞县续志》卷一《古迹补遗》所载栖霞道观宾都宫的"樑签""□（或为"昭"）毅大将军元帅左监军宁海州刺史功德主姜思聪"可以推测，其势力所及应当超出了牟平县，甚至宁海州的范围。[1]

　　1262 年李璮之乱以后姜氏的情况便不再见于记载，或许最终同李璮命运相连，但仍不能确定。

　　反映李氏父子的统治与地方相关人物关系的碑刻尚有《大朝王公礼葬立石记》（无撰者名，1236 年立石）。其中提及昌乐县王义"随山东淮南都行省相公，移迁都统制兼授承节郎昌乐县令，提领军民。次随蒙古大朝太师国王，升宣武将军，依昌乐县令抚治军二十余年"。另外，《元帅总管冯君增筑坟台之记》（行台幕府议事官提领府学徐之纲撰，1257 年立石）的缺字部分亦饶有兴味，其中述及益都府尹冯彰初入官途处为"逮事/　府大行相公"。缺字部分仅见于此处，其他部分几乎都是完整的。以是观之，这很可能是李璮之乱以后有意将与李璮相关的文字删削后的结果。碑文紧接该处叙述："外作爪牙，内为心腹，大见

---

[1]　《同治重修宁海州志》卷十二《职官志·长吏》可见姜氏兄弟的记载，其头衔皆增加了"天水郡开国侯"，而关于姜思聪还特别提及"见文登刁招讨碑"。文登当时确实存在地方权势者刁氏，而与此碑相近者或为至元十九年（1282）的《故招讨刁公神道碑》（《民国文登县志》卷八上《人物一》移录），但其中并未记载姜氏兄弟的情况。

信用。"作为指代李璮的词语显然不能再留在碑刻上了。

　　李璮之乱以后，石刻中对李氏统治又有何种反映呢？关于李璮之乱以后益都地区的战后处理，以及地方指导者在"李璮以后"的情况，详见本章第五节，但整体而言，多数石刻对于相关人物与李璮之间的关系皆闭口不言，似乎李氏统治并不曾存在过一般。这同姚燧《牧庵集》、刘敏中《中庵集》等所收讨伐李璮的相关人物碑传中李璮之名及"青寇"之语频出的情况恰好形成鲜明的对照。

　　但也并非没有例外。例如同为《益都金石志》卷四、《山左金石志》卷二十二、《光绪益都县图志》卷二十八所收录的《故胶州知州董公神道之碑》（奉训大夫签福建道肃政廉访司事许时献撰，大德六年，1302 年立石）等即对董进与李全的关系记叙如下：

> 　　才至益都。有义军李帅，见公异于诸子。年十有五。李帅试以所能，凡事咸得其宜。知公可用，以为亲兵。国王南来，李帅迎降，承制以为益都行省。西拒金人，南御楚寇，日寻干戈，以相征讨。公为家将，常当前锋。攻楚州则张蚕弧以先登，袭海州则蒙皋比而先犯。喜公骁勇，委为爪牙。[1]

　　由于李全并不反抗蒙古政权，所以碑文叙述董进与李全的关系也并无问题，而在述及李全死后的问题之后（此点详见后述）

---

[1]　据《光绪益都县图志》。该碑文内容也并非没有问题。由董进殁年倒推，他15岁时即1214年。此时李全确已开始活跃，但是否已经据有整个益都仍比较微妙。如姜房墓碑所载，此时宁海州正处于混乱时期，而该碑文所谓董进最初即入李全麾下实在令人生疑。而这也是处埋石刻资料时较为棘手之处。

便又不知不觉转向他与负责处理李璮之乱战后问题的撒吉思之间的关系上了。

综合上述，石刻资料所载李氏的统治与碑刻相关人物之间的关系，亦如宁海姜氏的事例所示，李氏在其原有统治势力基础上将各地方权势者纳入自己的统治之下，逐步实现了他统治范围的扩大和稳固。

四、从李全到李璮——空白期的问题

现在回到本章开头所提出的另外一个问题，即李全和李璮统治的这段时间在史料记载上的空白问题，本节尝试对此作出可能的回应。上节论述中的几处问题皆提示作"详见后述"，那么这些问题也与本节尝试回应的这个问题相互关联，在此一并予以考察。

首先简单回顾第一节所提出的问题。在目前相关研究所依据的《宋史》《元史》以及各类编年体史书的文献史料中，关于1231年李全死后直至1252年间李璮以及益都一带状况的记载并不明确，所以，李璮获取权力的过程也就同样模糊不清。《元史》中唯一相关的记载见于李璮本传，中统元年（1260）李璮上言时提及"臣所领益都，土旷人稀，自立海州，今八载"。1260年往前推数8年，即1251年，这一时间正与《宋史·地理志》所载李璮占据海州的记载相符。那么据此也可以理解为，在此之前李璮即已将益都纳入其控制之下了。但是，由此可以具体上溯至何时，依然无法确定。

回过头再来看史料中关于李全死后的记载。据《宋史》李全

本传，获知李全战死扬州，其妻杨氏放弃淮东，经涟水入山东，
数年后殁。但是，前引《故胶州知州董公神道之碑》关于这期间
的情况，详载如下：

> 帅既平定山东，志吞淮海，因攻扬州，殁于城下。公率
> 麾下，推其夫人杨氏，权知军务，众皆悦服。越明年杨氏入觐，
> 得绍夫职。假公以军帅之名，使代征戍之劳。又常[1]乘传赴阙，
> 奏事进贡诸物。杨氏辞政，公亦寻解兵柄，改署高密尹。[2]

据此，杨氏不仅被原李全军团当作继任者所推戴，还于翌年
1232 年入觐蒙古朝廷，并以此获得地位承袭的认可。其后杨氏
解权，而处于辅佐地位的董进亦离开李全兵团任高密尹。但是，
碑刻未明载相关事件的具体时间。但《宋史》李全本传载杨氏死
于"数年后"，那么这段时间应该并不太长，自此再至李璮的崛
起仍存在一定的空白期。

我们应当如何认识这段空白期呢？《元史》的记载自不待言，
上引一览表中的石刻资料也几乎都出现在 13 世纪 50 年代以后。
此亦即，包括石刻资料在内，关于该时期原李全统治地区具体状
况的史料记载，几乎是不存在的。所以，我们就只能勉强依靠时
间上与之相近的李璮时代以后撰写的石刻资料了。

其中，较为接近李全之死且明确标附日期 1236 年的碑刻便
是上引《大朝王公礼葬立石记》。据此，工义由"山东淮南都行

---

[1]　据《益都金石志》补。
[2]　据《光绪益都县图志》。此亦为爱宕松男《李璮の叛乱とその政治的意義》所引，
但未载明出处。

省相公"（此为李全）授予昌乐县令等职，紧接着又由"太师国王"（李鲁）仍授宣武将军昌乐县令。[1] 由蒙古政权的权势人物对其地位予以重新认可，这点尤为值得注意。《董进墓碑》亦载李全夫人杨氏"辞政"后董进也同时解除兵权而被"署"以高密尹。在此，能够对他们施以如此态度的，只有蒙古朝廷，抑或实际统治该地区的蒙古权势人物方能做到。那么由此可知，李全死后，该地区应当一度处于蒙古政权的直接控制之下。如此一来，上节在讨论宁海姜氏时所存疑的问题，即 1240 年姜房去世前，确保其地位得以持续上升并授予他金符者到底为谁，至此便一目了然了。

但是，通过某种努力，大致在 13 世纪 40 年代的某个时间点，益都李氏势力经由李全义子李瓘之手得以重振。[2] 于此，《民国昌乐县续志》所收《段氏修建祖茔记》（古邠进士王麟撰，中统二年/1261 年立石）便颇为重要。其中提及，在该碑立石的 1261 年知昌乐县事段绮曾被"大都督行省相公"擢升至"提领昌乐事"。而从"抵今十五载矣"的表述可知，其事当在 1246 年前后。而此处所谓"大都督行省相公"亦非李瓘莫属，那么我们可据此判

---

[1]　《大朝王公礼葬立石记》载："随山东淮南都行省相公，移迁都统制兼授承节郎昌乐县令，提领军民。次随蒙古大朝太师国王，升宣武将军，依昌乐县令抚治军二十余年。"

[2]　关于该问题，目前仅能从李瓘与塔察儿的姻亲关系上提供一种可能的解释。前人研究中，周良霄《李瓘之乱与元初政治》（《元史及北方民族史研究集刊》4，1980 年）一文根据明代祝允明《前闻记》（收于《纪录汇编》）"李瓘"条记载曾有所论及；杉山正明《クビライ政権と東方三王家》（《東方学報》京都 54，1982 年）一文根据郝经《再与宋国两淮制置使书》（《郝文忠公集》卷 37，该史料价值无疑更高）又再次明确了李瓘与塔察儿之间的姻亲关系。李瓘的第二位夫人为塔察儿之妹，1236 年丙申分封之际，益都一带还被分封给了斡赤斤家，合此二者综合考量，李瓘很可能因此而据有益都行省。在没有其他史料直接证明上述姻亲关系与李瓘据有益都行省之间的必然性之前，我们也仅能据此提供一种可能性的解释。

断，李璮对该地区的控制至少在 13 世纪 40 年代中期即已存在。
相关讨论亦仅止于此。

笔者在本章开头曾论及石刻资料"同时代性"的价值。更严
格来讲，石刻本身还具有立石当时的史料价值。以此我们再反观
宁海姜房的墓碑。该碑于 1255 年立石，那么其碑文中所展示出
的便是时人在该时间点上所看到的姜房的一生。此外，在墓碑等
其他相关的石刻中，在相关人物去世和最后勒之于石之间往往存
在较长的间隔，而 15 年这一时段也并不鲜见。那么就姜房的情
况而言，他逝于 1240 年，而墓碑最后立石却在 1255 年，这 15
年的间隔期间，与姜氏相关的历史场景已然发生了变化。

在 1255 年，可以说李璮在山东已经确立起他自身的地位。
那么要在此时为姜房立碑，其碑文的主旨就理应是他与李全的
关系，以及在李璮的支持下其二子对于父亲地位的继承。如果
李全死后其权力马上便为李璮所继承的话或许应另当别论，但亦
如前文所论，这种情况几乎是不太可能的。那么如此一来，姜氏
兄弟在父亲姜房死后就需等待李璮的出场，而后才能够继承其父
的地位。其间对姜氏兄弟而言或许有些我们不得而知的情况，但
他们为了承袭其父的地位，就必须借助李璮以旌表其父之功的方
式来实现，这应该是确定无疑的。或许也正由于此，墓碑中便记
述了其父姜房与李璮之"父"李全的相交经过，以及"子"李璮
对他们兄弟仟命的由来。该石刻所传达出来的姜氏以此立场对李
璮所表达的崇敬和赞美之意，或许也会被他人批评为"过度粉
饰"吧。

五、李璮的统治

我们再来看《段氏重修祖茔记》。其中记载段绮任昌乐县提领之后：

> 爰历岁，使时[1]一境之民各安田里，无叹息怨恨之愁，愈砺其功。迁提领密州事，未报政间，而潍阳之官吏，昌乐之老幼，慕公之廉，想公之德，仰公之义，愿钦戴之，特闻于大督相公。公遂嘉其意，复宰昌乐县事。

据此，由于段绮在昌乐任职颇有实绩，欲擢升他为提领密州事，而在正式人事调动之时，遭到昌乐当地人的反对，他又重新返回昌乐县，复任提领昌乐事。该事也说明段氏在当地的权势与影响已到了连当时的掌权人物都必须加以正视的程度。而李璮与李全的做法一样，也是通过笼络当地的权势者来实现他对地方的统治的。

不仅如此，《段氏修建祖茔记》还向我们展示了此后不久力量对比的变化过程。据该碑碑末所在立碑者姓名，

> 滕州滕县知丞管民官次男段庆
> 明威将军知昌乐县事管民官段绮立石

可知，作为段绮诸子中唯一出仕的次子段庆（长男段质早逝，

---

[1]　此处"使时"颇难解，或为"时使"顺序颠倒之误，如此结合前三字或可读作"爰历岁时"。由于该石刻录文仅收录于《民国昌乐县续志》，姑且只能从其录文原理解。

其他诸子皆未出仕）职任滕县丞。另据碑文所载"夫庆幼而怀义，致身事主，不择地而捐躯济难。表奏龙廷，宠锡金币羊马，外授滕县丞"亦可知，此次人事变动是通过朝廷的命令实现的。而滕州虽说同属于山东，但于昌乐而言，较之其父段绮时的密州要远得多。即便如此，段庆仍"不择地"而赴滕州之任。这与段绮曾为维持在昌乐当地的地位而拒绝转任他处的情况已大为不同，这在某种程度上也似乎说明段氏与其本居地正渐行渐远。

　　另外我们再来讨论李全、李璮的统治问题。具体而言，他们实际支配的情况到底如何，其实我们仍并不清楚。再从其流寇的性质来看，他们的"统治"到底是如何实现的，也确实是值得探讨的问题。仅从统治的制度层面而言，以姜氏为例，他们所被授予的职官名中，实际上包括了相当广的地域范围，其中所谓"胶潍莒密宁海"，几乎囊括了山东地区的整个半岛区域，但现实中姜房作为李全的部下是不可能完全支配这些地区的。如果仅着眼于职官的设置的话，那么在李全之前的杨安儿也曾广置百官。[1] 所以亦如牧野修二引据《黑鞑事略》相关记载所论，[2] 这一时期各地被授予的，或者冒称的各类官位和官职，往往都不过是在特殊情况下各自以其自称而获得上位者的认可而已。虽然当时有着各种冠以某地域的相关职官名称，但这并不一定就反映了当时的实际情况。对此，就李氏的统治来看，段绮之子段庆迁转滕县丞并赴任彼地，这便是李璮在该地统治正式确立并逐渐制度化的例证之一。

---

[1]　《金史》卷一〇二《仆散安贞传》载："登州刺史耿格开门纳伪邹都统，以州印付之，郊迎安儿，发帑藏以劳贼。安儿遂僭号，置官属，改元天顺，凡符印诏表仪式皆格草定。"
[2]　牧野修二：《元朝中书省的成立》，《東洋史研究》25-3，1966 年。

关于李璮的统治问题，上文"山东李氏相关石刻一览表"中《潍县志》所收《潍州新试院图记石刻》（己未/1259 年立石）和带有题额的石刻便极具价值。[1]据《潍县志》所载，该碑本应刻有图，很遗憾并未为志书所收。此外，其中移录的大部分内容为宣圣庙的四至，以及所附日期和相关者的名录，而关于试院原本是宣圣庙的情况，以及具体的建设过程皆未有记载。关于宣圣庙的建设情况，《潍县志》卷四十所移录至元十五年（1278）的《潍州重修宣圣庙记》（潍州学正赵忠敬撰）提及："时岁在己未春，前益都行省郎中顾禔字子美者，[2]兼权潍州事。悯其故基，命匠起殿于其上。时公以边务倥偬，未暇完□，姑以单瓦覆之，期于再营。未几，公因疾物故，继而又罹兵变，遂废其事。"由此看来，当时的宣圣庙也只是临时的建筑。而关于所谓新试院的具体情况，诸如因何而建，建设过程如何，等等，《潍州新试院图》皆未明记，所以亦难以径言其与科举之间的关系。但是既然石刻题作"新试院图"，当时应当修建了某些相应的建筑，即便未行科举，至少也应当为科举的实施做了某些准备工作。如所周知，东平严实热心于保护学术，并促进了东平府学繁荣一时。[3]据《清容居士集》卷二十九《滕县尉徐君墓志铭》所载"璮喜儒云云"，以及《中庵集》卷九《敕赐保定郭氏先茔碑铭》所载李璮欲招聘郝经的相

---

[1]　《潍县志》注记中关于该石刻记载如下：
右图在潍州重修城记碑后。额题潍州新试院图三行篆书，图末题字六行，行多者二十八字正书。在县学。
[2]　《新试院图》作"左右司郎中"。
[3]　关于东平地区的学术，参见安部健夫：《元代知識人と科挙》，《史林》42-6, 1959 年，后收入《元代史の研究》，创文社，1972 年；高桥文治：《泰山学派の末裔達》，《東洋史研究》45-1, 1986 年。

关记载[1]可知，李璮也同样亲近儒学。对此，《潍州新试院图》又提供了新的碑刻材料的佐证。如果李璮确实曾计划实施科举，那么我们完全有理由认为他应当有过在山东建立长久性政权的考量。

此外，借助这些潍州的石刻，我们对于李氏政权的了解较之既往研究要更加深入。此即《潍州新试院图》，以及《重修寿圣院记》（己未/1259年立石）、《崇宁院记》（中统二年/1261年立石）所见"元帅潍阳军节度副使李琟"之名。该名并见于后至元四年（1338）年立石的《大元赠淮东宣慰副使金故胶西郡王范氏茔碑》（《潍县志》卷四十一移录）。关于该碑，《山左金石志》卷二十四载"碑残碎，分为三石。尺寸行数皆不能计"，故仅予以著录而未能移录碑文。目前其全文实难获取，但《潍县志》基于拓片细致地移录了残文的内容，可资参照。其中载有关键一句"璮之弟潍阳军节度使李琟，尝酌酒欲刃（下缺）"，据此可知，李琟为李璮之"兄弟"。[2]

虽然李璮生父诸说相异，但如前引《齐乘》等相关史料记载，他为李全养子则广为众所知，那么由此我们或可推测，李琟应当也是李全义子。据《宋史》所载，[3]1227年李全投降蒙古政权后，

---

[1]　《中庵集》卷九《敕赐保定郭氏先茔碑铭》载："实录云，中统前青寇璮驰书币，招陵川。陵川谋于公。公曰，世所重名与利耳。若利先生学术道德倾一世。奚利为若名。名在朝廷，山东奚取也。陵川遂辞之。岁未几璮叛，其远识如此。"

[2]　紧接此处缺落部分，应当为琟琟行状的内容，惜其破损难以确知。关于该残碑的拓片及其后来进一步破损的情况，《潍县志》注记载："（略）此本系民国初年所拓，较郭本碑阳多三石碑阴多一石。碑文三十四行，每行以文理推之，约七十字。（略）民国十七年，村民因防匪故，又将残石砌为圩墙，今仅余一小石矣。"

[3]　《宋史》卷四七七《李全传下》载："于是众帅兵趋杨氏家。（李）福出，（邢）德手刃之，相屠者数百人。有郭统制者，杀全次子。（阎）通杀一妇人，以为杨氏，函其首并福首驰献于（杨）绍云。绍云驿送京师，倾朝甚喜，檄彭托、张惠、范成进、时青并兵往楚州，便宜尽戮余党。未几，传杨氏故无恙。妇人头乃全次妻刘氏也。"

在楚州的混战中，李全弟李福，及其"次妻"刘氏、"次子"皆被杀。由此可知，李全至少有"二子"。另据《齐东野语》"李全"条所载[1]亦可知，李璮并非因为李全无子才为其养子的，加之李璮之外尚有义子李珽，故而，当时李全麾下很可能有义子集团的存在。

六、戴居宝和赵全——李璮之后

（一）戴居宝和赵全

如前所述，李璮时代的石刻中所记载的当地人士在"李璮以后"的情况，我们不得而知。但是本章在此可以通过考察与之处境相似的相关人物，来探究所谓"李璮以后"该地区汉族权势者的命运。同时，还可以借此进一步追踪第七章所论李庭实所撰石刻的主人公，以及委托他撰文的相关人物的情况。

首先来看两位历史上"毫无名气"的人物：戴居宝和赵全。他们仅出现在地方志所收的一篇石刻资料之中。与其他多数石刻资料所载的人物相同，他们不见载于石刻资料以外的任何史料，即便检索《元人传记资料索引》（王德毅等编）、《四库全书》，亦不见二人的姓名。本章在此将其视作13世纪后期至14世纪前期生活于益都潍州地区的一类典型人物，通过分析相关石刻资料来考述其一生。

1. 戴居宝

至元二十四年（1287）立石的《侍卫千户戴侯先茔之碑》（《潍

---

[1] 《齐东野语》卷九《李全》载："其雏松寿者，乃徐希稷之子。贾涉开阃维扬日，尝使与诸子同学。其后全无子，屡托涉祝之。涉以希稷旧与之念，遂命与之。后更名璮云。"

县志》卷四十所收，奉训大夫太常少卿王构撰[1]）是记载戴居宝的唯一资料。据载，戴氏世代为北海（潍州）人，父祖三代"咸以赀雄一乡，潜德弗耀"，可知戴氏也不过是地方的权势者而已。该碑记载戴居宝最初的活动就是壬子年（1252）参与进攻涟水，而亦如前论，这也是目前史料关于李璮活动的最早记载。碑文称戴居宝所参加的是"王师"，这说明他当时应正在李璮麾下。接下来碑文从次年进攻海州开始直至1257年，列举了他所参加的一系列作战的战绩，然后就突然跳转至李璮之乱爆发的中统三年（1262）他受到担任乱后处理工作的董文柄重用，以"武卫军百人隶焉"，而其间理应存在的李璮之乱相关内容却只言未提。也可以说这种"回避"恰好从反面说明了他与李璮之间的关系。此后，戴居宝于次年中统四年（1263）入宿卫，被授予护卫亲军总把，自至元十一年（1274）开始，他又参加了元朝的对南宋战争，由荆湖转战桂广。碑文在记叙他于南宋灭亡的至元十六年（1279）被选作春宫（皇太子真金）宿卫的同时，又举出了他屯田（地点不明）的功绩，并被授予金符、武义将军侍卫屯田千户。在碑文撰成的至元二十三年（1286），"侯今老矣"，说明当时他仍健在，但此后关于他以及戴氏一族的情况便不得而知了。

2. 赵全

大德三年（1299）立石的《赵敦武先茔记》（将仕佐郎前石城簿济南路儒学教授李庭实撰，《民国昌乐县续志》卷十七所收）涉及赵全及其父赵佺两代。据载，赵氏一族在赵佺时方移居昌乐，他与戴居宝一样，也参加了1252年涟州、海州的战事，被授予"山

---

[1]　本章对于相关碑刻的撰者皆附记其官职。

东行省"的帐前百户。关于李全以及李璮掌控"山东行省"的情况，参见前田直典的相关研究。[1] 接下来，关于赵佺之死，碑文载"方当推锋，忽营星告殒"。如果他当时作为蒙古军人而战死，那么碑文必定会详载其具体经过，而这一措辞便让我们认识到他应该属于李氏父子一方。至元年间"袭"父职的赵全参加了对南宋战争，由涟海至荆湖，再转战苏州、杭州，而后入宿卫。而后碑文一转，述及他自至元十三年（1276）开始被动员到旧西夏地区的前线，至甘州，并屯田于甘州和别十八里。

以上依据石刻资料概述了戴居宝和赵全二人的一生。他们在回避与李璮的关系、编入侍卫、参加对南宋战争、屯田等方面有着共通之处；而戴居宝却没有赵全在西北地区的经历，这是他们的不同之处。

接下来我们再从元朝对于李璮之乱以后对该地区进行战后处理的政策方面加以考察。

（二）益都的战后处理

中统三年（1262）七月，李璮为元军俘获，不久即被处死，李璮之乱因此而谢幕。下文将依据《元史》相关记载考察李璮之乱以后益都、潍州等地区的战后处理情况。

据《元史》本纪所载，九月朝廷任命了负责战后处理工作的人选，即侍卫亲军指挥使兼山东计略使董文炳和益都行省大都督撒吉思。[2] 十月，二人的职责即明确划分为董文炳主军事，撒吉

---

[1]　前田直典：《元朝行省の成立過程》，《史学雑誌》56-6，1945 年，后收于《元朝史の研究》，东京大学出版会，1973 年。
[2]　《元史》卷五《世祖二》中统三年九月戊午条载："以侍卫亲军都指挥使董文炳兼山东路经略使，收集益都旧军充武卫军，戍南边。诏益都行省大都督撒吉思与董文炳会议兵民籍，每十户惟取其二充武卫军；其海州、东海、涟水移入益都者，亦隶本卫。"

思主民政。[1]

作为战后处理的首要任务，元朝按照惯例发布了赦免和赈恤的命令。《元史》载：

> （中统三年九月壬申）敕济南官吏，凡军民公私逋负，权阁毋征。
>
> （中统三年冬十月戊寅）诏益都府路官吏军民为李璮胁从者，并赦其罪。
>
> （中统四年三月辛卯）敕撒吉思招集益都逃民。

与此同时，元朝还必须处理李璮所属的军士问题，这也是本节关注的重点。亦如前引《元史》卷五《世祖二》中统三年（1262）九月戊午条所载，这些军士已被编入了"武卫军"。对此，《元史》卷九十九《兵二·宿卫》亦载有同年十月所发诏敕，其内容如下：

> 三年十月，谕益都大小管军官及军人等：先李璮怀逆，蒙蔽朝廷恩命，驱驾尔等以为己惠，尔等虽有效过功劳，殊无闻报，一旦泯绝，此非尔等不忠之愆，实李璮怀逆之罪也。今侍卫亲军都指挥使董文炳来奏其详，言尔等各有愿为朝廷出力之语，此复见尔等存忠之久也。今命董文炳仍为山东东路经略使，收集尔等，直奏朝廷，充武卫军近侍勾当。比及应职，且当守把南边，隄防外隙，庶内境军民各得安业。尔

---

[1]　《元史》卷五《世祖二》中统三年十月庚申条载："分益都军民为二，董文炳领军，撒吉思治民。禁诸王、使臣、师旅敢有恃势扰民者，所在执以闻。诏以李璮所掠民马还其主。"

等宜益尽心，以图勋效。

该诏敕首先涉及的是将益都旧李璮军编入"武卫军"的问题。该"武卫军"于至元元年（1264）又被改组为"侍卫亲军"[1]，成为蒙古军队的核心力量之一。但由益都旧李璮军改编的武卫军以及侍卫亲军，其后还于中统四年、至元元年、至元二年（1265）每年都以千人的数量不断扩充，[2]继而到至元六年（1269），虽未被编入宿卫，但蒙古政权亦曾由益都路签发"军人万人"。[3]

另据至元元年（1264）关于军队的整编记载"选益都新军千人充武卫军，赴中都"可知，元朝在益都重新组建了所谓"益都新军"。亦如之后南宋灭亡后旧南宋军被整编为"新附军"的做法，此时的"益都新军"应当也是由旧李璮军被蒙古政权重新组建并吸纳为蒙古军后的结果。此外，《潍县志》卷四十一所收《王氏先茔碑铭》亦载，至元十二年（1275）皇帝下旨将旧李璮军全部归隶军籍。[4]（参见后文 3 王斌）

再据《光绪益都县图志》卷二十八《潍州防御使兀林答公神道碑》（大德七年/1303 年立石）载，（至元）"十五年，随伯颜丞相，率领侍卫军一万北征。"这是反映益都与侍卫亲军关系

---

[1] 《元史》卷九十九《兵二·宿卫》。

[2] 《元史》卷五《世祖二》中统四年四月癸丑条载："选益都兵千人充武卫军。"《元史》卷九十九《兵二·宿卫》亦载："至元二年十二月，增侍卫亲军一万人，内选女直军三千，高丽军三千，阿海三千，益都路一千。每千人置千户一员，百人置百户一员，以领之。仍选丁力壮锐者，以应役焉。"

[3] 《元史》卷六《世祖三》至元六年三月甲寅条载："诏益都路签军万人，人给钞二十五贯。"同年六月壬午条亦载："免益都新签单丁者千六百二十一人为民。"而《元史》卷九十八《兵一·兵制》关于签军万人的记载则将时间系于二月。

[4] 《潍县志》卷四十一《王氏先茔碑铭》："尝事李璮于麾下，璮败不复仕，至元十二年有旨璮兵皆复隶军籍。"值得注意的是，该碑立于泰定元年（1324），时间上比较靠后。

的重要史料。其中，随伯颜南征的将领为女真人兀林答僧之子兀
林答徽，他们虽与李璮军并无直接关系，但兀林答僧在李璮之乱
前即为撒吉思"伴当"，与益都颇有联系。那么此处兀林答僧至
元十五年（1278）所率一万"侍卫军"应当包括了从旧李璮军改
编而来的军士。综上而论，李璮之乱后不久，蒙古政权便将当时
以"勇悍"著称的旧李璮军进行改编，并投入战场中。

　　但是，就侍卫亲军而言，益都出身者亦不过只是其中一部分
而已。关于元朝侍卫亲军的建立过程以及军队构成等问题，井户
一公已有相关研究。[1] 其中对于旧李璮军团被改组为侍卫亲军亦
有所涉及，但并未深入展开；而对于他们被重新编入侍卫亲军后
的情况，又非其关注的重点。以是观之，本章通过记载益都、潍
州相关人物较为详细的石刻史料来探讨他们被编入侍卫亲军之后
的情况，也是有一定意义的。

　　接下来再来看中统三年（1262）十月诏敕所涉及的第二个问
题，即被编入武卫军、侍卫亲军的旧益都出身的军人是如何被动
员、调配的。上引诏敕出现了"近侍勾当""守把南边，隄防外隙"
两种表述，前者当指被任命为宿卫，后者则为参加对南宋和西北
作战。[2] 此外，《元史》中还有不少关于调用他们参与屯田的记载，
现列举两条如下：

　　　　以益都武卫军千人屯田燕京，官给牛具。（《元史》卷
　　五《世祖二》至元元年正月癸巳条）

---

[1]　井户一公：《元代侍衛親軍の成立》，《九州大学東洋史論集》10，1982 年；同《元
代侍衛親軍の諸衛について》，《九州大学東洋史論集》12，1983 年。
[2]　《元史》卷五《世祖二》中统三年九月戊午亦有"戍南边"的记载。

（至元）八年，改立左、右、中三卫，掌宿卫扈从，兼屯田，
国有大事，则调度之。（《元史》卷九十九《兵二·宿卫》）

由此可见，中统三年十月诏敕的内容与上节所论赵全和戴居
宝的情况也是相互吻合的。本章之所以选择他们作为生活于这个
时代、这个地域的典型来叙述其一生的原因也正在于此。《元史》
中并未有关于他们被动员、调配的详细记载，而只有石刻资料关
于他们的具体记载才能够弥补这方面的不足。

（三）其他的事例

生活于这个时期而又在石刻中留下痕迹者，还不止赵全和戴
居宝。下文将对其他诸人予以简单罗列介绍。

3. 王斌［《潍县志》卷四十一《王氏先茔碑铭》（中顺大夫
同知常州路总管府事袁德麟撰，泰定元年 /1324 年立）］

该关于王斌的碑刻极为珍贵地明确记载了他曾从属李璮的情
况。[1] 如前所及，至元十二年（1275）曾诏敕将旧李璮军再次归
隶军籍，故此，王斌亦被恢复军籍，参加进攻南宋的战争，而
后转战常州、扬州、黄州等地，江南平定后，驻屯常州。至元
二十一年（1284）王斌死后，其子王安参加了元朝的交趾远征，
后以疾而终。

4. 刘德［《潍县志》卷四十《总把刘氏先茔之铭》（□监□
税北海文学教谕罗国英撰，至元二十八年 /1291 年立）］

据碑铭所载刘德自丙午（1246）以后从军务的记载看，他应
当参加了 1253 年进攻海州的战争。李璮之乱后他又重新被任命

---

[1]　《潍县志》卷四十一《王氏先茔碑铭》载："尝事李璮于麾下，璮败不复仕，至
元十二年有旨璮兵皆复隶军籍。"

为百夫长。[1] 其后，他还参加了襄阳之战，至元十二年参与进攻常州，而后经苏州至临安，继而转战温州、台州、福建等地。至该碑文写成的至元二十八年，他正于淮南路某地屯田。[2]

5. 李成［《民国昌乐县续志》卷十七《李氏先茔碑记》（济南路儒学教授李庭实撰，大德九年 /1305 年立）］

李成之父李青亦与山东行省相关联，与刘德相同，李成自襄阳，转战苏州、杭州、福建后，还参加了元朝的日本远征（弘安之役），生还。

6. 董坚［《光绪益都县图志》卷二十八《故胶州知州董公神道之碑》（1302 年立，前出）］

该碑为李全父子相关的重要资料。亦如前文所述，董坚之父董进曾出仕李全及其遗孀杨氏，李璮之乱后，董坚袭父职胶州知州，后参加元朝对南宋战争，活跃于襄阳战场，而后至碑文写成的时间点，他正驻屯于高邮。

综上，从第一例赵全直至第六例董坚，他们本人或其父皆曾与李璮政权相关涉，这从相关碑刻的记载中可以明确得知。而在赵全和戴居宝事例中所提及的他们参加对南宋作战以及屯田等经历，在后面这些人的事例中也同样可以见到。曾经从属于李璮麾下的诸人，在李璮之乱后被重新整编入蒙古军队，适时地被动员、派遣到了当时的战争前线，诸如元朝进攻南宋的战争、对西北的战争、远征交趾（上文所及兀林答徽也于至元二十四年（1287）被派往安南战争前线），甚至第五例李成还被调遣参加了日本远征。在参加这一系列战争的诸人中，还有像第四例刘德一般其他

---

[1] 《潍县志》卷四十《总把刘氏先茔之铭》载："壬戌，兵余完复之后，仍旧百夫长。"
[2] 《潍县志》卷四十《总把刘氏先茔之铭》载："见成淮南路，□□白水堂屯田。"

家庭成员也战殁不存的。[1]

七、结语

如上所述，受限于石刻资料的特性，其中所载多为极佳的个例，但如果径直将此视作普遍的情况，当然也是颇为危险的。而作为李璮相关研究中最大的谜团，亦即李全、杨氏相继去世以后的 13 世纪 30 年代后期至 50 年代初期这段时间的情况又几乎不见于相关石刻的记载，[2] 那么这些石刻无疑又为我们了解向来完全不为史料所载的李氏父子时代山东半岛地区的情况增添了新的认识。同时，这些石刻资料还使得我们更加具体地讨论李璮败亡后山东地方势力的动向问题成为可能。亦如本章所论，这些人才是请求第七章所论及的李庭实等地方士人撰写相关碑文的群体。

---

[1]　《潍县志》卷四十《总把刘氏先茔之铭》载："弟曰就，壬戌兵乱不存。"
[2]　但是，如果确定段绮提领昌乐县事的时间为 1246 年没有问题的话，那么我们便可以此认定，李璮在此时已经掌握了实权。

第九章

文昌帝君的成立

——从地方神到科举之神

一、外郡诸神

陈舜臣曾撰有短篇随笔《敬神的日常》。他以林则徐日记为材料生动描写了林则徐日常生活中对各类神祇的敬奉。[1] 在中国传统社会中，人们与诸神信仰的关系是远超我们想象的。从各大都市直至广大农村，但凡是人们聚集之处，便存在着具有不同功能的诸神庙宇。地方对于诸神的各种祭祀活动，也频见于地方志书相关类目的记载。如果到中国的台湾、香港，我们更能够见到他们栩栩如生的姿态；近年来关于中国大陆有关民间信仰的报道也不少见。陈舜臣的随笔也让我们认识到，人们对于诸神的种种敬奉行为也同样出现在士大夫群体之中。

那么一个城市中，叫作某某庙、某某祠的建筑数量大概有多

[1] 陈舜臣：《九点烟记》，讲谈社，1980 年。

少呢？就元明清三代的首都北京来看，20 世纪二三十年代开展寺庙登记时，其报告中便登记了包括郊区在内的一千余所寺庙。[1]而宋代可供参考的资料则见于《宋会要》，其中记载了北宋政和元年（1111）毁开封淫祠 1038 区，并禁止军民擅立各类大小祠庙。[2]

　　这些成百上千的祠庙中所祀诸神到底是何种性质，现今我们已不得而知，但《咸淳临安志》卷七十一至七十三却保留了不少城市中祠庙的记载，并依据诸神的性质进行了分门别类。其中所收南宋都城临安共计 71 处祠庙及其分类如下：

　　　　土神、山川诸神（卷七十一）
　　　　节义、仕贤、寓贤（卷七十二）
　　　　古神祠、土俗诸祠、东京旧祠、外郡行祠（卷七十三）

　　据《咸淳临安志》的相关记载，诸神的含义可大致作如下理解：

　　　　土神：自古以来支配杭州本地的神祇
　　　　山川诸神：如字面所示，山川等自然神
　　　　节义：守节殉义者

---

[1]　北京市档案馆编《北京寺庙历史资料》（北京档案出版社，1997 年）收录了 1928 年、1936 年的寺庙登记资料。其中包含郊区在内，分别有 1631 所、1037 所登记在案。
[2]　《宋会要》礼二〇之十四载："政和元年正月九日，诏开封府，毁神祠一千三十八区，迁其像入寺观及本庙。如真武像迁醴泉下观，土地像迁城隍庙之类。五通、石将军、妲己三庙，以淫祠废。仍禁军民擅立大小祠庙。"
　　《宋史》卷二十《徽宗二》政和元年春正月壬申条仅记载作："毁京师淫祠一千三十八区。"

仕贤：曾为杭州地方官且有治绩者

寓贤：由他处寓居杭州者

古神祠：自古以来中国各地所信奉的诸神（皆为历史名人）

土俗诸祠：杭州当地自古以来所信奉的诸神

东京旧祠：北宋时期奉祠于开封后迁于杭州者

外郡行祠：本为外地的地方神而在临安亦逐渐得到奉祠者

除却"东京旧祠"为行在临安所特有之外，其他诸神祇应当同样见奉于杭州以外诸州县。对此，我们可以大致分成如下三类：

①该地的自然神

②该地的前人先贤

③外来诸神

从《咸淳临安志》的分类看，①和②对应于"土神""山川诸神""节义""仕贤""寓贤""古神祠""土俗诸祠"这类祭祀诸如水源之神，或者曾经在战乱中殉义于该地之人的祠庙，各地皆普遍存在，其神格化也往往是当地所固有的。但还有种情况是，受到某种事件的影响，向来为某地所信仰的神祇亦逐渐流行于其他地方。据说日本江户城中对于稻荷神的信仰即曾时兴时废，中国的祠庙也存在同样的情况。

回到《咸淳临安志》的分类上，"古神祠"下的诸神原本也应是在经历上述过程后才扩大至全国各地的，而对于这些神祇的信仰亦早已遍布全国并逐渐定型化，并非在这个时代才扩大形成。本章首先考察③外来诸神中《咸淳临安志》分类作"外郡行祠"

的神祇和"东京旧祠"所属的神祇。现将此二种分类下的祠庙情况列举如下：

　　外郡行祠
　　①东岳庙
　　②广惠庙（祠山庙）
　　③仰山二王庙
　　④显佑庙（陈果仁庙）
　　⑤灵顺庙（五显神庙）
　　⑥顺济圣妃庙
　　⑦广灵庙（东岳温大尉庙）
　　⑧梓潼帝君庙
　　东京旧祠
　　⑨惠应庙（皮场庙）
　　⑩二郎庙

　　仅就名称来看，其中既有我们所熟知者，亦有较为陌生者。接下来本章即以《咸淳临安志》为主要材料对上述诸神予以一一介绍（由于惠应庙的皮场神和梓潼帝君的情况将于后文详述，故此处从略）。

　　①东岳庙。如所周知，此庙祀泰山神，自古以来便为众所信仰，庙宇遍及全国。临安亦有几处，其中吴山东岳庙营建于北宋大观年间，在所知年代的东岳庙中为最早。[1]

---

[1]　下文①—⑩的相关记载，皆出自《咸淳临安志》，不再一一标注出处。

②广惠庙（祠山庙）。所祀神名作张渤，原祀于广德军（安徽）祀山。临安行祠位于钱塘门外霍山，创建于乾道六年（1170）。

③仰山二王庙。神姓萧氏，原祀于袁州分宜县（江西）仰山。临安马军司西营有庙。该军梗阻于分宜时祈祷该神获助，故祠于此。

④显佑庙（陈果仁庙）。所祀神为隋代陈果仁，常州晋陵人（江苏）。开禧二年（1206）祈雨应验，故于临安行庙加封显佑。该神在此之前应当即已奉祀于临安。

⑤灵顺庙（五显神庙）。所祀为婺源（江西）五显神。仅据《咸淳临安志》所载，临安城近郊即有七处庙宇，其中有传为绍兴年间所建者。

⑥顺济圣妃庙。即妈祖庙。妈祖本为福建地方信仰，自南宋至元代逐渐扩大至全国，参见爱宕松男相关研究。[1]临安对于妈祖的祭祀一般被认为始于开禧年间。

⑦广灵庙（东岳温大尉庙）。该庙所祀东岳温大尉为汉代人，名作温琼，为温州地区广受信奉的神祇。[2]景定四年（1263）临安石塘壩因江潮毁塘，里中耆老建庙祀之。

⑩二郎庙。该庙所祀灌口二郎神原为蜀地奉祀之神，或言所祀为隋嘉州太守赵昱，抑或言为秦朝李冰，自唐代即受到朝廷加封。关于其前身开封二郎神的情况，尚不得而知。

以上诸神的行祠尚不仅限于临安。据现存宋元地方志所载，东岳庙几乎遍于各州县，而行祠于临安的其他诸神庙宇亦建于全

---

[1] 爱宕松男：《天妃考》，《満蒙史論叢》4，1943 年，后收于《愛宕松男東洋史学論集》第二卷，三一书房，1987 年。
[2] 《三教源流圣帝佛师搜神大全》卷五《孚祐温元帅》载："帅姓温名琼字子玉，后汉东瓯郡人。今浙东温州是也。……累朝封爵，血食于温州，东嘉之民敬而畏之。"

国各地。

下面以临安以外的城市严州为例作简单说明。严州位于临安
府西南，现存两种相关方志，即《严州图经》（淳熙年编）和《景
定严州续志》。据此二种方志中祠庙相关记载，州城所在地建德
县内，除东岳庙外，尚有以下行祠。

> 广信王庙（祀东晋柳本，本庙在严州分水县）
> 蒋山明帝府君庙（祀汉代蒋子文，本庙在建康府）
> 隋司徒陈公庙（祀隋陈果仁，本庙在常州晋陵县）
> （以上出自《严州图经》卷二）
>
> 祠山行宫（祀汉代张渤，本庙在广德军）
> 梓潼真君行祠（亦即本章标题中梓潼神的行祠）
> 羊太傅庙（祀晋代羊怙，本庙在襄阳）
> 徐偃王庙（祀周代徐偃王，本庙在衢州龙游县）
> （以上出自《景定严州续志》卷四、五）[1]

由此临安和严州二例，我们亦可管窥其他各地所存渊源有自
的行祠之一斑。陈司徒庙、祠山庙的行宫，以及梓潼神祠等行祠，
皆同时存在于临安和严州。这些众所信奉且颇具灵验的庙宇，其
分支往往建于各地，并不断地扩大。当然，即便是同一神祇的行
祠，有时也并不意味着其他地方的祠庙就是其分支所在；临安吴
山建有祭祀伍子胥的英烈庙，也是英烈庙的本庙所在，而建德县

---

[1]　除此之外，建德县尚有"周灵顺行祠"。祀周代宣灵王，当属于古神祠。

亦有英烈庙，因伍子胥曾到过该地便为其立庙，[1] 该庙便不仅仅
是吴山的分支。但即便如此，建德英烈庙的存在也同样可视作伍
子胥信仰扩大化的象征。

其实，某地方神为其他地方的人们所接受，并逐渐发展成为
信仰的对象，其背后的原因往往较为复杂。袁州分宜县的仰山二
王庙神之所以同样奉祀于临安，就是因为在当地认识到该神祇的
灵验后而将其行祠建于自己所在的城市。此外，尚有因信仰某神
祇的群体或个人与该神祇的某种关联性而为其营建行祠的情况。
关于建德县徐偃王的行庙，《景定严州续志》载："徐偃王庙，
在慈顺乡。昔徐姓自太末徙是乡，因建行祠。"[2] 据此可知，该
庙因与徐姓集团有关才得以营建而成。而关于本庙所在的衢州的
情况则见于唐代韩愈所撰《衢州徐偃王庙碑》的记载，其中言及，
"徐氏十望其九皆本于偃王"。[3]

由上可知，中国传统社会中，对于诸神的奉祀并不止于其原
本所在之地，笃信其灵验之人也会以营建行祠的方式进一步扩大
对该神祇的信仰。具体追溯某神祇成为全国性信仰的过程其实并
非易事。下文即以梓潼神（文昌帝君）的信仰为例，尝试考察梓
潼神逐渐成为全国性信仰，并进而载入国家祀典的经过。

亦如后文所述，文昌帝君这一称号实为元朝所赐封爵，该神

---

[1]　《大明一统志》卷四十一《严州府·祠庙》载："伍子胥祠，在府城东四十里胥村。
子胥未遇时尝至此地，后人因立祠祀之。"
[2]　《景定严州续志》卷五《建德县·祠庙》。
[3]　《朱文公校昌黎先生全集》卷二十七《衢州徐偃王庙碑》载："自秦至今，名公
巨人继迹史书，徐氏十望其九皆本于偃王。（中略）衢州故会稽太末也。民多姓徐氏，
支县龙丘有偃王遗庙。"另外，黄溍《金华黄先生文集》卷九《徐偃王庙碑后记》载：
"衢人柴某家于兰溪，既与州之士民修其祠事，且摹刻愈碑文。"以此可知，个人也
同样会攀附徐偃王，并为其营建行祠。

原为晋人张亚子。因其庙宇在蜀地之梓潼（四川省绵州梓潼县），
故最初被冠以张公、梓潼神等各种称谓。后文在述及该神祇宋代
之前的情况时称之为"梓潼神"，而至元代以后，则称作"文昌
帝君"。

二、作为蜀地地方神的梓潼神

（一）唐代以前的梓潼神

关于文昌帝君抑或梓潼神的问题，清代钱大昕、赵翼已有相
关考证。[1]本章在此基础上，首先考察作为蜀地之神的梓潼神。[2]

现存关于梓潼神故事最早的记载见于《太平广记》卷
三百一十二《陷河神》引自《王氏见闻》的内容。该故事可以分
成三段，开始两段为概略部分，其内容如下：

> 陷河神者，巂州巂县有张翁夫妇。老而无子，翁日往溪
> 谷采薪以自给。无何一日，于岩窦间刃伤其指，其血滂注，
> 滴在一石穴中。以木叶窒之而归。他日复至其所，因抽木叶
> 视之，仍化为一小虵。翁取于掌中，戏玩移时。此物睠睠然
> 似有所恋。因截竹贮而怀之。至家则喂以杂肉，如是甚驯扰，
> 经时渐长。一年后夜盗鸡犬而食，二年后盗羊豕。邻家颇怪
> 失其所畜。翁姬不言。其后，县令失一蜀马，寻其迹入翁之

---

[1] 钱大昕：《十驾斋养新录》卷十九《梓潼神》；赵翼：《陔余丛考》卷三十五《文
昌神》。
[2] 日本学界关于文昌帝君的相关研究参见泽村幸夫：《中国民间の神》第一章，象山
阁，1941年；酒井忠夫：《中国善书の研究》（国书刊行会，1972年再版）关于"阴骘
文"的相关研究（第431页以后）。

居。迫而访之，已吞在虵腹矣。令惊异，因责翁蓄此毒物。翁伏罪，欲杀之。忽一夕雷电大震，一县并陷巨湫，渺弥无际。唯张翁夫妇独存。其后人虵俱失。因改为陷河县，曰虵为张恶子。（第一段）

尔后，姚苌游蜀，至梓潼岭上，息于路傍。有布衣来谓苌曰："君宜早还秦，秦人将无主，其康济者在君乎？"请其氏，曰："吾张恶子也，他日勿相忘。"苌还后果称帝于长安。因命使至蜀求之弗获。遂立庙于所见之处。今张相公庙是也。（第二段）

恶＝蜀＝蛇，故此二段中的张恶子，皆当为蛇神、水神。但是这则故事源于何时，目前仍难以确定。如果能将张氏庙的起源溯之于姚苌的话，那么梓潼神最初很可能与中央政权有着某种联系，然而该故事毕竟属于唐代文献的传奇故事，故亦难辨其真伪。但是，至少唐代后半期以后蜀地梓潼山有张氏庙的记载便散见于各类文献了。《唐诗纪事》记载唐玄宗时期王岳灵曾撰有《张恶子庙碑》，[1]大中十八年孙樵亦曾撰《祭梓潼神君文》。[2]此外，李商隐亦撰有以此庙为题材的诗歌。[3]

关于唐代后半期的梓潼神，最重要的事件便是玄宗、僖宗两次蒙尘，梓潼神"列仗迎驾"后得到封授。《太平广记》卷三百一十二《陷河神》第三段载：

---

[1] 《唐诗纪事》卷十五《王岳灵》载："岳灵登开元进士第。天宝十年为监察御史。撰张恶子庙碑。"

[2] 孙樵：《孙可之文集》卷九《祭梓潼神君文》。（唐宣宗大中年仅 14 年，但史料原文如此。——译者注）

[3] 李商隐：《李义山诗集》卷六《张恶子庙》："下马捧椒浆，迎神白玉堂。如何铁如意，独自与姚苌。"

> 僖宗幸蜀日,其神自庙出十余里。列仗迎驾。白雾之中,仿佛见其形。因解佩剑赐之,祝令效顺。指期贼平。驾回,广赠珍玩。人莫敢窥。王铎有诗刊石,曰:"夜雨龙抛三尺匣,春云凤入九重城。"（原注:出《王氏见闻》）

另据《宋会要》、[1]《文献通考》所载,[2] 唐朝于此时封张亚子济顺王。其中还同时记载了玄宗西狩时,梓潼神出迎至万里桥,被封为左丞相。

顺便提及,不论是作于僖宗追封后且刻于庙前的王铎诗歌,还是萧遇所作和王铎诗,两者皆极力歌颂梓潼神助唐朝平贼之功,连同前引李商隐以姚苌故事为题材所诗歌,皆全未涉及梓潼神与科举及学校的关联。

（二）宋代的梓潼神

至宋代,梓潼神在蜀地相关的事件中仍与中央政权有着密切的联系。最早便是真宗咸平二年（999）末至次年所发生的王均叛乱事件。该叛乱因反抗宋朝对四川的统治而起,以成都为中心,一时间扩大至汉州、绵州,乃至剑门关。而后因参与平定李顺之乱有功的雷有终率军讨伐,王均于咸平三年（1000）十月由成都逃亡富顺监被斩杀。叛乱平定后的第二年,宋朝即封济顺王梓潼神为英显王,相关记载见于《续资治通鉴长编》卷四十九咸平四年（1001）七月丙子条。其中,关于赐封的理由载道:

---

[1] 《宋会要》礼二〇之五五《梓桐帝祠》载:"唐明皇狩于西蜀,神迎于万里桥,追命为左丞相。后僖宗播迁成都亦有冥助。封济顺王。"

[2] 《文献通考》卷九〇《郊社考二三·杂祠淫祠》载:"英显王庙,在剑州。即梓潼神。张亚子仕晋战没,人为立庙。唐玄宗西狩,追命左丞。僖宗入蜀,封济顺王。咸平中王均为乱,（中略）招安使雷有终以闻,诏改王号。修饰祠宇,仍令少府造衣冠法物祭器。"

　　　　初，王均反，王师攻成都，忽有人登梯冲。呼曰：梓潼

　　　神遣我来，九月二十日城陷，尔辈悉当夷戮。贼众射之，倏

　　　忽不见。果及期而克。于是守臣以其状闻，故有是命。

　　由此可见，梓潼神再次积极同中央政权建立了联系。在此背
景下，《太平广记》卷四五八记载了前蜀王建之子王元膺所化身
的张蚩子归来后见到庙宇荒废而责备庙祝的故事，以此看来，很
可能五代前后梓潼庙已长期荒废。[1] 以此，《文献通考》载此时
宋朝下诏"修饰祠宇，仍令少府造衣冠、法物、祭器"。[2]

　　由上可知，从姚苌相关的传奇故事开始直至王均之乱后宋朝
的加封，梓潼神的性质并没有发生变化。亦即，梓潼神一以贯之
地展现出了趋向中央政权的地方神祇的形象。与姚苌、玄宗、僖
宗相关的故事类型都是在中央政权危急时刻，君王避难蜀地，对
此，梓潼神作为代表蜀地的神祇出迎，并协助他们重新恢复中央
的权力。而与王均相关的情况则相反，在蜀地发生叛乱时，中央
政权派遣军队进行讨伐，对此，梓潼神便预言其讨伐必胜。不论
何者，都一致将梓潼神与中央政权联结在了一起，这一点没有任
何变化。在此之后，梓潼神即按照这种在蜀地危急之时便通显神
威的方式延续了下来。

　　梓潼神的这种性质直至南宋时期仍未消失。绍兴二年（1132），
南宋为其再加"武烈"二字封号，其理由为"比形灵应，大破群

---

[1]　《太平广记》卷四五八《张蚩子》载："梓潼县张蚩子神乃五丁拔蛇之所也。（中略）
伪蜀王建世子名元膺，聪明博达，骑射绝伦。牙齿常露，多以袖掩口，左右不敢仰视。
蛇眼而黑色，凶恶鄙亵，通夜不寐。竟以作逆伏诛。就诛之夕，梓潼庙祝巫为蚩子所责。
言：我久在川，今始方归，何以致庙宇荒秽如是耶。由是，蜀人乃知元膺为庙蛇之精矣。"
《太平广记》于此段后明记"出北梦琐言"，但现行本《北梦琐言》却未见相关记载。
[2]　《文献通考》卷九○《郊社考二三·杂祠淫祠》。

凶"。[1] 其事具体应是，该年蜀地泸州州帅张孝芳被杀，梓潼神
曾通显神威助朝廷镇压该事件。[2] 另外，关于吴曦叛乱的故事中，
亦见梓潼神助力平叛的内容，相关记载如下：

> 逆曦将叛前事之数月，神思昏扰，夜数跃起，寝中叱咤
> 四顾，或终夕不得寝，（中略）曦家素事梓潼，自玠、璘以
> 来，事必祷有验。乃斋而请。是夕，梦神坐堂上，已被赭玉
> 谒焉。因告以逆，且祈卜年之修永。神不答，第曰：蜀土已
> 悉付安丙矣。既寐大喜，谓事必遂。时安以随军漕在鱼关驿。
> 召以归，命以爰立。安顾逆谋坚决，触之且俱靡，惟徐图可
> 以得志。不得已诺之，犹辞相印。遂以丞相长史权知都省事
> 授之。居逾月而成获嘉之绩。

　　伴随着梓潼神不断趋向于中央，以及中央屡屡加封以积极予
以回应，梓潼神的地位也得到极大提升。这同样也说明了梓潼神
的重要性也在不断提高。亦如前所述，南宋建立后即首先赐加"武
烈"二字（绍兴二年，1132），此后亦连续赐以"忠佑"（绍兴
十七年，1147）、"广济"（绍兴二十七年，1157）等二字封号。
所以，至绍兴末年，梓潼神已有"英显武烈忠佑广济王"八字之

---

[1]　《建炎以来系年要录》卷五十三"绍兴二年五月乙酉"条载："宣抚处置使张浚言，
已加封梓潼县英显王武烈二字。王，晋人张恶子也。居县之七曲山，旧与姚苌交，建
苌据关中，因不复出。后人即其地祠之。浚言，比形灵应，大破群凶。诏令中书省出告。"
[2]　岳珂：《桯史》卷三《梓潼神应》载："梓潼在蜀著应特异。绍兴壬子，泸人杀
帅张孝芳，盖尝正昼见于阅武堂，逆党怔溃以迄天诛。"该记载紧接于下引吴曦叛乱
相关内容之后。

封号。[1] 再往后，其封号又不断被改，亦多见于文献记载。[2] 其中，改封时间较为明确者为嘉定六年（1213）八月所封"英显武烈文昭忠济王"。[3] 此外，另据《宋会要》记载，梓潼神的父母、妻子从徽宗时代开始也不断受到追、加封。[4]

三、作为科举神的梓潼神

（一）二相公庙和皮场祠

有宋一代，科举之于士大夫人生的意义不断增加，有关科举的信仰也开始出现在科举士人的群体之中。收录宋代小说、异闻之类的书籍，如《夷坚志》便记载了不少士大夫群体与科举信仰相关的实例。其中的大多数，一种是属于因果报应的故事，另外就是诸神与科举结果以及透露考试问题相关的预言性异闻。一旦某种神祇对于科举考试具有灵验性，便会逐渐成为士子们信奉的

---

[1]　《宋会要》礼二〇之五五《梓桐帝祠》载："英显王，高宗绍兴二年四月加武烈二字，十七年又加忠佑二字，二十七年四月加封英显武烈忠佑广济王。"

[2]　道藏本《清河内传》收录了景定五年（1264）由"神文圣武安福忠仁王"改封"神文圣武孝德忠仁王"的诏书。该封号其后亦见于《清河内传》所收成都的行祠记（赵延之撰，至正元年）及《永乐大典》卷一〇九五〇所引《临川志》。而《梦粱录》载其封号为"惠文忠武孝德仁圣王"，《至顺镇江志》卷八《神庙》引尧岳所撰碑记记载，宋代梓潼神曾由"德仁忠圣文昭武烈王"转封"忠文仁武孝德圣烈王"。关于宋代梓潼神的封号不尽一致，难辨孰是孰非。

[3]　《宋会要》礼二十一之三十六。

[4]　《宋会要》礼二十之五十六与礼二十一之三十五记载了梓潼神一族的加封情况。据此，笔者将相关人物最初与时间最晚的封号分别整理如下（其间往往有数次加封，为避繁就简，姑且从略）。

父　义济侯（崇宁四年六月）→贻庆孚惠顺济嘉应公（嘉定元年四月）

母　柔应夫人（宣和元年五月）→柔应赞佑助顺静正夫人（淳熙十五年正月）

妻　英庆夫人（宣和三年八月）→助顺英庆柔正夫人（淳熙十五年正月）

子　嗣庆侯（绍兴十九年十月）→济美广泽翊顺公（嘉定元年四月）

　　奕载侯（绍兴十九年十月）→承裕显佑正应公（嘉定元年四月）

对象。作为科举神之一的梓潼神，也很快便见诸文献的记载。

　　但是，北宋时期梓潼神作为科举神的形象尚不明显。后述《灵应集》中虽有关于在开封英显庙（梓潼庙）祈祷科举梦示的记载，但当时首都开封地区深受应试士子欢迎的科举神在"二相公庙"。《夷坚乙志》卷十九《二相公庙》载：

　　　　京师二相公庙在城西内城脚下。举人入京者，必往谒祈梦。率以钱置左右童子手中。云最有神灵。

此外，费衮《梁溪漫志》卷十《二相公庙乞梦》亦载：

　　　　京师二相公庙，世传子游、子夏也。灵异甚多不胜载。于举子问得失，尤应答如响。盖至今人人能言之。

　　据此可知，如祈祷于祭祀孔子弟子的子游和子夏的庙中，便会受到神授梦示，知晓科举及第与否，故而广为士子所信奉。

　　宋室南迁，开封原有的部分神祇也迁至行在临安。相关记载见于《咸淳临安志》卷七十三《东京旧祠》以及《梦粱录》卷十四《东都随朝祠》。但是，或因二相公庙未能成功南迁，其后史料中便不再见到相关记载。在南宋临安，皮场祠和梓潼神则取而代之，成为广受科举士子信奉的神祇。欲讨论本章的主题梓潼神，皮场祠也是重要的参考对象。

　　关于皮场祠与科举士子的关联，《燕翼贻谋录》卷四《皮场祠》载：

今行都试礼部者，皆祷于皮场庙。皮场即皮剥所也。建中靖国元年六月，传闻皮场土地主疬疾之不治者，诏封为灵贶侯。今庙在万寿观之晨华馆，馆与贡院为邻。不知士人之祷始于何时，馆因何而置庙也。

此外，关于该庙的由来，《咸淳临安志》卷七十三《东京旧祠》载：

惠应庙，即皮场庙。在城中者四所，一吴山，一万松岭，一侍郎桥，一元真观。按《国朝会要》，东京显仁坊皮场土地神祠。建中靖国元年六月，封灵贶侯。（中略）南渡初，有商立者，携其像至杭，舍于吴山看江亭，因以为祠。都人有疾者，祷必应。盖以其为神农云。

整体而言，上述两则史料皆详于皮场祠治疗疾病的叙述，而《咸淳临安志》未曾言及该庙与科举士子的关联，《燕翼贻谋录》亦未提及晨华馆皮场祠以外的情况。[1] 其实，皮场祠信仰不仅存在于临安，江南各地亦多有崇奉，[2] 这些皮场祠相关的史料亦未涉及与科举士子之间的关联。由此来看，与二相公庙，以及后文所述吴山梓潼帝君祠相似，所谓皮场祠与科举士子的关联，并非说明他们就信奉其为能够通显特殊灵验的科举之神，更多是因为

---

[1] 《西湖游览志》记载了该庙祭神的其他传闻。《西湖游览志》卷十二《南山城内胜迹》载："惠应庙，俗呼皮场庙。相传，有神张森相州汤阴人。县故有皮场镇，萃河北皮鞤。蒸溃产蝎，蜇人辄死。神时为场库吏，素谨事神农氏，祷神杀蝎，镇民德之，遂立祠。"
[2] 宋元地方志所载江南其他地区的皮场行祠有：庆元府城内（《延祐四明志》卷十五《祠祀考》）、丹徒县（《至顺镇江志》卷八《神庙》）等等。

该祠位置邻近贡院，[1] 科举士子不得不前往参拜而已。这或许更近于当时的实情。

（二）梓潼神信仰的变迁

如上节所述，在南宋之前，梓潼神一直作为联结蜀地与中央关系的神祇而存在。而从北宋末至南宋，梓潼神又作为科举神的形象而出现，与此同时，对其信奉的方式也在不断变化。

如前所论，唐末传奇故事、诗文等文献中的梓潼神完全没有科举神的记载。但是到了宋代尤其是南宋时期，其科举神的形象开始见诸文献记载。在此，姑以《夷坚志》所载梓潼神与科举的关系试举一例，其中载道：

> 何文缜丞相初自仙井来京师，过梓潼，欲谒张王庙而忘之。行十里始觉，亟下马还望，默祷再拜。是夕，梦入庙廷。神坐帘中，投文书一轴于外，发视之，全类世间告命，亦有词语。觉而记其三句云：朕临轩策士得十人者，今汝褎然为举首，后结衔具所授官。何公思之：廷试所取尤虑五百，而言十人，殆以是戏我也。及唱第，果魁多士。第一甲元放九人，既而傅崧卿以省元升甲，遂足十数。盖梦中指言第一甲也，所得官正同。叶石林书此。[2]

上文讨论开封"二相公庙"时，所引《夷坚志》中已出现过

---

[1]　关于"晨华馆"，《燕翼贻谋录》记载作"万寿观之晨华馆"，但另据《咸淳临安志》所收"京城图"，晨华馆邻近贡院，而万寿观则与二者相对，且稍有些距离。同时，晨华馆旁边尚记有"元真馆"。再结合正文前引《咸淳临安志》卷七十三《东京旧祠》"元真观"的记载，那么《燕翼贻谋录》所谓"万寿观"似为元真馆之误。
[2]　《夷坚丁志》卷八《何丞相》。

神授梦示的记载，但此处记载的主旨既有梦示的部分，同时还有现实应验的内容。具有灵验的科举之神，也存在于临安以外的城市，如建昌府南城县的灵丰庙、[1] 袁州宜春县的仰山庙、[2] 建安府城外的梨山庙[3] 等等。通读这类记载我们可以发现，往往都是科举士子在应试前于庙中祈祷，而后神明梦示其登第与否以及登第时间，甚至有时还会向他们透露考试题目。上引事例，何㮚虽未直接在庙中参拜祈祷，但仍颇具典型性。

何㮚登政和五年（1115）进士第，再结合末注"叶石林[4] 书此"考量，该故事应当产生于北宋末至南宋初。在将科举与梓潼神相互联结的各类异闻中，高文虎所撰《蓼花洲闲录》（收于《重校说郛》）中明确提及"祥符中"，且该时间在同类故事中相对较早。那么再结合高文虎所生活的时代（绍兴三十年/1160 年及第）考虑，该故事出现的时间与何㮚所载在时间上也大体一致。总之，仅就各类异闻故事所反映的情况来看，北宋末至南宋初，梓潼神作为科举之神的形象开始逐步确立。此外，前文亦提及，祭祀梓潼神的庙宇原在梓潼七曲山，而这类异闻故事又皆以梓潼神的庙宇为舞台场景。通常认为成书于南宋初期的类书《分门古今类事》卷八以《灵应集》一书为主，记载了几处梓潼神作为科举神梦示灵应的故事。关于《灵应集》的情况，《郡斋读书志》载：

> 《灵应后集》十二卷，右集梓潼庙诰勅记叙诗文也。范镇、张浚、胡世将、王刚中、王之望、晁公武诸祝文为多，

---

[1]　周必大：《文忠集》卷一六五《归庐陵日记》。
[2]　《夷坚支戊》卷八《仰山行宫》。
[3]　《夷坚丙志》卷十五《黄师宪祷梨山》。
[4]　叶石林，即叶梦得，殁于绍兴十八年（1148）。

亦有唐僖宗之祝文。[1]

由此来看，《灵应集》或即为此《灵应后集》，抑或为《灵应后集》所对应的"前集"，但《分门古今类事》所收《灵应集》中仅有与梓潼神相关的异闻故事，并未见到《郡斋读书志》所谓名人的祝文。梳理《灵应集》所载梓潼神故事可知，时间限于北宋徽宗年间，而地点多为开封或成都的祠庙，且多数为梓潼七曲山的庙宇，故事的主人公亦全为四川人。正是由于该文献的存在，我们才能认识到梓潼神在这个时期即已作为科举神而出现，而早期的信众又都是四川人。[2]

而后进入南宋时代，梓潼神的行祠逐渐遍布各地。位于临安吴山承天观的梓潼帝君庙便是其中的代表。关于该庙的情况，《梦粱录》载：

> 梓潼帝君庙在吴山承天观。此蜀中神，专掌注禄籍。凡四方士子求名赴选者，悉祷之。封王爵曰惠文忠武孝德仁圣王。王之父母及妃及弟，若子、若孙、若妇、若女，俱褒赐

---

[1]　《郡斋读书志》卷五上《附志·地理类》"灵应后集"。
[2]　《分门古今类事》中关于梓潼神相关的记载如下，其中( )内标注该书所收文献出处：
卷八
刘悦第三　天彭人　梓潼神君祠（《灵应集》）
孙鑛策题　英显神君　大观元年（《灵应集》）
文缜状元（何棠）　梓潼　政和间（《灵应集》）
元珍赠诗（桂材）　资中人　京师神君祠（无文献出处）
彦国（罗彦国）　成都人　梓潼神祠（无文献出处）
士美金堂（朱士美）　临邛人　梓潼祠？　宣和初（无文献出处）
允蹈甲门（邵行甫）　青神人　七曲山　崇宁（《灵验记》）
何某二子（何与时）　资中人　梓潼　宣和间（《灵应集》）
卷十九
崧卿患魔（倪崧卿）　临邛人　梓潼（《灵应集》）　与疾病相关的梦示

显爵美号。建嘉庆楼，奉香灯。[1]

关于二月初三日该神诞辰的情况，《梦粱录》又载：

> 二月初三日，梓潼帝君诞辰。川蜀仕宦之人，就观建会。[2]

对此，《西湖老人繁胜录》亦载：

> 梓潼帝君生辰，蜀中士大夫寄居都城，递年诸社陌上吴山冲天观梓潼帝君观，酌献设醮。

由此可知，二月初三梓潼神诞日，多数出身蜀地者皆前往神庙拜谒本乡之神梓潼帝君。另外，关于梓潼帝君庙的具体地点，《咸淳临安志》所收《皇城图》《宫城图》皆将"梓潼殿"与"承天宫"相并列，绘于吴山半山腰。吴山位于临安城南部，山中有不少的道观、祠庙，《梦粱录》卷十五《城内外诸宫观》有详细记载。前文提及，皮场祠亦在吴山。[3]

另外，关于吴山梓潼庙的建造时间，《咸淳临安志》卷七十三《外郡行祠》"梓潼帝君庙"条记载作"在吴山承天观，端平三年建"。而关于承天观，《咸淳临安志》卷七十五《宫观》载：

---

[1]　《梦粱录》卷十四《外郡行祠》。

[2]　《梦粱录》卷九《社会》。

[3]　顺便提及，民国九年（1920）出版的《增订西湖游览指南》（徐珂编，商务印书馆）"吴山区域"载："以山多城隍庙，俗遂呼为城隍山。奇崿危峰，尤多古迹。府城隍庙左，有承天灵应观（俗称三官庙）、仓圣祠、惠应观。庙右有梓潼行祠，火德庙。（后略）"由此可知，吴山梓潼帝君庙一直存续至民国时期，其位置亦未有变化。

> 承天灵应观，在吴山之巅。旧为天地水府三官堂，绍兴
> 间改冲天观。绍兴四年毁，端平三年重建。旨改赐今额，仍
> 建梓潼帝君行祠。淳祐十年，旨增建玉皇上帝宝阁。

据此二则记载可知，吴山承天观的梓潼行祠营建时间应该在端平三年（1236），而再与上引《西湖老人繁胜录》中"旧称冲天观"的表述和关于梓潼神诞辰日的记载合而观之，很可能在绍兴四年（1134）被烧毁之前，吴山已有梓潼神祠了。不论如何，可以确定的是，13 世纪初在临安即已建有梓潼神庙，在广受科举士子信奉之前，梓潼神信仰也已成扩大之势。

当时，建有梓潼神行祠的地方，尚不止临安。而关于南宋时期各地梓潼庙的史料往往又较为分散，为呈现临安之外地区梓潼行祠的整体情况，笔者在相关资料基础上做成一览表格如下。[1]

除下表所列梓潼神之外，尚有将梓潼神与同样源自蜀地的二郎神、射洪神合祀的"蜀三大神庙"。见于史料者，主要有建康府［景定四年（1263）建］[2]、抚州［淳祐八年（1248）开始建造］[3]等地。另据《景定建康志》所引姚希得《蜀三大神庙记》[4]"蜀

---

[1]　本表以《永乐大典》为所利用史料的下限。亦如后引《万历严州府志》所载，明清方志中也有不少与宋元时期营建梓潼庙相关的内容。
[2]　《景定建康志》卷四十四《祠祀·蜀天三大神庙》载："三神有德有功，著灵远矣。今东南州郡所在建祠，金陵大都会，独为阙典。制使姚公希得蜀人也。分阃是邦，乃度地于青溪之侧，鼎创是祠。又于其傍建道室，为栖燎之所，取管下洞神宫额，以名之。"《景定建康志》于该段记载之后径引姚希得所撰《庙记》（后文笔者将该记文暂题作《蜀三大神庙记》）。文中，三大神分别为清源君（灌口二郎神）、梓潼君、白崖君（射洪神）。
[3]　《永乐大典》卷一〇九五〇"六姥·抚"字韵"庙祠"条引《临川志》载："蜀三王庙，在朝京门之内英泽庙侧，神之姓曰张、曰李、曰陆。显迹于蜀之梓潼（封神文圣武孝德忠仁王）、灌口（封圣烈文昭宣灵忠仁王）、射洪（封忠圣文德灵应仁济王）。梓潼、射洪二神，皆职贡籍司文衡。淳祐戊申，宪使姚公希得创建，功未既，宝祐癸丑，庾使杨公修之，竟其事。春秋祀典郡主之。柳州守李公景初记。"
[4]　篇名为作者暂题。

	祠名	营建年代	所在地	史料出处
湖州（浙江）	文昌祠	景定二年（1261）	长桥之东	《永乐大典》卷二二八一引《吴兴续志》
庆元府（浙江）	文昌宫	咸淳七年（1271）	城西北隅	《延祐四明志》卷十八《在城道观》
严州（浙江）	梓潼真君行祠	景定元年（1260）重修	天庆观之右（城内）	《景定严州续志》卷四《祠庙》
奉化县（浙江）	梓潼文昌宫	景定二年（1261）	县东北四里	《延祐四明志》卷十八《奉化州道观》
昌国县（浙江）	文昌宫	咸淳五年（1269）	东学之侧	《大德昌国州图志》卷七《宫观》
建康府（江苏）	梓潼庙	端平二年（1235）	城内本庙本街	《至正金陵新志》卷十一《祠庙》
常州（江苏）	梓潼帝君祠		天庆观（州东南四里）东庑	《重修毗陵志》卷十四《祠庙》
昆山县（江苏）	梓潼帝君祠		清真观内（县北一里）	《玉峰志》卷下《祠庙》
丹阳县（江苏）	梓潼帝君庙	开庆元年（1259）	县东灵顺庙之西	《至顺镇江志》卷八《庙》
吉州（江西）	文昌阁	景定四年（1263）	洞真观内	《青山集》卷四《文昌阁记》
汀州（福建）	文昌庙	嘉熙二年（1238）	郡学左	《永乐大典》卷七九一九引《临汀志》

三大神庙食东南无虑数十州"可知，这种形式的庙宇在当时分布极为广泛。

由于相关史料大多集中于地方志，本章难以据此轻下定论，但祭祀梓潼神的庙宇广泛分布于以江浙为中心的江南各地还是大致可以明确的。那么梓潼神信仰的这种扩大化趋势，到底起于何时呢？下文将对该问题进行初步考察。

关于湖州文昌庙的创建，《永乐大典》所引《吴兴续志》记载作"文昌庙，在长桥之东，旧志所无。宋景定辛酉，蜀人牟子才率吴蜀士创建，以祀梓潼之神。吏部郎中程端升等咸助成之。"[1] 关于吴山的梓潼庙，明代田汝成《西湖游览志》记载作"梓潼帝君庙，俗称文昌祠。（中略）嘉熙间蜀破，民多徙钱唐，而蜀人牟子才等遂请立庙于吴山。"[2] 但考虑到前文所论吴山梓潼庙至少在端平三年（1236）前即已营建的情况，所以该处记载在时间上于理不合。牟子才，蜀地井研（成都府）人，《宋史》卷四一一有传。据本传载，他于嘉定十六年（1223）登第后，转任四川各地，成都陷落后，便举族东迁。

牟子才在临安所营建的庙宇，尚不止于梓潼庙。据《咸淳临安志》卷七十五《寺观》载，宝祐元年（1253）他还曾上书陈请于吴山营建"清源崇应观"，并获皇帝许可。[3] 其中提及该道观为"汶江"的"清源真君"，亦即祭祀灌口二郎神的庙宇。此外，再据《咸淳临安志》载，宝庆年间，"蜀士仕于朝者，议建奉显

---

[1] 《永乐大典》卷二二八一"六模·湖"字韵"庙"条引《吴兴续志》。
[2] 《西湖游览志》卷十二《南山城内胜迹》。据徐献忠《吴兴掌故集》卷三《游寓类》载牟子才"爱吴兴山水因家焉"可知，他后来居于湖州。
[3] 《咸淳临安志》卷七十五《寺观》载："清源崇庆观，在吴山。宝祐元年，蜀士夫牟中书子才等陈请云，大江发源实是汶江，清源真君庙食其土，治水之绩为世大利。朝廷春秋祀享神。实作配旨，就吴山卜地建庙，御书清源崇应之观，清源之殿。"

惠真君香火"。该"显惠真君"即射洪神。以此,"显惠观"亦得建于吴山。[1] 如此一来,在蜀地出身者前后相继的努力下,祭祀代表蜀地的三柱诸神的庙宇、道观,在临安地区的吴山被建造了起来。

临安地区单独祭祀各神祇的庙宇逐次被营建,而合祀这三神的庙宇则是"蜀三大神庙"。如前所述,史料所载建造合祀三神的地方主要是建康府和抚州,而营建该二处庙宇的核心人物则同为姚希得。据《宋史》卷四二一本传载,他是四川潼川人,亦于嘉定十六年(1223)登第,与上文牟子才属同年进士。抚州、建康府二处"蜀三大神庙"的建造皆为他职任地方官时的作为。其中,关于建康府三大神庙的营建,《景定建康志》和《至正金陵新志》[2]载有大致的经过,概而言之即是,蜀人姚希得因长期外任,未能获归蜀地,故于其任官地营建合祀代表蜀地的三神庙宇。

此外,《景定建康志》卷四十四还收录了建造该庙时勒之于石的碑记。记文的撰者为姚希得本人,篆盖为牟子才(时为试尚书礼部侍郎兼同修国史实录院同修撰兼侍读),庙额为杨栋(时为参知政事,眉州青城人,《宋史》卷四二一有传),三人皆为四川人且地位显赫。[3] 另外,姚希得于该庙旁边一并建造了洞神宫,作为"祈报栖燎之所"[4],其碑文的撰写者文复元亦为四川

---

[1] 《咸淳临安志》卷七十五《寺观》。
[2] 《景定建康志》卷四十四《蜀三大神庙》;《至正金陵新志》卷十一《宫观》所收李孝光撰《洞神宫记》。
[3] 三人官衔据《景定建康志》所收碑文末尾署名。此外,碑文的书丹者为时任权兵部尚书洪勋,亦颇为值得关注。据《咸淳临安志》卷六十七所载其小传(附传于其父洪咨夔),他与魏了翁关系匪浅("少为崔与之魏了翁所知"),故而同魏了翁的弟子牟子才亦颇有关联。
[4] 《至正金陵新志》卷十一《宫观》所收李孝光撰《洞神宫记》。

人（合州人，宝庆二年进士）。[1]

　　总而言之，正是由于四川人的存在及其一番努力，才使得梓潼神的相关庙观遍布于各地。而这一时期四川人之所以于各地营建庙宇也是有其时代背景的。如前引《西湖游览志》所载，这些庙宇的营建正当理宗时代，其时南宋正受到蒙古军队的侵攻。据《元史》，太宗八年（1236，南宋端平三年）太宗之子阔端率蒙古军入四川，十月成都陷落。[2] 为此，任官于江南各地者，以及其他逃避战乱而东迁者，大多数四川人皆不能复归故乡。正是由于这些人的存在，梓潼神、蜀三大神庙才逐渐扩大至江南各地，而《西湖老人繁胜录》所载在梓潼神诞辰日大批前往吴山梓潼庙参拜的人群也应当是这些东迁的四川人。建康三大神庙碑记中将蒙哥骤逝后忽必烈北归的行为视作该神大显神威的结果，这同样也是他们当时心境的如实反映。[3]

　　由此，东迁蜀人群体的存在便成为江南各地梓潼神分布不断扩大的原因之一。然而，逐渐成为科举之神的梓潼神尚具有该阶层身份性质，并不仅仅是作为蜀人的乡土之神才得以遍建行祠于江南各地的。

　　如前所论，临安吴山的梓潼帝君庙广为科举士子所信奉，而实际上，这种情况在其他地区也同样存在。据传，在严州寿昌县，

---

[1] 洞神宫原碑文的撰者和篆额者皆为建康府属官。

[2] 《元史》卷二《太宗》载："（八年秋七月）阔端率汪世显等入蜀，取宋关外数州，斩蜀将曹友闻。冬十月，阔端入成都。"关于其后四川各地受到蒙古军队进攻的经过，详见《汪义武公神道碑》（《陇右金石志》卷五）。

[3] 《景定建康志》卷四十四《祠祀·蜀天三大神庙》引姚希得《蜀三大神庙记》载："是顷猃狁吠蜀，为梁千浯，中外束手。惟神之归，皇武惟扬，酋殪而遁。神之声赫灵濯，蜀其不震乎。"

每逢开科,科举士子皆汇集于梓潼帝君祠祷问结果,无不应验。[1]
严州城内的梓潼祠曾于景定二年(1261)重修,叶梦鼎在所撰重
修记文中记载道:"景定二年大比兴贤,太府寺丞知严陵钱侯,
即郡之桂华坊作梓潼真君祠。世言,帝命司桂籍,主人间科级者
也。"知州钱可则重修该庙的背景便是该年至次年所举行的科举
考试。钱可则为吴越钱氏后裔,并非蜀人。如该事例所示,梓潼
神已不再是单纯的蜀地地方神,已开始成为全国性的信仰。

四、文昌帝君的成立

作为科举之神、士大夫之神的梓潼神,在蒙元政权统治下的
情况如何呢?

关于蜀地民间信仰,虞集记载道:"宋亡,蜀残民无孑遗,
鬼神之祀消歇。自科举废,而文昌之灵异亦寂然者,余四十年。"[2]
同为虞集所撰碑文的广州文昌祠,直到至正四年(1344)再兴前,
近七十年时间都处于荒废的状态,[3] 这应当也是宋亡以后才产生
的情况。但是,延祐科举重开后,相关状况便发生了极大的转变。
如蜀地蓬州的文昌宫,在虞集所撰记文中,记载道:"延祐初元,
天子特出睿断,明诏天下,以科举取士,而蜀人稍复治文昌之祠
焉。"此亦即,随着科举重开,文昌祠也再次成为人们关注的对
象。亦如本书前述各章所论及,蒙元政权统治下汉族士人的处境,
其实并非后世所认为的所谓"寒冬时代",科举重开给他们所带

---

[1] 《万历严州府志》卷五《祠墓·寿昌县》载:"梓潼帝君祠,在县西瓛山上。相传,
宋时每遇宾兴,诸士子皆会集,莫贤于祠,以卜科名,无不验者。今废。"
[2] 虞集:《道园学古录》卷四十六《四川顺庆路蓬州相如县大文昌万寿宫记》。
[3] 虞集:《雍虞先生道园类稿》卷二十三《广州路右文成化庙记》。

来的强烈冲击仍然是颇为震撼的。

另一方面，元朝官方也同样将梓潼神定位于科举之神。科举重开首科结束的延祐三年（1316）七月，梓潼神便被加封为"辅元开化文昌司禄宏仁帝君"，较之以往的封号，元朝将其抬高一格至帝君的位置，[1] 并由皇帝赐额"佑文成化"。如此一来，梓潼神便被正式称为了"文昌帝君"。"文昌"为星宿名，见于《史记·天官书》。该星靠近北斗星，属于大熊星座的六星之一。中国自古以来便有祭祀文昌星的传统，[2] 其实，从上文一览表中的几处实例可知，宋代开始即已将梓潼神与文昌星附会在了一起。[3] 元朝在封号中正式添加"文昌"二字，正是对既存的称谓予以正式承认。

该延祐赐号诏敕，见于《至顺镇江志》卷八《神庙》、明代郑真《荥阳外史集》卷五十七《拟加封梓潼帝君制》，以及《道藏》"洞真部谱箓类"所收《清河内传》，其中提及："贡举之令再颁，考察之籍先定。贲饰虽加于涣汗，徽称未究于朕心。於

---

[1]　在此之前，现实中实际称呼梓潼神作"帝君"的用例，参见前述正文中的宋代文昌祠一览表。

[2]　晋（《晋书·礼志》）、梁（《隋书·礼仪志》）代，文昌之名即已成为祭祀的对象，此外，祭祀司中、司命等个别星宿的史料，也早已有之。

[3]　一览表中，《永乐大典》的几处记载很可能受到了后世的影响，在此姑且置之不论，但《大德昌国州图志》中出现的"文昌宫"之名无疑值得注意。同时，《青山集》所收《文昌阁记》的撰者赵文死于延祐二年（1315），彼时梓潼神尚未受到元朝赐号。这也是具有说服力的事例。此外，延祐三年的加封诏敕中称梓潼神为"蜀七曲山文昌宫梓潼帝君"，据此亦可知，民间在此之前即已将梓潼神与文昌星结合在了一起。

戏，予欲人材辈出，尔丕炳江汉之灵。"[1] 诏敕于此强调了对文昌帝君作为科举之神（就皇帝而言，其为保证人才辈出之神）所应灵验的期待。

成为"文昌帝君"的梓潼神，其祠庙的设立方式也发生了变化。宋代的梓潼祠，如上表所示临安吴山的承天观，常祀于道观之内，其地点也不仅限于城内。而至元代延祐以后，多祀于城内学校之中，[2] 例如镇江路城内的报恩观，以前便建有梓潼祠，至治二年（1322）教授朱天珍又于路儒学大成殿之侧营造文昌祠。[3] 浙江东阳县文昌祠以前位于道观内，亦于重修之际迁于学校旁边。[4]

---

[1]　关于收录延祐诰敕的几种文献，《至顺镇江志》（《宋元镇江志》本）脱误较多，《荥阳外史集》（下简称《集》）则有较多省略，本章据《正统道藏》（下简称《道藏》）所收《清河内传》抄录全文如下：

上天眷命皇帝圣旨。维明有礼乐，维幽有鬼神。妙显征之一贯。在天为星辰，在地为河岳。形功用于两间，刬能阴鸷于大猷，必有对扬之懋典。蜀七曲山文昌宫梓潼帝君，光分张宿，发（《道藏》作"友"）咏周诗。相予泰运则以忠孝而左右斯民。柄我坤文则以科名而选造多士。每御救于灾患，彰感应于劝（《道藏》作"患"）惩，贡举之令再颁，考察之籍先定。贲饰虽加于涣汗，徽称未究于朕心。於戏（《集》作"呜呼"），予欲人材辈出，尔丕炳江汉之灵。予欲文治昭宣，尔濬发奎壁之府。庶臻嘉贶以答宠光。可加封辅元开化文昌司禄宏仁帝君。主者施行。

[2]　如正文一览表所示，宋代梓潼庙置于学校的情况，据笔者搜检所及，见于文献记载的只有汀州府。《永乐大典》卷七八九二"汀州"引《临汀志》载："至嘉定十一年，郡守罗公勋重修。继而郡守赵公崇模于学门右创朱文公杨考功二先生祠，使学者知所慕嚮。学左则文昌庙在焉。"

[3]　《至顺镇江志》卷八《神庙》载："文昌祠二，即梓潼帝君祠也。其一在报恩观之西庑。泰定三年重修。[原注：梓潼祠在西观。旧有大殿，毁于兵燹，遂迁圣像祀于三清殿西庑。岁久圮坏，泰定丙寅郡人士重修，仍刻皇朝加封诰，揭之殿前。（下略）]其一在儒学大成殿侧。至治二年教授朱天珍更置。"

[4]　王祎：《王忠文公集》卷七《东阳县新建文昌祠记》载："东阳旧有祠，在县北栖真观之西庑。位置迫隘，且岁久废坏，未有能改作之者。龙凤六年春，金陵王君来为丞。明年惠平政治，县事简静。乃合邑士而谂之曰：维神之司科目，传记所载，信不可诬。今兹庙貌若此，殆非所以崇明德惠斯文也。盍相与撤其旧而新是图。众皆曰唯。妥卜地于黉宫之东偏。"

此外，福州、[1] 浙江义乌县 [2] 等地，亦于学校内建造了文昌祠。列入国家祀典的文昌帝君，便逐渐祭祀于朝廷所属的学校之内了。这在某种程度上也明确反映了作为学问、科举之神属性的文昌帝君在元代国家中的地位。

五、结语

其后进入明代，虽然多数学校都置文昌祠于其中，但明朝祀典中却并不如元代那般厚待文昌帝君，这种倾向一直持续到清代。清人笔记涉及梓潼神，多论证其与"文昌星"其实并无关联。直至嘉庆六年（1801），清朝才再次肯定梓潼神的地位。其经纬如下。

嘉庆五年，对于旷日持久的白莲教叛乱来说，是一个转折点。该年，德楞泰在新店子、马蹄冈战役中大破白莲军，扫除了川西地区的白莲教势力。[4] 当时，在绵州梓潼县产生了一桩奇异事件，官军因此而获胜。此即，"嘉庆五年二月内贼百余骑至梓潼，望见七曲山旗帜森列，疑有伏即退，不敢窥。适参赞德楞泰大兵迅会，贼遂辟易"。清朝视之为"神佑"，遂敕额"化成耆定"，并重修北京城内文昌庙。翌年，嘉庆帝亲往参拜，并将之正式列

---

[1] 贡师泰：《玩斋集》卷七《文昌祠记》载："梓潼神祠在蜀郡梓潼县。累封辅元开化文昌司禄宏仁帝君。今郡县所在亦多祀之。其创于福州儒学者，实至正九年，宪府诸君之所始也。"

[2] 《崇祯义乌县志》卷四《学校》载："文昌祠三间（中略）（原注：至元复开科举，至正七年教官与邑人合力，重建于旧学。）"

[4] 铃木中正：《清朝中期史研究》，爱知大学国际问题研究所，1952年，第202页。

入祀典。[1]《清史稿》卷八十四《礼三》"文昌帝君"条详载其经纬以及祭祀典礼的情况。

如上所述，文昌帝君从蜀地的地方神开始，逐渐转变为科举、学问之神，成为全国性信仰的神祇。继而，以蜀地的事件为契机再次展示出了作为联结蜀地与中央之神的形象，最终成为国家祭祀的对象。但是，与国家制度层面的祭祀不同，民间对于文昌帝君的信仰，依然较为兴盛。例如，《清嘉录》的相关记载中便展现了清末苏州于文昌帝君祭礼之日的盛况。[2]本章开头所引《敬神的日常》中也记叙了林则徐参诣文昌宫的场景。

---

[1]　朱珪《知足斋文集》卷二《敕建文昌帝君庙碑》载："嘉庆五年二月内贼百余骑至梓潼，望见七曲山旗帜森列，疑有伏即退，不敢窥。适参赞德楞泰大兵迅会，贼遂辟易。神佑昭然。皇上即御书化成昌定扁额，颁发祠山，以彰灵绩。又询珪，京师何以无专庙。臣对以地安门外旧有元明废祠倾圮久矣。上特命步军统领勘修。……六年二月二日兴工，五月九日告成。……是日，皇上亲临荐香，行九叩礼，神光肃然。谕礼部太常寺议春秋岁祭，列于祀典，一切仿关帝庙行事。盖文德武功允相配也。礼臣议上，报可。"《仁宗实录》卷八十三嘉庆六年（1801）五月甲申条除述及其间经纬之外，还较为详细记载了嘉庆帝亲拜的情况。
[2]　顾禄：《清嘉录》卷二《二月》"文昌会"条。——译者注

后　记

　　我向来更关注史料本身以及对史料的解读。而论文公开发表后，不论读者对其中史料及其解读有何意见，我当然都会悉心倾听，但由于其内容已然成为公共资源，所以别人怎样使用它，如何讨论它，实际上又无关紧要了。就像我研究《事林广记》论文中所绘制的诸版本图表那样，即便是后来重新改撰发表，却也并没有把过去撰写的相关论文重新汇集成书的打算。

　　但是，由于历经四年（平成10—13年，1998—2001）的资助课题终于完成，需要在最后一年撰写课题结项报告书，将过去的相关论文进行整理，此时，我突然对此工作产生了兴趣，并萌生了将过去所撰写的论文汇集成书的想法。我学生时代受到最大的学术训练便是担任《东洋史研究》编委，如果此时我说汇集该书又让我燃起了彼时的热血，想必了解我的朋友应该可以理解吧。尽管最终成品不是那么尽善尽美，但好歹也呈现在了读者面前。

　　实际上，在本书汇集成册时，相关研究状况已发生了很大变化。其中之一就是近年来不知不觉中发展起来的历史资料的电子化。不仅是《四库全书》《四部丛刊》，甚至连本以为与此无缘的石刻及地方志都逐渐开始了电子化。亦如书中所收相关论文所及，从复杂多样的文献中探究相关史料的价值，这是我所擅长的。但是，随着史料的电子化，相关要求的标准无疑也都发生了变化。现在再来整理旧稿，也只能借口说这都是史料电子化前写就的内容了。当然，实地调查的情况也和以往大不相同。

另一个变化就是，年轻一代的研究者也纷纷崭露头角。如协助校订本书的樱井智美，以及京都大学中国文学的宫纪子等，她们已然活跃于学界，其研究水平亦远超我们，将元朝史研究推向了新的高度。在长期持续参加我们"世祖本纪读书会""石刻资料读书会"的诸位成员中也出现了远非"优秀"所能形容的研究者。亦如各种回顾和展望中所谈及，现在日本的中国史研究中，元朝史研究应当是最为朝气蓬勃的领域之一。对于 2002 年之前的研究成果，本书中虽然已尽可能予以参考，但此后仍然发表了不少与本书问题相关的成果。例如本书中多次提及的《庙学典礼》，宫纪子的相关研究便未及引用。此外，本书同样屡屡提及的陈高华、萧启庆等中国学界的学者近年来也发表了不少论文，其中理应参考的相关研究也有不少遗漏。因此最近越来越感觉到我的研究似乎正在走向谢幕。

不管怎样，现今能够在竭尽所能的研究积累基础上勉强汇集成一册研究专著，这其中离不开许多前辈的指导。虽然我并不太喜欢在书后罗列长串的姓名，但考虑到今后不论是公开还是私下的场合，都不能确定是不是还有这样的机会，所以在此还请允许我略述一二。

在我大学二年级，当时讲授东洋史课程"东洋史讲读"的是梅原郁先生。梅原先生让我在这门课上初次领略到了汉文史料阅读的魅力和趣味之处，如果没有这门课，我都不知道此后是否还会选择东洋史。到了大三，当时担任东洋史助教的青年学者竺沙雅章先生也给予我颇多照顾。惭愧的是，我却实在无法将两位先生给予我的指导同样传授给自己的学生。而后，通过爱宕元的介绍，我有幸参加了中世史研究会，能够在大学之外，认识到至今仍对我施以帮助的多位先生，这实在是我的幸运。以此为契机，我又有幸参与到了谷川道雄先生主持的研究项目之中。如果没有因此而发表的关于李庭实相关的论文，就不可能有汇集成本书的这些元朝史的研究。亦如开始所提及，参与《东洋史研究》编辑委员会工作让我得到了最大的学术训练。畏友原山煌手把手地教我从零开始；在元朝史研究方面，由于京都大学东洋史专业是个大家庭，而能够邂逅前辈杉山正明，实际上应该也是因为编委会的工作。后来，在他的号召下大家共同参加"元史读书会"，大家围绕史料一起展开讨论，该会的研究成果谁也都可以自由使用，而从中获益最多的无疑就是我。此外，在我撰写《元代汉族知识人研究诸课题》时尚未看到的《大朝崇褒祖庙之记》，以及曲阜的至元三十一年圣旨碑的背阴拓片，也都是在杉山正明先生的大力帮助下才能利用起来，相关研究也才得以进一步展开。

最后，感谢井黑忍、樱井智美、鹤桥典子、毛利和夫诸位不畏烦杂而为我校正史料的引用，可以说，没有他们的协助，本书肯定不会如此顺利出版。

近十年间，我所主持或参与的以下诸项科研项目，无疑也为相关研究的开展提供了极大的便利。本书最终能够汇集付梓，也同样离不开这些科研项目的支持。

平成10—13年度（1998—2001）　科学研究费基盘研究 C

课题《石刻資料による元代漢人知識人社会の研究》

平成 12—13 年度（2000—2001） 科学研究费基盘研究 B
课题《碑刻等史料の総合的分析によるモンゴル帝国・元朝の政
治・経済システムの基礎的研究》（松田孝一主持）

平成 13 年度（2001） 科学研究费特定领域研究 A《東ア
ジアの出版文化》（首席专家矶部彰）计划研究 课题《中国
近世の知識人社会と出版文化 とくに科挙関係資料と類書を中
心に》

同时，本书刊行之际，还获批了日本学术振兴会平成 15 年
度（2003）科学研究费补助金研究成果公开促进费。在此一并表
示感谢。

按照一般规矩，最后还要对私下各种场合予以我极大帮助的
各位同好表示谢意，但实在不及一一列出，在此就略而不记了。

亦如书首所及，本书是在既往已公开发表的论文基础上修
订、重编而成的。下面便逐一列出相关论文的最初发表情况。
《石刻資料による元代漢人知識人社会の研究》［平成 10—13
年度（1998—2001） 科学研究费基盘研究 C 2 研究成果报告书，
2002］中收录部分内容时，多根据手头的论文仓促完成，此次汇
集便发现了多处错误，得以重新订正。另外，关于第六章，陈高
华、宫纪子等学者新近发表的成果很多都直接与本书相关内容密
切相关；关于第九章，畏友 Valerie Hansen（韩森）也出版了大作，
其后相关研究也取得了很大进展；随着研究资料的电子化，很多
史料也更容易获取了，对于这所有的新情况，本书皆未及充分吸
收，目前只能做最低限度的修订。

第一部

《元代漢人知識人研究の課題二、三》，《中国—社会と文化》5，1990 年

《元代の社会と文化》，斯波义信编《世界歴史大系　中国五代宋元》，山川出版社，1997 年

《異民族王朝下の科挙》，《月刊しにか》1999 年 9 月号

《曲阜地域の元代石刻群をめぐって》，《奈良史学》19，2001 年

第二部

《「大朝崇褒祖廟之記」再考—丁酉年における「聖人の家」への優免》，《奈良史学》12，1994 年

《至元三一年崇奉儒学聖旨碑—石刻・『廟学典礼』・『元典章』》，梅原郁编《中国近世の法制と社会》，京都大学人文科学研究所，1993 年

《約会の現場》，梅原郁编《前近代中国の刑罰》，京都大学人文科学研究所，1996 年

《元朝の科挙資料について—銭大昕の編著を中心に》，《東方学報》京都 73，2001 年

第三部

《済南路教授李庭実をめぐって—碑文の撰者としての教官層》，谷川道雄编《中国士大夫階級と地域社会との関係についての総合的研究》，昭和 57 年度（1982）科学研究費綜合研究（A）研究成果報告书，1983 年

《李璮の乱以前—石刻資料を中心として》，《東洋史研究》47-3，1988 年

《戴居宝と趙全－石刻かた見た李瓊以後》，谷川道雄编《中国辺境社会の歴史的研究》，昭和 63 年度（1988）科学研究费综合研究（A）研究成果报告书，1989 年

《文昌帝君の成立－地方神から科挙の神へ》，梅原郁编《中国近世の都市と文化》，京都大学人文科学研究所，1984 年

森田宪司
2003 年 11 月